BIG DATA

大數據地圖與
地理空間資料視覺化
設計指南

彭其捷、卓易霆 / 著

五南圖書出版公司 印行

CONTENTS

推薦序（依姓名筆畫排序）

前言

本書實作案例全覽

本書資料集下載與說明

PART 01　地理視覺化觀念與工具

Unit 1　什麼是地理資料視覺化？　3

1.1　關於地理資料視覺化？　3

1.2　地理資料視覺化的常見類型　5

1.3　地理資料視覺化常見應用領域　12

1.4　地理資料視覺化的相關基礎概念　18

1.5　地理資料視覺化常見的數據格式　28

Unit 2　地圖資料視覺化工具介紹

2.1　關於地圖資料視覺化工具　35

2.2　商業分析工具類型　36

2.3　雲端地理資料視覺化工具　38

2.4　程式語言工具　46

2.5　網頁 Javascript 地圖函式庫　51

2.6　GIS 與空間分析工具　60

2.7　資訊圖表設計工具　62

PART 02 實作：入門地理視覺化工具

Unit 3　用 Excel 設計吸睛 3D 地圖

3.1　很有 power 的 power map（3D map）　69

3.2　實作：AED 點位資料 3D 視覺化　72

3.3　實作：家戶及產業經濟資料 3D 視覺化　82

Unit 4　用 Flourish 快速生成雲端地圖

4.1　認識 Flourish 工具　99

4.2　註冊並認識 Flourish 操作環境　101

4.3　Flourish 中的主要地圖樣板　103

4.4　實作：新冠肺炎地圖　109

Unit 5　用 Google Data Studio 製作地圖

5.1　認識 Google Data Studio 軟體　129

5.2　實作：註冊、基礎功能導覽　136

5.3　實作：IoT 物聯網雲端地圖儀表板　138

5.4　實作：使用 Google Sheet 資料與範本庫圖表　158

5.5　實作：套用 Google Report Gallery 圖表範本　164

PART 03 實作：專業地圖視覺化工具

Unit 6　用 Mapbox 設計客製化風格地圖

6.1　認識 Mapbox　171

6.2　介面操作及功能　177

6.3　實作：手把手的基本練習操作　187

6.4　實作：埃及風格地圖畫　215

6.5　實作：上山下海都沒問題的地形圖製作　236

6.6　實作：3D 陸海空通通都給你的地形圖
製作　　258

6.7　實作：颱風點位路徑視覺化　273

Unit 7　用 Tableau 設計動態互動地圖

7.1　認識 Tableau 軟體　293

7.2　Tableau 下載、安裝、介面導覽　298

7.3　實作：Youbike 城市租借站地圖　307

7.4　實作：COVID-19 全球疫情動畫地圖　327

7.5　實作：都市車禍熱區圖　341

7.6　實作：台北捷運衛星地圖　352

7.7　實作：日本與台灣航空圖　362

Unit 8　用 Kepler.gl 製作華麗大數據地圖

8.1　認識 Kepler.gl　381

8.2　介面操作導覽　384

8.3　實作：洛杉磯建物資產價值地圖（點資
料）　389

8.4　實作：洛杉磯建物屬性資料視覺化（點
聚合面資料）　423

8.5　實作：洛杉磯人口種族居住分布視覺化
（面資料）　445

8.6　實作：紐約 City Bike 租借騎乘資料視覺
化（線資料）　465

結語　　493

附錄　地址轉經緯度工具（GeoCoding）　495

app-1　Google Map 人工轉換　496

app-2　Google Map Geocoding API　497

app-3　Google Sheet 外掛：SmartMonkey　498

app-4　TGOS（大量中文地址轉換工具）　501

推薦序一

　　大數據時代的來臨，資料已衍生成具價值創造的資產。而未來元宇宙及 Web 3.0 的發展趨勢，也驅動了資料經濟發展的前景。未來資料經濟的發展，除了大量資料的蒐集、清洗、分類及整理外，透過資料視覺化設計（Data Visualization Design）的應用，及整合資料敘事（Data-Driven Storytelling）的方法，呈現資料所隱喻的內涵，則是資料價值創造及決策洞見擷取的核心。本書的兩位作者分別是非常有經驗的資料分析師及城市空間資料科學家。他們透過豐富經驗的匯集及案例的規劃，撰寫了此本書。本書的內容除了完整的提供讀者目前空間資料視覺化設計及地圖製作，從基礎到進階的技術分析及工具介紹外。透過書中豐富的實作案例操作，也提供讀者更清楚，更深化的工具應用及實務經驗的累積。建議本書讀者，可整合個人的專業領域，利用本書做跨域加值的應用。而面對未來大數據分析及資料經濟發展趨勢的挑戰及應用，本書可以當作是一個兼具知識性、體驗性及操作性的起始點。

王聖銘 博士
國立臺北科技大學互動設計系副教授

推薦序二

　　瞬息萬變的資訊化社會與全球化時代，每一天我們都在接收大量訊息，交通車站的時刻表、氣象局預報的天氣、COVID-19 確診與防疫政策、空氣品質與汙染物來源、餐飲點位與路徑選擇等，日常生活與環境的關係，背後都有地理資料的元素（涵蓋了空間資料與屬性資料）。

　　大數據與視覺化的地理資料，可以讓人們從數據當中找尋啟發與意涵，疾病的擴散空間是如何？如何減緩？以及類似的案例，像是土石流潛勢、斷層帶潛勢、洪水風險等災害評估，透過地圖視覺化的處理，讓人們能夠一目了然，更能夠提高防災意識。

　　自然科學與人文社會的對話，許多的議題面向是跨領域的，像是氣候變遷，對於國家社會的脆弱度評估，透過資料分析與展示，結合地理資訊系統，運用媒體，人們進一步理解，北極海融冰的情形、熱帶雨林開發的問題、世界各國經貿的依存等，其實，我們已經在接收了不少視覺化地圖，但是還有很多不一樣的剖析，更進一步的啟發，等待讀者閱讀這本書，指引方向。

　　作為地理教育與推廣者，中學地理教育與普羅大眾，都需要理解，空間資訊科技融入日常生活，地理即是生活，生活即是地理，無論你是什麼樣的背景，都可以地理思考，我在哪裡？為什麼在那裡？之間的連線與網路的關係又是什麼？地理資訊令人玩味，這本書會讓你驚豔，原來這麼酷！

巫師地理

https://www.facebook.com/wizard.geo

推薦序三

　　我的學生易霆邀請我為他和彭其捷的著作寫序。寫序是一件替作者、替書昭告天下的大事，是頗為燒心的邀請。想著、想著最後覺得這書讀者可以從「人本」與「文本」兩個面向去獲益：人本的訊息幫助讀者了解作者進入大數據分析這個領域的歷程契機，文本的說明則希望協助讀者了解書的意旨並啟發對大數據視覺化的興趣。

　　在文本方面，這書直白的解構 Excel、Flourish、GoogleData Studio、Mapbox、Tableau、Kepler 等工具軟體應用於大數據視覺化程序步驟；簡簡單單的就可以製作出漂亮且具有地理意義的地圖。想要傳達的訊息就是地理大數據的視覺化處理不難，跟著一步一步的程序說明，讀者也可以很容易地開啟一窺地理數據科學奧祕的大門。然而，如果你更注意到這些程序步驟共通性的學理通則，那就會有你個人舉一隅而以三隅反的奧祕獨享的樂趣了。

　　回想易霆在研究室做碩士論文的時候，我給他的研究題目是研究多重網路的都市空間組構，也就是思考在道路路網、捷運以及公車路網的複合都市路網紋理下，都市兩點間移動的拓樸距離的演算法。這個研究主題開啟了他一個潘朵拉的盒子，進入都市地理資訊科學的領域，並且發展了由傳統都市計畫領域職涯斜槓到地理大數據分析領域的生涯與職涯。「隨緣」是這其中最重要的契機，「惜緣」是其中有所成果的最重要態度。

　　這本《大數據地圖與地理空間資料視覺化設計指南》，是其捷與易霆回顧多年在地理資料科學的心血經驗，所留下給初探 GIS 領域者的緣法。希望讀者在這條路上辛苦摸索的過程可以輕鬆許多；也許因為更多的人加入用資料看城市、看環境、看公共政策而推動政府以及城市科學且透明的數位永續發展治理模式。

　　感謝易霆與其捷讓我為他們的新書寫序，這是我的榮幸。

林漢良

成功大學都市計劃學系都市地理科學研究室

2022/05/17

推薦序四

　　資料分析與視覺化相關能力，近年已成為顯學，然而針對地理空間資訊視覺化，在坊間書籍卻鮮少著墨。這個領域看似小眾，但卻與我們生活息息相關，從商業活動、設施分布、移動出行、城市建設、生態環境，甚至衛生醫療等，幾乎所有人類世界產製的資料類型，或多或少都具備地理空間屬性，只是人們並不習慣將資料放置回我們的實體空間脈絡，也就少了更多跨域資料交叉探勘、提煉洞見的可能性。而隨著地理資訊工具的開源普及、大量公共與民間地理屬性資料的釋出、乃至 AI 工具與雲端運算的普及，都加速了地理空間資料的相關應用討論。本書兩位作者給了這方面很好的科普介紹，也帶讀者快速掌握各類工具的功能與應用情境，實屬難得。期待本書做為國內的先驅，讓「將資料放進真實空間檢視其脈絡與規律」成為以後更多資料應用者的下意識直覺動作。共勉！

林佑達 Roy Lin

IVC InVisibleCities 在看得見的城市社群創辦人

推薦序五

　　「地圖」已成為表現「空間資料」最普遍也最合適的形式。現在有不少政府機關架設網站平台，提供一般大眾獲得空間資料的途徑。許多新聞媒體也會使用地圖來傳遞訊息，透過視覺化的手法吸引讀者目光。在開放資料普及與圖像傳播盛行的趨勢之下，學會製作地圖就等於多掌握一種說故事的方式。

　　可是，我們要如何自製地圖？這本書展示了六個可以製作地圖的軟體，透過詳盡的圖片說明與步驟解析，帶領讀者從入門到進階，按部就班地操作並產出成果。本書的實作案例涵蓋各種地圖類型，舉凡地形圖、分布圖、統計圖、資訊儀表板等都包含在內，讀者可以依照資料類型選擇合適的形式與軟體。由此也可發現本書作者的細心之處。

　　跟著本書玩玩看吧！剛開始學習新的軟體總是會不太熟悉，但在反覆操作之後自然熟能生巧，你會發現製作地圖其實沒那麼困難。而有了好的地圖，你的資料及故事想必會更加精采。

圖地（資訊圖像創作者）
https://www.facebook.com/todemap

前言

　　隨著大數據時代的到來，不論是 IoT 物聯網、新冠肺炎（COVID-19），或是各類社群與商業資料，都包括了越來越多地理資訊，而此類型的地理與空間數據，與一般常見的商業數據屬性之分析與製圖方法截然不同，常需要透過特定工具與方法來進行製作，然而網路上的相關中文資訊非常缺乏，也引發了本書兩位作者的寫作動機。

　　本書彙整了近年來地理數據視覺化的相關技術，除了觀念介紹之外，也包括了許多好用工具的實作教學，本書主要帶領讀者認識 Excel、Mapbox、Google Data Studio、Kepler、Tableau 等工具，是一本專注於介紹地理資料視覺化的實作專書，希望帶領讀者親手做出超漂亮又實用的數據地圖。

　　本書的內容編排上由淺入深，每一個單元都是從基礎概念開始介紹，並逐步深入每一套工具，期待能降低閱讀門檻，讓更多人對於相關視覺化技巧能有更深的認識，適合任何需要製作數據地圖的讀者，例如：地理相關教師與學生、數據工程師、需要進行空間數據製圖的人士們。

　　地圖一直以來都是絕佳的說故事工具，現今許多論述都會使用地圖作為視覺呈現型態，期許讀者能按照此書所介紹的內容，一步步製作各類精彩的地理數據視覺化作品。我們希望透過本書，讓地理視覺化技巧能夠更普及、更容易，並成為更多人用來說故事的好用媒材！

彭其捷、卓易霆 敬啟

ps. 歡迎前往本書專屬網站，可取得本書之相關資訊與練習資料

https://sites.google.com/view/datamap

本書實作案例全覽

*前兩單元主要介紹地理視覺化概念與工具，故無實作。

【單元3】AED 熱度圖及場所類別總數長條圖

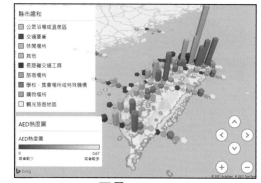

工具：Excel

【單元3】戶數與房屋住宅數比較圖

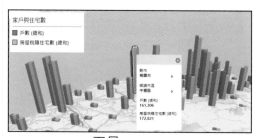

工具：Excel

【單元3】產業家數占比圖

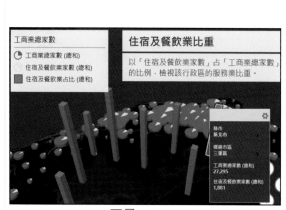

工具：Excel

【單元4】新冠肺炎全球案例中文地圖

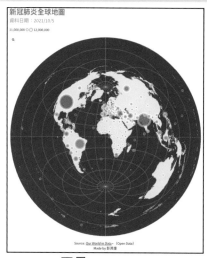

工具：Flourish

【單元5】IoT 物聯網雲端地圖儀表板	【單元5】世界人口、網路使用者地圖
	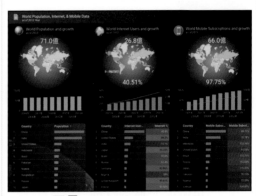
工具：Google Data Studio	工具：Google Data Studio
【單元5】Google Ads 分析儀表板	【單元6】客製化風格地圖

工具：Google Data Studio	工具：Mapbox
【單元6】埃及風格貓咪圖騰地圖	【單元6】山岳高度的宏觀地形圖
	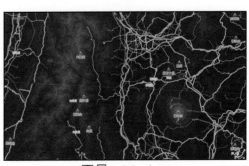
工具：Mapbox	工具：Mapbox

【單元6】海洋深度的宏觀地形圖

工具：Mapbox

【單元6】迷幻色彩 3D 地形圖

工具：Mapbox

【單元6】等高線套疊 3D 地形圖

工具：Mapbox

【單元6】颱風點位路徑地圖

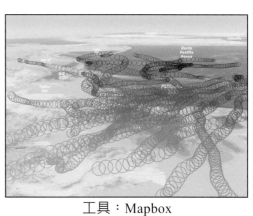

工具：Mapbox

【單元7】Youbike 城市租借站地圖

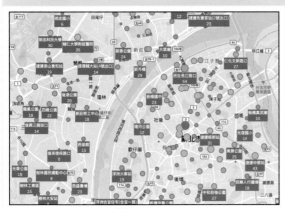

工具：Tableau

【單元7】COVID-19 全球疫情動畫地圖

工具：Tableau

【單元7】都市車禍熱區圖	【單元7】捷運衛星地圖
 工具：Tableau	 工具：Tableau
【單元7】日本與台灣航空圖	【單元8】洛杉磯建物資產價值地圖
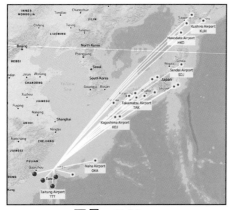 工具：Tableau	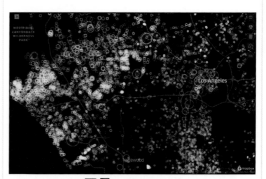 工具：Kepler.gl
【單元8】洛杉磯建物屬性地圖	【單元8】洛杉磯人口種族分布地圖
 工具：Kepler.gl	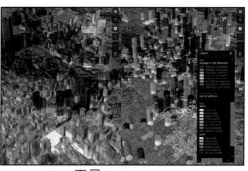 工具：Kepler.gl

【單元8】紐約 City Bike 租借騎乘地圖	【單元8】紐約 City Bike 租借騎乘地圖（變化）
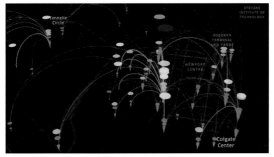	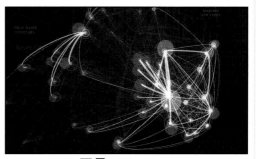
工具：Kepler.gl	工具：Kepler.gl

本書資料集下載與說明

本書資料集批次下載

透過以下網址可以一次性下載本書所有實戰練習資料：

本書資料集下載網址
https://design2u.me/books_resource/2022_map.zip
ps. 如果讀者下載資料集有問題，歡迎寄信給作者（foxfirejack@gmail.com）詢問，或是前往本書專屬網站，查詢相關資訊：https://sites.google.com/view/datamap

讀者下載 .zip 資料包後，可看到每個單元的練習資料集，在後面的段落中則針對每一個資料集進行細部說明其欄位以及數據原始來源。

3-1：AED 位置資訊

檔案名稱	CH3_data/excel_3dmap_data.xlsx（活頁簿：AED）
資料來源	網址：政府資料開放平台（AED 位置資訊） https://data.gov.tw/dataset/12063
資料說明	本資料集為全台灣「自動體外心臟電擊去顫器（Automated External Defibrillator，AED）」經緯度點位資料，內容涵蓋每一個 AED 的場所名稱、經緯度位置、場所分類、描述與開放使用時間等資料。

▼ AED 位置資料集欄位說明

欄位名稱	說明	型態
場所名稱	AED 放置場所的名稱	文字
場所縣市	縣市名稱	文字（地理名稱）
場所區域	縣市的鄉鎮市區名稱	文字（地理名稱）
場所分類	場所的大分類	文字

欄位名稱	說明	型態
場所類型	場所的細項分類	文字
地點 LAT	緯度	地理位置（經緯度）
地點 LNG	經度	地理位置（經緯度）

註：其餘欄位數值本書無使用到，故不多做介紹，有興趣的讀者可再自行去原始資料出處
　　摸索。

3-2：segis 社會經濟資料

檔案名稱	CH3_data/excel_3dmap_data.xlsx（活頁簿：segis）
資料來源	網址：社會經濟資料服務平台（segis） https://segis.moi.gov.tw/STAT/Web/Portal/STAT_PortalHome.aspx
資料說明	本資料集為筆者從社會經濟資料服務平台上，摘錄整合全台灣各鄉鎮市區的人口、住宅數、產業家數等相關資料，進行資料整理後將其全部併成大表格；其中鄉鎮市區的經緯度欄位內容是先從該平台下載 shp 檔案後，取出每個行政區塊面狀的質心作為該鄉鎮市區的中心點位代表。

▼ segis 社會經濟資料集欄位說明

欄位名稱	說明	型態
縣市鄉鎮市區	縣市及鄉鎮市區名稱	文字（地理名稱）
縣市	縣市名稱	文字（地理名稱）
鄉鎮市區	縣市的鄉鎮市區名稱	文字（地理名稱）
人口數	人口數	數字
人口密度	人口密度（每平方公里上居住人口數）	數字
0-14 歲人口數	0-14 歲的人口數	數字
15-64 歲人口數	15-64 歲的人口數	數字
65 歲以上人口數	65 歲的人口數	數字
戶數	家庭戶數	數字
房屋稅籍住宅數	稅籍定義住宅使用的房屋宅數	數字
工商業總家數	地區的工商業總家數	數字
住宿及餐飲業家數	行業別為住宿及餐飲業之家數	數字

欄位名稱	說明	型態
住宿及餐飲業占比	住宿及餐飲業之家數除以工商業總家數之百分比	數字
lng	經度（鄉鎮市區的面狀質心）	地理位置（經緯度）
lat	緯度（鄉鎮市區的面狀質心）	地理位置（經緯度）

4-1：新冠肺炎資料（摘要版本）

檔案名稱	CH4_data/covid_19_20211005.csv
資料來源	資料來源：https://ourworldindata.org/
資料說明	本資料集是新冠肺炎（COVID-19）開放資料的摘要版本，由本書作者所整理的 2021/10/5 摘要資料，僅提供部分重要欄位資訊，以供本書的練習範例使用。

▼ covid_19_20211005.csv 資料集欄位說明

欄位名稱	說明	型態
Country	國家名稱	文字
Long	經度	地理位置（經緯度）
Lat	緯度	地理位置（經緯度）
Death Cases	死亡個案數量	數字
Positive Cases	陽性個案數量	數字

5-1：空氣品質微型感測器監測資料

檔案名稱	CH5_data/epa_micro_join_2020020100_2020020108.csv
資料來源	民生公共物聯網資料服務平台 - 環保署智慧城鄉空品微型感測器監測資料 https://ci.taiwan.gov.tw/dsp/environmental_air_epa_micro.aspx

資料
說明

本資料集最原始來源是由行政院民生公共物聯網小組與行政院環保署所提供，主要提供包括：測站名稱、細懸浮微粒濃度（PM2.5）等等資訊，是空氣汙染物感測的開放資料；筆者針對此資料集進行了若干整理，也加入了來源相同來源的感測器相關資訊（例如經緯度、部署區域等等），並提供作為本書的練習範例。

▲ 環保署智慧城鄉空品微型感測器監測資料

（來源：https://ci.taiwan.gov.tw/dsp/dataset_air_epa_micro.aspx）

▼ 空汙微型感測器監測資料集欄位說明

欄位名稱	說明	型態
deviceId	感測器 ID	文字
PM2.5	細懸浮微粒濃度	數字
humidity	濕度	數字
temperature	溫度	數字
time	時間	日期時間
name	設備名稱	文字
desc	設備描述	文字
lat	緯度	地理位置（經緯度）
lon	經度	地理位置（經緯度）
area	區域	文字
areatype	區域類型	文字

6-1：颱風資料集

檔案名稱	CH6_data/BTrACS_typhoon2017.csv（颱風資料集）
資料來源	網址：全球颱風最佳路徑分析資料庫 https://www.ncdc.noaa.gov/ibtracs/index.php?name=ib-v4-access 點選「CSV (Comma Separated Values)」後，選定區域與年份下載
資料說明	本資料集來自於美國國家海洋暨大氣總署（National Oceanic and Atmospheric Administration, NOAA）所管理的「全球颱風最佳路徑分析資料庫（IBTrACS）」，內容有各海洋區域的歷年颱風點位路徑資料。

▼ 颱風資料集欄位說明

欄位名稱	說明	型態
SEASON	時間年份	數字
BASIN	海洋區域	文字
NAME	颱風名稱	數字
ISO_TIME	時間（年月日時分秒）	數字
STORM_SPEED	風速	文字
LAT	緯度	地理資訊（數字）
LON	經度	地理資訊（數字）

7-1：新北市公共自行車租賃系統（YouBike）資料

檔案名稱	CH7_data/7-3/dataset_youbike.csv
資料來源	本資料集取用來源為：新北市政府資料開放平臺 https://data.ntpc.gov.tw/datasets/71CD1490-A2DF-4198-BEF1-318479775E8A 或是可至政府資料開放平台下載 https://data.gov.tw/dataset/123026
資料說明	本資料集的原始網址提供的是會持續更新的資料集，而本書則採用的是批次的練習檔案，但欄位大致相同；提供像是：場站所在的區域，場站的名稱，該時間的可借車位數、該場站的總車位數等等。

▼ 新北市公共自行車租賃系統（YouBike）開放資料集欄位說明

欄位名稱	說明	型態
Sno	站點代號	數字
Sna	場站名稱：中文	文字
Tot	場站總停車格	數字
Sbi	可借車位數	數字
Sarea	場站區域：中文	文字
Mday	資料更新時間	時間
Lat	緯度	地理位置（經緯度）
Lng	經度	地理位置（經緯度）
Ar	地址：中文	文字
Sareaen	場站區域：英文	文字
Snaen	場站名稱：英文	文字
Aren	地址：英文	文字
Bemp	可還空位數：英文	數字
Act	場站是否暫停營運	數字

7-2：新冠肺炎資料

檔案名稱	CH7_data/7-4/COVID-19 Activity_20210828.csv
資料來源	資料來源：https://data.world 資料下載網址：https://data.world/covid-19-data-resource-hub/covid-19-case-counts/workspace/file?filename=COVID-19+Activity.csv
資料說明	本書使用之資料集是新冠肺炎（COVID-19）於 2021/8/18 之統計資料，資料來源為 data.world，本資料集至今會定期更新，然而不同國家更新的頻率並不相同，所以建議讀者如果是自行至平台下載資料，建議取用的範圍盡量是幾天之前的，完整度會比較高。

▼ COVID-19 Activity_20210828.csv 資料集欄位說明

欄位名稱	說明	型態
People Positive Cases Count	陽性個案數量	數字
County Name	美國州名稱	文字（地理名稱）
Province State Name	各洲名稱	文字（地理名稱）
Report Date	回報日期	文字
Continent Name	大洲名稱	文字（地理名稱）
Data Source Name	資料來源	文字
People Death New Count	新致死個案數	數字
County Fips Number	（國家代碼 - Fips Number）	文字（地理名稱）
Country Alpha 3 Code	（國家代碼 - Alpha 3 Code）	文字（地理名稱）
Country Short Name	（國家代碼 - Short Name）	文字（地理名稱）
Country Alpha 2 Code	（國家代碼 - Alpha 2 Cde）	文字（地理名稱）
People Positive New Cases Count	新增 - 陽性個案數量	數字
People Death Count	死亡個案數量	數字

7-3：臺北市 109 年道路交通事故斑點圖

檔案名稱	CH7_data/7-5/109_taipei_traffic_accident.csv
資料來源	政府資料開放平臺 https://data.gov.tw/dataset/136123
資料說明	此資料集是由臺北市政府警察局交通警察大隊所彙整提供的資料集，並且提供的是民國 109 年的事故資料。

▼ 109_taipei_traffic_accident.csv 資料集欄位說明

欄位名稱	說明	型態
發生時間	事故時間	時間
處理別	指交通事故類別：「1 類」指造成人員當場或 24 小時內死亡之交通事故；「2 類」指造成人員受傷或超過 24 小時死亡之交通事故；「3 類」指僅有車輛財物受損之交通事故。	文字

欄位名稱	說明	型態
肇事地點	事故地點的地址資訊	文字（地址）
X	事故地點的經度資訊	地理位置（經緯度）
Y	事故地點的緯度資訊	地理位置（經緯度）

7-4：捷運車站點資料

檔案名稱	CH7_data/7-6/_MRT_station_mapdata202004200321 資料夾（捷運車站）
資料來源	原始網址來源：https://data.gov.tw/dataset/73233 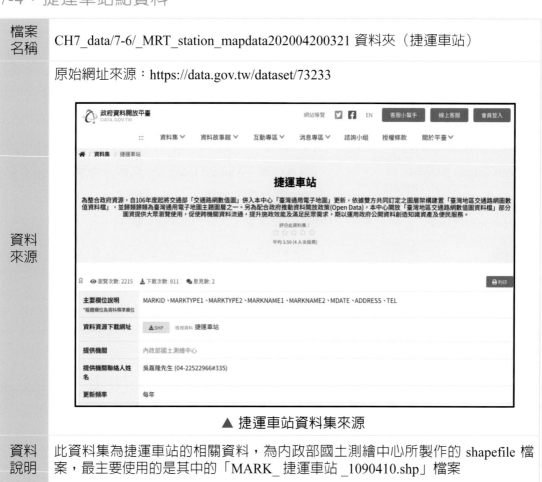 ▲ 捷運車站資料集來源
資料說明	此資料集為捷運車站的相關資料，為內政部國土測繪中心所製作的 shapefile 檔案，最主要使用的是其中的「MARK_ 捷運車站 _1090410.shp」檔案

▼ MARK_ 捷運車站 _1090410.shp 捷運車站資料集欄位說明

欄位名稱	說明	型態
Markid	ID	文字
Marktype1	資料種類 1	文字

欄位名稱	說明	型態
Marktype2	資料種類 2	文字
Markname1	捷運站名稱	文字
Markname2	捷運站簡稱	文字
Mdate	日期	日期
address	地址	文字
TEL	電話	文字

7-5：台北捷運路線資料

檔案 名稱	CH7_data/7-6/_MRT_route_1100406 資料夾（台北捷運路線）
資料 來源	本資料集為台北捷運路線的相關資訊，同樣為空間屬性資料，最主要載入的檔案為其中的「MRT_1100406.shp」，原始網址來源：https://whgis.nlsc.gov.tw/Opendata/Files.aspx  ▲ 本書捷運路線資料來源
資料 說明	ps. 本書實作教學時展示的部分欄位，可能跟本資料集有一些差異，但並不影響實作（因為本書撰寫時的資料集，後期欄位有進行改版，然而不會影響練習）

▼ MRT_1100406.shp 捷運路線資料集欄位說明

欄位名稱	說明	型態
Mrtid	捷運站 ID	文字
Mrtsys	捷運系統	文字
Mrtcode	捷運路線	文字
Mrttype	捷運站種類	文字
Mdate	日期	日期
Source	來源	文字
Definition	定義	文字

7-6：openflight 開放航班資料

檔案名稱	CH7_data/7-7/airports.dat.txt（全球機場資訊） CH7_data/7-7/routes.dat.txt（全球航空路線資訊）
資料來源 與說明	資料來源：https://openflights.org/data.html#airline openflights.org 組織所開放的資料，包括全球的機場資訊，以及相關航班資訊等，需留意此資料集並非最新資料（僅釋出歷史資料）。 本書的練習主要會使用到兩包歷史資料，分別為機場資料（2017 年）與航線資料（2014 年） OpenFlights.org ▲ openflight 組織的 Logo

▼ 機場資料（airports.dat.txt）資料集欄位說明

欄位名稱	說明	型態
Airport ID	Unique OpenFlights identifier for this airport.	文字
Name	Name of airport. May or may not contain the City name.	文字
City	Main city served by airport. May be spelled differently from Name.	文字
Country	Country or territory where airport is located. See Countries to cross-reference to ISO 3166-1 codes.	文字

欄位名稱	說明	型態
IATA	3-letter IATA code. Null if not assigned/unknown.	文字
ICAO	4-letter ICAO code. Null if not assigned.	文字
Latitude	Decimal degrees, usually to six significant digits. Negative is South, positive is North.	地理位置（經緯度）
Longitude	Decimal degrees, usually to six significant digits. Negative is West, positive is East.	地理位置（經緯度）
Altitude	In feet.	數字（高度）
Timezone	Hours offset from UTC. Fractional hours are expressed as decimals, eg. India is 5.5.	文字
DST	Daylight savings time. One of E (Europe), A (US/Canada), S (South America), O (Australia), Z (New Zealand), N (None) or U (Unknown). See also: Help: Time	文字
Tz database time zone	Timezone in "tz" (Olson) format, eg. "America/Los_Angeles"	文字
Type	Type of the airport. Value "airport" for air terminals, "station" for train stations, "port" for ferry terminals and "unknown" if not known. In airports.csv, only type=airport is included.	文字
Source	Source of this data. "OurAirports" for data sourced from OurAirports, "Legacy" for old data not matched to OurAirports (mostly DAFIF), "User" for unverified user contributions. In airports.csv, only source=OurAirports is included.	文字

▼ 航線資料（routes.dat.txt）資料集欄位說明

欄位名稱	說明	型態
Airline	2-letter (IATA) or 3-letter (ICAO) code of the airline.	文字
Airline ID	Unique OpenFlights identifier for airline (see Airline).	文字
Source airport	3-letter (IATA) or 4-letter (ICAO) code of the source airport.	文字

欄位名稱	說明	型態
Source airport ID	Unique OpenFlights identifier for source airport (see Airport)	文字
Destination airport	3-letter (IATA) or 4-letter (ICAO) code of the destination airport.	文字
Destination airport ID	Unique OpenFlights identifier for destination airport (see Airport)	文字
Codeshare	"Y" if this flight is a codeshare (that is, not operated by Airline, but another carrier), empty otherwise.	文字
Stops	Number of stops on this flight ("0" for direct)	文字
Equipment	3-letter codes for plane type(s) generally used on this flight, separated by spaces	文字

8-1：洛杉磯土地及房屋資產估價清冊資料

檔案名稱	la_assessor_parcels.csv
資料來源	Kepler.gl 官方範本資料：la_assessorparcels（年度擷取 2006 年至 2017 年） • 網址：https://github.com/uber-web/kepler.gl-data/tree/master/la_assessorparcels 原始資料來源為 Los Angeles OpenData 洛杉磯開放資料：「土地及房屋資產估價清冊資料」 • 網址：https://data.lacounty.gov/Parcel-/Assessor-Parcels-Data-2006-thru-2020/9trm-uz8i
資料說明	該資料集為洛杉磯為進行土地及房屋稅徵依據，而製作的年度資產估價清冊（本書範例使用 Kepler.gl 官方範本資料，採用年度為 2006 年至 2017 年），其資料內容包含資料調查年份、使用型態、房間數、坪數及估價總值等。我們可練習用該資料呈現資產價值在地理空間上的分布型態，如：大坪數之建物坐落位置、同時以點資料的顏色或圓圈大小呈現其資產價值，找出高低價位的建物區位分布。

▼ 洛杉磯土地及房屋資產估價清冊資料集欄位說明

欄位名稱	說明	型態
yearbuiltTS_stand	建築物資料建立時間，該數值以調查年度為主，本範例數值為 2006 至 2016 年	時間格式
istaxablepa	Y 為須納稅物件，N 為免稅物件	文字

欄位名稱	說明	型態
property location	建物位置地址	文字（地址）
usetype	該建物使用類型（SFR=Single Family Residence 獨棟住宅、CND=Condominium 集合公寓、R-I=Residential-Income 出租式住宅、VAC=Vacant 空屋、OTH=Other 其他）。原始資料集尚有 C/I=Commercial/Industrial 商業及工業使用，為避免資料量過於複雜，給讀者的資料當中已先行剔除	文字
units	廳（客廳或飯廳）單元之數量	數字
bedrooms	寢室房間數之數量	數字
bathrooms	衛浴單元之數量	數字
sqftmain	建物總面積（平方英尺）	數字
roll_totalvalue	建物資產總價值	數字
center_lat	該物件點位緯度（epsg=4326）	地理資訊（經緯度）
center_lon	該物件點位經度（epsg=4326）	地理資訊（經緯度）

8-2：洛杉磯優質交通節點周邊區域之人口居住情形資料

檔案名稱	CH8_data/HQTA_PoP.geojson
資料來源	Los Angeles OpenData 洛杉磯開放資料：優質交通節點周邊區域之人口居住情形資料 • 網址：https://data.lacounty.gov/Sustainability/2012-HQTA-Population/6gfa-7q9y
資料說明	優質交通節點周邊區域（High Quality Transit Areas，HQTAs）為軌道交通運輸工具周邊「二分之一英哩」，或以重要的交通站點為出發點，其「於通勤尖峰時段旅行時間小於 15 分鐘者」。國外開放資料中，常會自訂一些重點發展區域的研究範圍，並針對範圍內進行各類社會經濟數據的統計分析，如本資料集擷取該區域內的人口種族居住分布作為繪製主題，可用面量圖方式檢視，看出不同種族人口在各個區域的分布多寡與居住情形。

▼ 洛杉磯優質交通節點周邊區域之人口居住情形資料集欄位說明

欄位名稱	說明	型態
_geojson	本資料集的地理型態欄位（geometry type），其內容是基於 json 格式所組成的正規化描述。（epsg=4326）	地理資訊（json）

欄位名稱	說明	型態
Total	該區域總人口數（Total）等於非西班牙裔（TotalNotHi）加西班牙裔（Hispanic）人口數	數字
TotalNotHi	非西班牙裔（TotalNotHi）人口數	數字
Hispanic	西班牙裔（TotalNotHi）人口數	數字
White	白人（White）人口數	數字
Black	黑人（Black）人口數	數字
Native	原住民（Native）人口數	數字
Asian	亞洲人（Asian）人口數	數字

註：其餘欄位數值本書無使用到，故不多做介紹，有興趣的讀者可再自行去原始資料出處摸索。

8-3：紐約共享單車騎乘旅次資料

檔案名稱	CH8_data/bike_trip.csv CH8_data/bike_route_agg.csv
資料來源	紐約共享單車 Citi Bike 官方網站 （Citi Bike Trip Histories 開放資料） • 網址： • https://www.citibikenyc.com/system-data • https://s3.amazonaws.com/tripdata/index.html
資料說明	該資料為紐約共享單車 Citi Bike 的旅次起訖騎乘資料（經過去識別化），本書節錄 2019 年 9 月份紐約資料，其提供歷年每月逐筆騎乘交易記錄，包含每筆騎乘資料的用戶性別、生日、借還站點（起訖站點）、騎乘時間等內容。我們可用線資料型態表達各站點之間的借還次數，分析哪些站點之間關係較為緊密。

▼ 紐約共享單車騎乘旅次資料集欄位說明（bike_trip.csv）

欄位名稱	說明	型態
Trip Duration	騎乘總時間	數字
Start Time	騎乘開始時間	時間格式
Stop Time	騎乘停止時間	時間格式
Start Station ID	起站編號	數字
Start Station Name	起站站名	文字
Start Station Latitude	單車借站的點位緯度	地理位置（經緯度）
Start Station Longitude	單車借站的點位經度	地理位置（經緯度）

欄位名稱	說明	型態
End Station ID	迄站編號	數字
End Station Name	迄站站名	文字
End Station Latitude	單車還站的點位緯度	地理位置（經緯度）
End Station Longitude	單車還站的點位經度	地理位置（經緯度）
Bike ID	腳踏車編號	數字
User Type	使用者類型（Customer 為 24 小時或 3 天通行許可之用戶、Subscriber 為整年度訂閱服務用戶）	文字
Birth Year	會員生日	文字
Gender	會員性別	文字

▼ 紐約共享單車騎乘旅次資料集欄位說明（bike_route_agg.csv）

欄位名稱	說明	型態
route	騎乘路線名稱，由借站站名與還站站名組成	文字
start station name	借站站名	文字
start station latitude	單車借站的點位緯度	地理位置（經緯度）
start station longitude	單車借站的點位經度	地理位置（經緯度）
end station name	還站站名	文字
end station latitude	單車還站的點位緯度	地理位置（經緯度）
end station longitude	單車還站的點位經度	地理位置（經緯度）
route_agg	該條騎乘路線的總和騎乘次數，具方向性，如：「A 站借 B 站還」與「B 站借 A 站還」是兩條不同的騎乘路線	數字

PART 1

地理視覺化觀念與工具

什麼是地理資料視覺化？

▌ 1.1 關於地理資料視覺化（Geospatial Data Visualization）？

　　現代人無時無刻與地理資訊為伍，許多人每天會拿出手機查看現在位置，或是查詢想要去的店家位置，或是根據地區來查詢天氣，甚至是透過某個國家的地理位置了解可能的歷史背景，以及查看疫情期間的染疫狀況等等，地理資訊已經是與人們生活密切相關的要素，常透過地圖的方式來呈現，像是：氣象資訊地圖、地震資訊地圖、Google 地圖、登山地圖、選舉地圖、等高線、交通路網、航空地圖、航海地圖、疫情地圖等等。

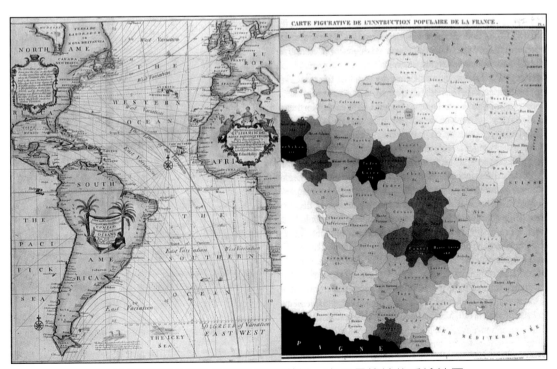

▲ 地圖是歷史悠久的資訊呈現媒材，本圖是傳統的手繪地圖

（來源：https://www.kdnuggets.com/2017/10/7-techniques-visualize-geospatial-data.html）

　　地理視覺化，根據維基百科（https://zh.wikipedia.org/wiki/ 地理視覺化）的定義，指的是「透過地理資訊來傳達空間資料時，著重在於與人們已知的概念相連結，幫助資料搜尋者可以更快的理解其意思，並做出相對應的結論和判斷」；近年興起透過各種數據疊合地理座標的方式疊合的製圖方式，在本書我們稱其為「地理資料視覺化（Geographic Data Visualization）」，也就是在地圖底圖上方，疊加更多的空間數據資訊，達成製作者想要提供的資訊，此即為本書撰寫的核心。

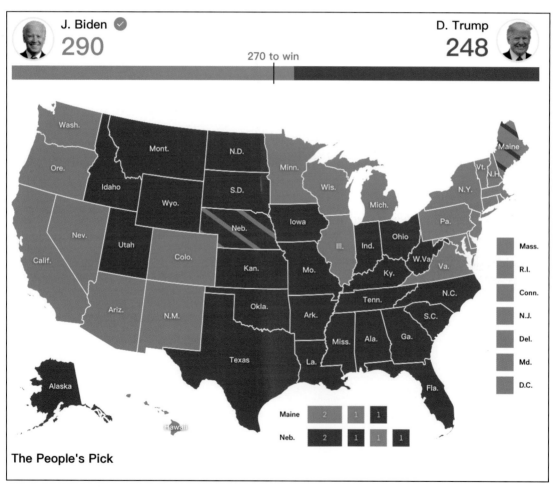

▲ 近年流行的作法，是透過各類數位工具，並在其上疊合更多的資料，此即為地理資料視覺化，本圖是 2020 年的美國大選票數地圖

（來源：https://abcnews.go.com/Politics/abc-news-crowdsourced-electoral-map-off-state/story?id=74203905）

　　地理資料視覺化涉及的範圍廣大，技術也持續不斷的演進，本書主要著重於其中的數據地圖視覺化技術，也就是「**如何透過數據與空間資訊，來呈現有幫助的資訊**」；大家熟知的 Google Map 就是一個經典的範例，許多人依賴 Google Map 作為主要的尋路工具與地點定位工具，例如 Google 所推出的 MyMap 服務，更提供了讓使用者建立自己的地圖的功能。

▲ Google MyMap 地理視覺化工具，能讓使用者建立特色主題數據地圖

　　地理資訊呈現的需求五花八門，本書的第一個單元，主要彙整地理資料視覺化的相關重要知識，內容如下：
- 地理資料視覺化的常見類型
- 地理資料視覺化常見應用領域
- 地理資料視覺化的重要專有名詞
- 地理資料視覺化常見的數據格式

▌1.2　地理資料視覺化的常見類型

　　視覺圖表的種類非常多，且每個圖表都有他的個性與角色，Data Visualization Catalogue 網站（http://www.datavizcatalogue.com/index.html）上列出了非常多種的圖表類型，其中地理資料視覺化主要有四種，分別為：泡泡地圖（Bubble Map）、

面量圖（Choropleth Map）、連線地圖（Connection Map）、流動地圖（Flow Map）；而除了這四種常見的類型之外，3D 地圖與客製化地圖也是常見的地理資料視覺化的型態。

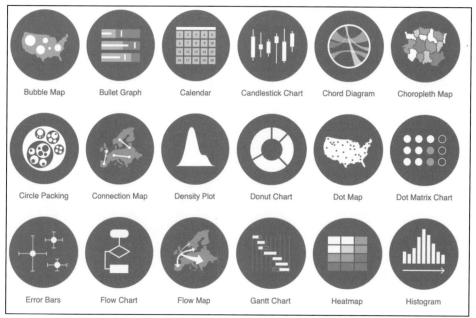

▲ Data visualization catalogue 網站整理了許多類型視覺圖表

（來源：http://www.datavizcatalogue.com/index.html）

一、泡泡地圖（Bubble Map）

泡泡地圖是最常見的地圖視覺化圖表型態，比較偏向「點資料」的呈現類型，因為泡泡大小變化很適合作為每個地理分布的資訊量大小呈現，而且在泡泡旁放上數字，呈現的效果也很好。下圖是美國國家公園的訪客資料視覺化，以美國各大洲的地理位置作為背景，在上方疊合泡泡資訊，並標記國家公園的名稱，泡泡大小則代表的是訪客數量，容易同時理解相對位置以及訪客量化資訊。

▲ 美國國家公園的訪客人數泡泡地圖

（來源：http://www.anychart.com/products/anymap/gallery/Maps_Bubble/USA_National_Parks.php）

二、面量地圖（Choropleth Map）

　　面量圖有時又稱爲主題地圖、熱度地圖、多邊形地圖（Polygon）等等，主要是「面資料」的呈現類型，常透過地理位置的邊界爲單位呈現數據（也有時會用像是：國家單位、行政區等等進行區分）；例如 2020 年席捲全球的 COVID-19 新冠肺炎，就常常使用面量地圖來傳達疫情資訊。

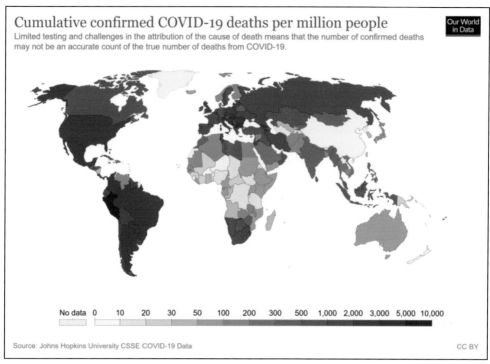

▲ COVID-19 全球死亡率面量地圖

（來源：https://zh.wikipedia.org/wiki/2019冠狀病毒病全球各地疫情）

三、連線地圖（Connection Map）

連線地圖也可稱為 Link Map，重點在於用「點」與「直線／曲線」呈現地理上的關聯關係，方便閱讀者看出地圖上的空間連線分布關係。案例部分選擇的是「從希斯洛機場最繁忙的航班連線地圖」，透過地圖視覺化可以很容易觀察到相關機場點位之間的航班資訊。

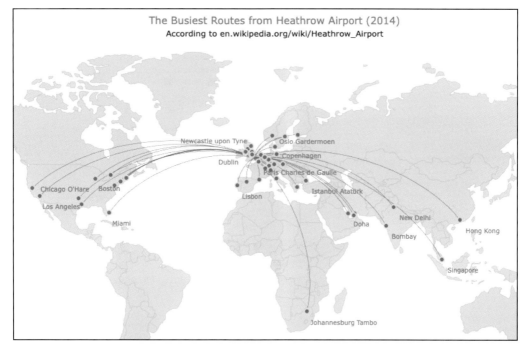

▲ 從英國希斯洛機場最繁忙的航班連線地圖

（來源：https://www.anychart.com/products/anymap/gallery/Maps_Connectors/Busiest_Routes_From_Heathrow_Airport.php）

四、流動地圖（Flow Map）

　　流動地圖與連線地圖類似，但加入強調資訊流動的強度，視覺上會根據地理單位進行起始點與終點的標記，很強調「來源（Origin）」與「目標（Destination）」資訊，在區域之間用線條進行連結，也可再配合流量資訊改變線條粗細，或是用顏色表達數字的大小。下圖透過流動地圖的型式，表達中國外移到世界的比例，顏色資訊幫助我們看出最大宗的外移地點是美國（United States），而透過線條則可清楚觀察整體人口外移的地理趨勢。

▲ 中國人口外移圖

（來源：http://www.anychart.com/products/anymap/gallery/Maps_Connectors/Top_Chinese_Exports_to_the_World.php）

五、三維立體地圖（3D Map）

　　有些需求需要依賴 3D 空間來表達特定地理資訊，例如想描繪山區地形、土石流災害之類的地圖時，就會需要使用三維立體地圖進行視覺化呈現。Google Earth 是普遍被大眾認識的主流三維立體地圖製作工具，提供了地球表面 3D 圖資，也可在上方疊加資訊圖層；也跟讀者預告，本書也有介紹一些三維立體地圖的實作方法！

▲ Google Earth 提供了 3D 資訊的地理視覺化呈現介面

（來源：https://earth.google.com）

六、客製化地理視覺化地圖

　　有時地理資料會以特殊的方式呈現，例如各國的「捷運路線圖」常常都會脫離一般常使用地理座標系統，捷運路線圖最有特色的地方在於「並沒有真正按照實體街區之間的距離與相對位置」，而是用人們最好吸收的排版方式，僅著重保留站與站之間的相對位置關係，讓閱讀者可快速看出對應的地理方位。

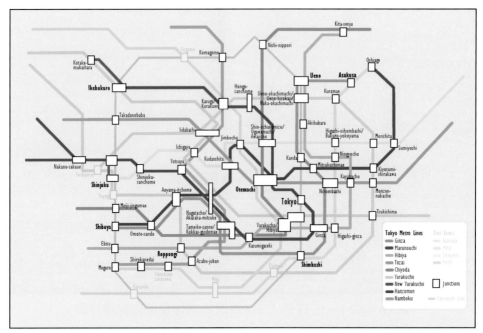

▲ 東京地下鐵地圖，用客製化製圖方式，呈現車站與路線的相對位置資訊

（來源：https://commons.wikimedia.org/wiki/File:Tokyo_subway_metro_map.png）

▍1.3　地理資料視覺化常見應用領域

　　本段落想跟讀者介紹地理資料視覺化的常見應用領域，其實只要跟地理位置、空間位置有關的資訊，都很適合使用地圖的視覺化方式進行呈現，但在一些領域使用地圖已經行之有年。

一、公共衛生領域

　　由於傳染病與地理位置有非常大的關聯性，所以公共衛生相關資訊很常使用地圖作為視覺化呈現載體；這裡舉一個公衛領域的經典地圖案例：17 世紀時有一位John Snow 醫生，透過地圖標示出霍亂患者的位置，當資訊被視覺化之後，幫助人們釐清了霍亂發生的相關可能性，也就是跟飲用水的位置有強力關聯性，並進一步找出了霍亂疫情發生的源頭，此為最早應用地理資料視覺化查找傳染病來源的經典案例。

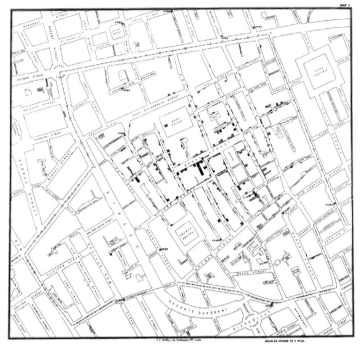

▲ 1854 年由 John Snow 所繪製的倫敦霍亂疫情統計地圖

（來源：https://en.wikipedia.org/wiki/John_Snow）

二、網頁流量分析

　　許多網站製作的人員都有使用過 Google Analytics（GA）這套工具，原本網路封包就像黑盒子一般難以理解，但 GA 完整的將網頁連線數據，轉換成清楚的儀表板視覺，讓分析者能夠快速掌握相關數據，而 GA 也提供了許多地理角度切入的視覺化呈現，例如呈現全球各國的訪客人數等。

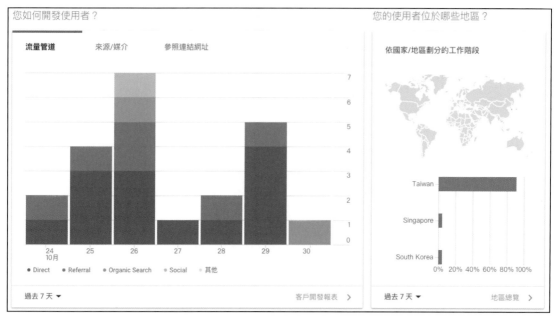

▲ Google Analytics 網頁流量分析工具，也提供了許多從地理角度切入的呈現方式

（來源：https://tribulant.com/extensions/view/46/google-analytics）

三、政治、經濟、社會領域資訊呈現

　　在許多的研究報告中，像是政府報告或是企業市場報告等，我們很常會看到用世界地圖或是地區圖表達的資訊，因為此類圖表特別容易看出區域之間的差異性，也很常會用顏色深淺作爲資料量大小的表達方式，一目了然。舉 Howmuch.net 網站所製作的「美國各區前 1% 的平均薪資圖」，透過實體地理位置的背景描述，我們能夠很快的找到每一個區域的位置，並且結合顏色深淺的維度後，能夠清楚看出各區域數字大小的差異，顏色越深的代表的是收入越高的地區，也能快速看出資訊的區域性。

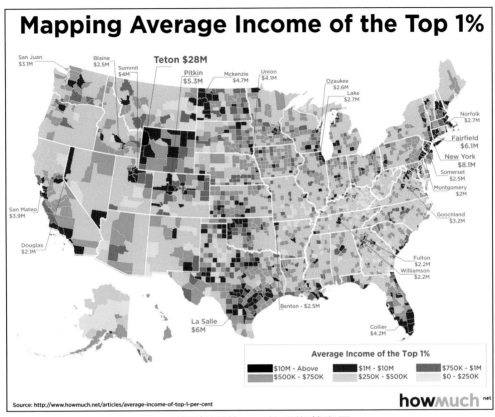

▲ 美國各區前 1% 的平均薪資圖

（來源：https://howmuch.net/articles/average-income-of-top-1-per-cent）

四、政府公開資訊

　　各類的政府公開資訊（例如：選舉、都市規劃、環境環保、各類災害、農業狀況、水利水文等等），也常使用地理資料視覺化作為呈現的方式，通常是搭配行政區地圖或是相關地理資訊系統進行呈現，民眾可以從這些系統找到自己所在的位置，並觀察與自身切身相關資訊。像是環保署就推出了空氣網（https://wot.epa.gov.tw/）提供關於空氣品質的透明資訊，就是用了地理資料視覺化的方式來呈現。

▲「空氣網」用地理資料視覺化的形式，提供台灣空氣品質開放資訊

（來源：https://wot.epa.gov.tw/）

五、旅遊、觀光、交通資訊

在旅遊觀光以及交通領域，也大量使用地理資料視覺化手法，由於這些主題常常都包括著未知的地理資訊，透過地理資料視覺化的輔助，可以大幅加速我們熟悉一個陌生地區的速度。Google Map 常常都是我們熟悉陌生地區的好用工具，現在更推出了疊合在街景的擴增實境（AR）視覺化技術，可以用第一人稱的方式提供地理資訊導覽服務。

▲ Google Map 提供第一人稱的 AR 地理資料視覺化技術

（來源：https://techcrunch.com/2020/10/01/google-maps-gets-improved-live-view-ar-directions/）

六、人文、歷史故事呈現

　　地理資料視覺化技巧，也很常用作講述人文或歷史故事之用途，舉例如台灣中研院的「台灣百年歷史地圖（http://gissrv4.sinica.edu.tw/gis/twhgis/）」計畫網站，就提供了台灣不同城市的故事，網站上提供了許多：台北、台中、台南、高雄等不同城市的歷史地圖，並嘗試將該地圖透過圖層的方式疊合到現代的電子地圖上面，相當有趣。

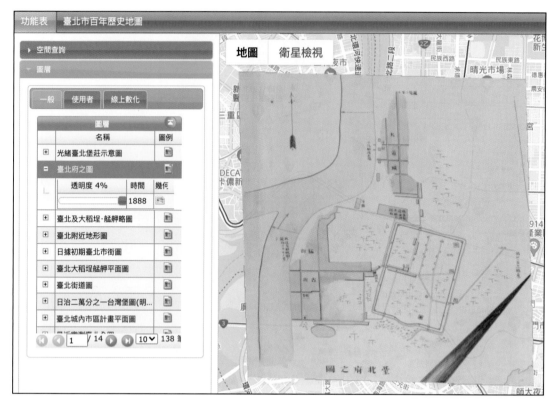

▲ 台灣百年歷史地圖，本圖為過去的台北府資訊，並嘗試疊合到現代電子地圖上面
（來源：http://gissrv4.sinica.edu.tw/gis/taipei.aspx）

▌ 1.4　地理資料視覺化的相關基礎概念

一、地圖學（Cartography）

地理資料視覺化與地圖學息息相關，地圖學英文是 Cartography，如其名就是製作地圖的理論、技術與科學，傳統上大多由紙筆的方式製作，而到了近代則加入的大量科技元素來輔助製圖。例如透過 CAD（電腦輔助設計）建構為 3D 模型地圖，或是結合 GIS（地理資訊系統）來進行資訊的疊合、分析等等。

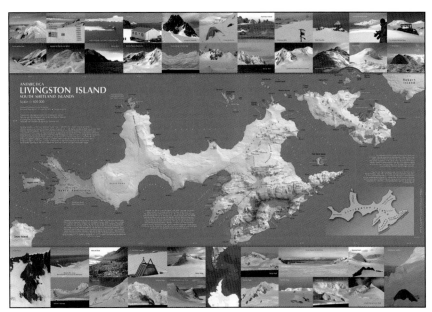

▲ 地圖學探討各種製圖的技術

（來源：https://zh.wikipedia.org/wiki/地圖學）

二、地理資訊系統（GIS）

GIS 全名是 Geographic Information System（地理資訊系統），常應用於防災、城市的統計資訊等等，也是地理資料視覺化的其中一門超重要專業領域，然而 GIS 除了著重視覺化之外，對於分析技巧的經驗也十足重要，比較側重於特定的職業角色需求（例如工程分析師、環境評估人員等等），本書並不會特別著墨在 GIS 的深度技術探討，而是以地理資料視覺化的普遍應用技巧為主。

▲ GIS 系統通常會提供許多可開關的地理圖層，本圖為經濟地理資訊 GIS 系統

（來源：http://gis.rchss.sinica.edu.tw/qgis/wp-content/uploads/2020/03/EGIS_1.png）

三、測量學（surveying）

　　測量學是一門專業調查學科，與地理資料視覺化有很重要的關聯性。根據維基百科所述：「測量學是一門以地球形狀、大小以及地表上各物體的幾何形狀與空間位置爲研究物件的學科。其利用適當方法和儀器對空間中的物體進行搜集、分析、加值、整合、管理等方法，讓人理解其空間上的關係，以利規劃與利用。」（來源：https://zh.wikipedia.org/wiki/ 測量）。本書所介紹的地理資料視覺化技巧與工具，包括了 2D 與 3D 的地圖製作等等，都很依賴透過測量學所取得的各類座標資訊，例如經緯度座標、各類的高度海拔座標等等。

▲ 在馬路上常常會看到有人透過器材觀察環境，就是許多測量工作者的日常任務

（來源：https://zh.wikipedia.org/wiki/測量）

四、空間資料（點線面）

　　本書中的地理視覺化實作案例，最主要會區分點（Point）、線（Polyline）、面（Polygon）三種類型；其中點資料常常會用經緯度或是 x, y 來進行描述，而線資料則是透過一連串的點資料組合為線條，而面資料則是進一步將多條線連結再一起後，所形成的多邊形區域。

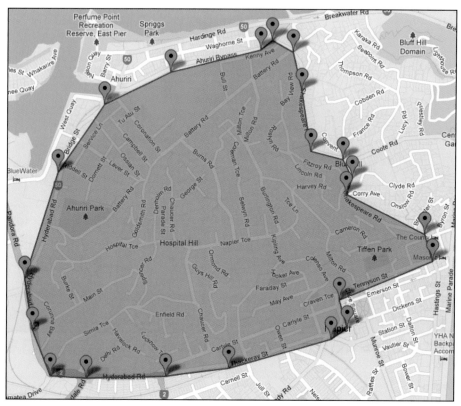

▲ 本圖呈現點（紅色標記）、線（跨兩個點的深紅線）、面（多條線所組成的淺紅色區域）
　三種類型資料

（來源：https://stackoverflow.com/questions/14252677/disable-click-on-polygon）

五、地圖投影（Map Projection）

　　由於地球球體是圓形的，但一般我們常見的視覺化載體則爲平面的，所以地理
視覺化因應而有了地圖投影的概念，也就是將球體的表面攤平在平面上所使用的對
應技巧；基本上球體在平面上的所有投影必然會以某種方式會有些微失眞，但根據
地圖的用途，有些失眞是可以接受的，但有些則可能會導致閱讀者的誤導，因爲呈
現的區域面積跟大小將因此會有不同，而本書的某些視覺化工具，就可以在不同的
地圖投影類型間進行切換。

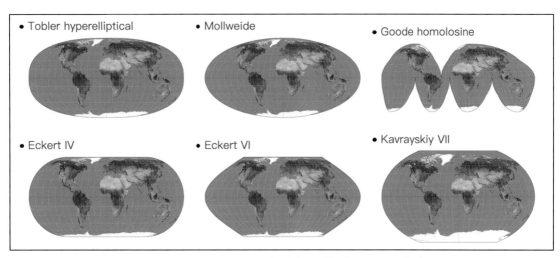

▲ 各種地圖投影的方式（在此僅列出部分投影）

（來源：https://en.wikipedia.org/wiki/Map_projection）

六、坐標系統與 epsg 代碼

　　坐標系統（Coordinate Systems，也可稱為「座標系統」）並不只有經緯度一種而已，在本書的實作工具中，最主要是使用我們最常見的經緯度坐標（EPSG:4326）為主，但是其實世界上不同的數據來源，還是很常會碰到其他編碼的數據來源喔！本段落主要彙整給讀者一些台灣常見的坐標系統作為參考，不同的坐標系統也都對應到不同的 epsg 代碼。

 Tips

EPSG 是由歐洲石油調查組織 European Petroleum Survey Group 所定義的大地測量參數數據集，直接以該組織縮寫 EPSG 簡稱。

▼ 台灣常用的坐標系統及 EPSG 代碼

（來源：http://gis.rchss.sinica.edu.tw/qgis/?p=2823）

坐標名稱	說明	EPSG 代碼
全球 WGS84（經緯度）	全球最主要統一使用的經緯度座標系統，也是 GPS 的主要單位，為球狀的。	EPSG:4326
TWD97 二度分帶	台灣本島圖資	EPSG:3826
TWD67 二度分帶	台灣本島圖資（早期）	EPSG:3821

▲ epsg.io 網站，可查詢不同國家使用的坐標代碼以及系統

（來源：https://epsg.io/）

七、空間分析（Spatial Analysis）

　　空間分析與 GIS 是跟地理視覺化相關性很高的學科，本書主要專注在帶領讀者進行相關視覺化技術的實作，然而如果往地理資料分析的思路去走的話，地理數據有非常多可以用作分析的主題，像是「商店與捷運站鄰近」的比例，或是「哪些區域的租屋密集程度比較高」等等，許多人會透過空間分析的技術，去探索相關命題的一些統計數據等等。由於本書定位上側重於視覺化的技巧，較沒有針對空間分析技術進行實作介紹，讀者如果有興趣的話可以探索看看相關書籍。

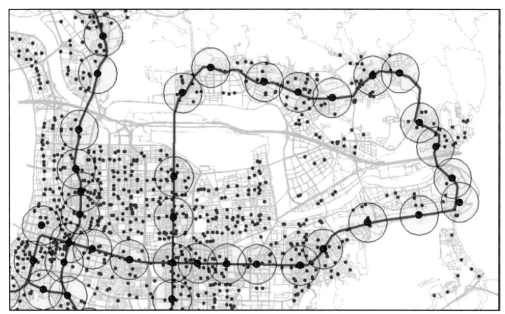

▲ 捷運站半徑 500 公尺內的超商空間分析圖，可透過黃色緩衝區標示並自動計算數量

（來源：http://excel2earth.blogspot.com/2015/05/1411.html）

八、地理資料 API（Geodata API）

　　API 一般是指「應用程式介面（Application Programming Interface）」，主要是用作電腦之間溝通用的請求與回應模式，所以 Geodata API 指的就是地理上的 API 請求模式，透過特殊的規則進行請求後，可以取得一些地理相關的資料。

　　比較知名的 Geodata API 包括 Bing Map（https://docs.microsoft.com/en-us/bingmaps/spatial-data-services/geodata-api）、Google Map API（https://developers.google.com/maps/documentation/）、Mapbox API（https://docs.mapbox.com/）等等；本書的一些實作工具，有些可以直接透過這些 Geodata API 的請求，取得地理資料視覺化數據。

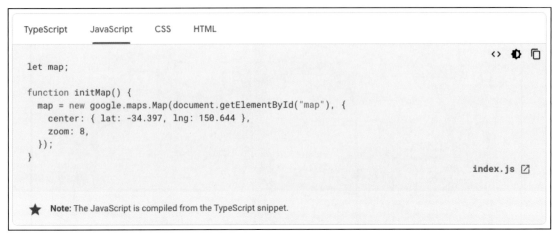

▲ Google Maps JavaScript API，可取得相關地圖資訊

（來源：https://developers.google.com/maps/documentation/javascript/examples/map-simple#maps_map_simple-javascript）

九、Web 地圖服務（WMS）

　　WMS 是 Web Map Service 的簡稱，是一套由 Open Geospatial Consortium 所制定的一套通用地圖標準，主要作為網路上呈現地圖的共通格式，概念有點像是上一段的 geoData API，不過 WMS 是全球通用的標準，是由 OGC（Open Geospatial Consortium）組織所制定。

　　當地圖製作為 WMS 的格式之後，可以被許多的常見的地圖視覺化軟體所讀取，例如：QGIS、Tableau、ArcGIS、Google Earth 等等，所以許多製圖單位會特別輸出 WMS 格式的地圖，提供給使用者。

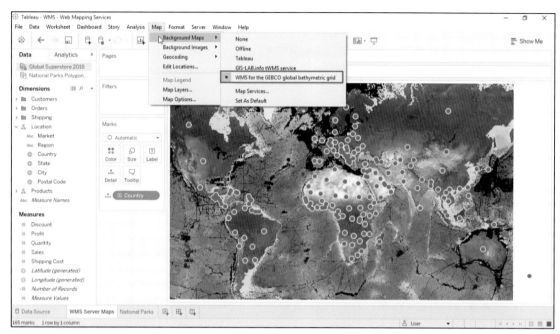

▲ 本書介紹的 Tableau 工具，就可直接對 WMS 地圖進行連線與展示

（來源：https://failover-origin-www.tableau.com/web/sites/default/files/branded-header/web_mapping_services.png）

十、空間資料庫（Spatial database）

　　空間資料庫指的是儲存地理數據的資料庫類型，空間資料庫的特色在於可以用資料庫儲存常用的幾何格式（點線面），有一些進階的空間資料庫還能儲存 3D 格式等等。空間資料庫的特色在於支援 Spatial query 語法，並取得像是距離（Distance）、交集（Intersect）、區域（Area）等等資訊。

　　空間資料庫中最常聽到的之一是 postgreSQL，其可搭配一些資料庫介面軟體例如 PostGIS 來進行地理空間資料庫的操作，可針對地理數據下 SELECT、JOIN、WHERE 等等資料庫操作 SQL 語法。

```
WITH city AS (
  SELECT 'Gotham' AS name,
    ST_Buffer(ST_Point(0,0), 10) AS geom
)
  , superhero(name,geom) AS (
    VALUES
      ('Bat Boy', ST_Point(0.1,0))
    , ('Bat Girl', ST_Point(1,1) )
)
SELECT superhero.name
FROM city INNER JOIN superhero
    ON ST_Contains(city.geom, superhero.geom)
WHERE city.name = 'Gotham';
```

▲ 針對空間資料庫，我們可以透過類似 SQL 的語法，取出地理數據

（來源：https://postgis.net/）

1.5　地理資料視覺化常見的數據格式

一、屬性（Attribute）類型地理資料

　　最常見的地理數據有三種類型，分別為「屬性類型」、「向量類型」、「網格類型」；其中屬性型資料最常見的格式為 xlsx/xls 與 csv 兩種，xlsx 與 xls 就是我們常見的 Excel 所採用的儲存格式（xlsx 為新版用的，而 xls 是舊版的），只要其中的欄位儲存對應的座標資訊（通常是經緯度），即可輸入一些視覺化的工具後，呈現畫面。

▲ 用 Excel 的 xlsx/xls 檔案都可以直接放地理相關屬性資料

　　csv（逗號分隔值）則是類似 Excel 的格式，是由純文字組成的資料格式，但同樣可解析爲乾淨的欄列結構，但相對 Excel 更輕量簡潔，也更能存放大量資料，在開放資料的環境中，使用非常普及。

▲ 常常有資料集是透過 csv 格式儲存經緯度相關座標資訊

二、向量（Vector Data）類型地理資料

　　向量資料通常用來描述其地理形狀的特徵，較常見的有 Shapefile、KML、geo-JSON 等等格式類型，其中 Shapefile 又稱 ESRI Shapefile，簡稱 shp，是由美國環境系統研究所公司（ESRI）開發的空間資料開放格式，可用於存在地理相關類型圖

層，又可區分像是點圖層、線圖層、面圖層等等，主要透過多邊形向量的格式進行儲存，目前 Shapefile 格式已成爲地理資訊軟體界的常用標準。

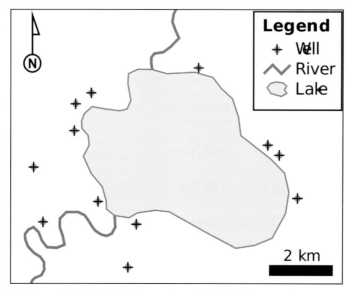

▲ Shapefile 資料格式可儲存點資料（Well）、線資料（River）、面資料（Lake）等資料之類型

（來源：https://zh.wikipedia.org/wiki/Shapefile）

KML（Keyhole Markup Language）是類似 XML 的格式，可描述地理資料（包括：點、線、面、多邊形，多面體等等），常見於 Google 相關服務中，例如 Google Earth, Google Map, Google Maps for mobile 等等。

```
1  <?xml version="1.0"?><kml xmlns:kml="
   http://www.opengis.net/kml/2.2" xmlns:atom="
   http://www.w3.org/2005/Atom" xmlns:xal="
   urn:oasis:names:tc:ciq:xsdschema:xAL:2.0" xmlns:xs="
   http://www.w3.org/2001/XMLSchema">
2    <Document id="featureCollection">
3      <Placemark id="1">
4        <name>虎山自然步道(慈惠堂)入口</name>
5        <ExtendedData>
6          <Data name="行政區">
7            <value>信義區</value>
8          </Data>
```

▲ KML 格式的樣貌，類似 XML 不過增加許多額外的屬性定義

　　GeoJSON 則是從 JSON 格式衍伸變化出來描述地理資訊的數據格式，同樣可以描述點、線、面的相關資訊。

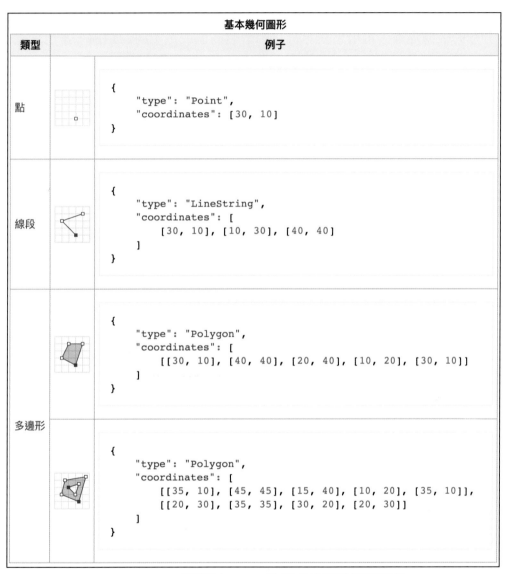

基本幾何圖形	
類型	例子

點	```json
	{
	    "type": "Point",
	    "coordinates": [30, 10]
	}
	``

線段	```json
	{
	    "type": "LineString",
	    "coordinates": [
	        [30, 10], [10, 30], [40, 40]
	    ]
	}
	``

多邊形	```json
	{
	    "type": "Polygon",
	    "coordinates": [
	        [[30, 10], [40, 40], [20, 40], [10, 20], [30, 10]]
	    ]
	}
	``

	``json
	{
	    "type": "Polygon",
	    "coordinates": [
	        [[35, 10], [45, 45], [15, 40], [10, 20], [35, 10]],
	        [[20, 30], [35, 35], [30, 20], [20, 30]]
	    ]
	}
	``

▲ GeoJSON 用類似 JSON 的格式描述點線面關係

（來源：https://zh.wikipedia.org/wiki/GeoJSON）

三、網格（Raster Data）類型地理資料

網格數據也常用來描述地理形狀特徵，不過主要是透過像素化（或網格化）處理的數據，其中的像素都與特定的地理位置相關聯，像素的值可能是連續數據變化或是分類的數據等等，可用來表示資訊的數值高低或是不同的類別，常用於表達溫度、海洋、海拔、光譜強度等等地理資訊。

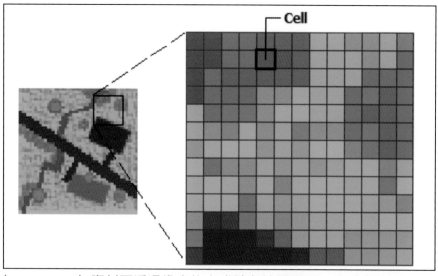

▲ 網格（Raster Data）資料可透過像素的方式儲存地理資訊，表達數據高低或是類別等概念

（來源：https://desktop.arcgis.com/en/arcmap/10.3/manage-data/raster-and-images/what-is-raster-data.htm）

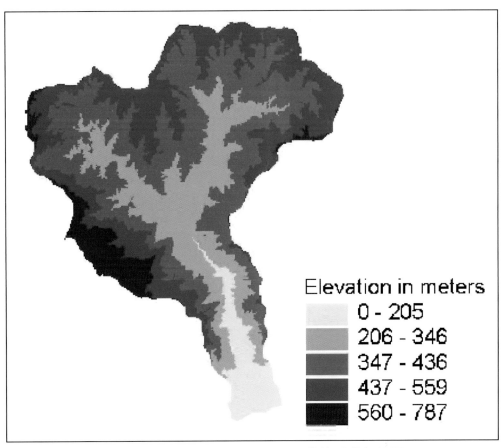

▲ 海拔高度很常會使用 Raster 網格格式進行呈現

（來源：https://www.gislounge.com/geodatabases-explored-vector-and-raster-data/）

地圖資料視覺化工具介紹

▌ 2.1　關於地圖資料視覺化工具

　　本單元整理了各類型的地圖資料視覺化工具，並區分為幾種類型：商業分析工具類型、雲端地理視覺化、程式語言工具、網頁前端地圖函式庫、GIS 與空間分析工具、資訊圖表設計工具等六大類型；工具眾多，所以本書挑選主要以相對常見的主流視覺化工具為主，並挑選其中幾款特別推薦的工具，於後續內容進行實作教學。

▼ 本單元所介紹的地理資料視覺化製作工具表

類型	用途	本單元介紹之工具項目
商業分析工具類型	提供給一般職場人士進行數據分析與製圖用的相關工具	Excel、Power BI、Tableau
雲端地理資料視覺化工具	透過瀏覽器雲端環境，可上傳與編輯地理資料集的製圖環境	Google MyMap、Google Earth、Google Data Studio、Kepler、Flourish、PlotDB、Mapbox、CartoDB
程式語言工具	透過程式語言來製作地圖的常用工具	Python、R Language、Unity
網頁前端地圖函式庫	可製作於瀏覽器呈現的相關網頁前端函式庫，通常以 Javascript 程式語言為主	Javascript、Three.js、D3、datashader、AmChart、Google Chart、HighChart、Flot、Leaflet
GIS 與空間分析工具	為標準的地理資料分析工具，但對於一般人有一定的進入門檻	QGIS、ArcGIS、GeoDa
資訊圖表設計工具	較偏設計相關工作者的工具，同樣可以輸入地理資訊，但此類型工具更側重於視覺圖像的呈現	Visme、Photoshop/illustrator

▌2.2　商業分析工具類型

一、Excel

網址：**https://products.office.com/zh-tw/excel**

　　Excel 是一般人最常用的視覺化工具，但許多人不知道 Excel 也能夠製作不錯的地圖視覺化呈現（本書有提供實作練習參考），Excel 產出圖表通常也能相容於 Powerpoint 跟 Word，因為同樣屬於微軟辦公室軟體系列。Excel 後續也增加許多新功能，例如「Excel Online」的線上操作版本，或是提供像是「Power Map」之類的視覺外掛。雖然 Excel 也有若干缺點，像是不適合與外部程式介接，且對於初學者來說不好處理複雜數據，且資料量過大時也有載入的問題，然而透過 Excel 製作地圖視覺化相對簡單，且屬於大部分人電腦內建軟體，故本書也提供相關實作教學。

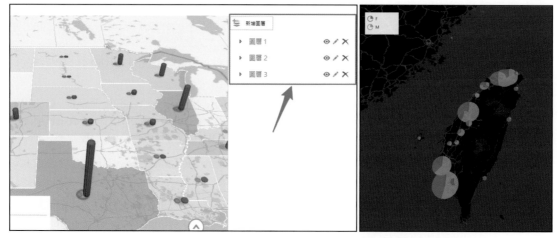

▲ Excel 的 Power Map 模組可建立 3D 地圖視覺化，並設定不同的數據與顯示方式（例如可同時顯示：長條圖、熱度圖、區域邊界等等）

二、Power BI

網址：**https://powerbi.microsoft.com**

　　Power BI 跟 Excel 都是微軟的產品，不過較新推出的 Power BI 更強化了資料視覺化的相關功能，對於地圖製作的支持度也更加完整；Power BI 的介面上承襲了微軟的風格，對許多人來說容易上手；但 Power BI 目前僅支援 Windows 作業系統，是其目前的核心缺點。

▲ Power BI 提供了大量的視覺化圖表模組（也包括了地圖相關類型模組）

（來源：https://docs.microsoft.com/zh-tw/azure/azure-maps/power-bi-visual-getting-started）

三、Tableau

網址：**https://www.tableau.com/**

　　Tableau 最近幾年異軍突起，成為許多企業指定使用的資料視覺化工具，Tableau 提供了優秀的操作經驗，像是各類拖拉手勢的操作，即使是新手也能快速學會基本操作；Tableau 不需要撰寫程式，只要將資料製作成指定的 key-value 格式（例如 .xls .csv 數據）後，丟進軟體就可以全自動生成各類視覺圖表，也能輸出為網頁格式，供使用者進行瀏覽。而 Tableau 也提供了地理數據的視覺化的強大支援，內建有全球非常完整的地理資料庫，且也能透過內建功能或是搭配 Mapbox 第三方服務產製各類型的地裡視覺化風格。

▲ Tableau 提供了優秀的資料視覺化體驗，對於地理視覺化的支援度也非常高
（來源：本書製作的 COVID-19 全球地圖範例）

▌2.3　雲端地理資料視覺化工具

一、Google MyMap

網址：https://www.google.com.tw/intl/zh-TW/maps/about/mymaps/

　　Google MyMap（中文為「我的地圖」）是一個小巧又好上手的雲端地理資料視覺化工具，主要是由 Google Map 衍生而來，提供了完整的帳號與權限系統、標記系統、圖層系統，是絕佳的地理視覺化入門工具，也可結合 Google Photo 等等相關周邊的配套服務，進行基礎的地圖製作任務。

▲ Google MyMap 是一款相當好上手的地圖視覺化製作工具

（來源：https://www.google.com.tw/intl/zh-TW/maps/about/mymaps/）

二、Google Earth

網址：**https://www.google.com.tw/intl/zh-TW/earth/**

　　Google Earth 已發展了許多年，特色在於強大的衛星影像、3D 資料庫與華麗的地理資料視覺呈現，其也擁有極為豐富的地理圖資，我們可透過 Google Earth 瀏覽到世界各地的影像與介紹；而 Google Earth 也有提供了會員開放使用的編輯介面，一般使用者可透過 Google Earth 進行地理視覺化線上策展，例如把一系列的地標建立為主題閱覽歷程。

▲ Google Earth 可透過高品質的衛星影像，觀察 2D/3D 的地理視覺化疊合效果

（來源：https://www.google.com.tw/intl/zh-TW/earth/）

三、Google Data Studio

網址：**https://datastudio.google.com/u/0/**

　　Google Data Studio（簡稱 GDS）是由 Google 所推出的一套免費雲端資料視覺化工具，功能強大！可以連接超多數據來源，包括一般常用的 Excel、CSV 等等，也包括像是 Google Analytics、Google Ads、YouTube 等等線上數據來源；Google Data Studio 主要透過雲端操作介面（不需下載），即可將數據製作為各類視覺圖表（也包括多種地圖視覺化的呈現樣式），並可進一步建構為互動數據儀表板，目前在數位行銷領域大量使用，但也很適合應用於一般的商業製圖情境中。

各工業區 PM2.5 平均濃度

area	PM2.5 ▾
1. 仁武區	73.873
2. 林園區	72.047
3. 岡山區	62.785
4. 旗津區	61.632
5. 鼓山區	60.548
6. 楠梓區	57.559
7. 永安區	57.417
8. 彌陀區	54.897
9. 林園工業區	53.588
10. 長岡固定污染	52.963
11. 田寮區	52.397
12. 三民區	49.247
13. 茄萣區	49.124
14. 燕巢區	48.547
15. 左營區	48.430
16. 署立醫院	48.216
17. 賢北露天燃燒	47.261
18. 南天門太子行宮入口	47.193
19. 大發工業區	44.906
20. 世賢路	44.309

1 - 100 / 170

▲ Google Data Studio 是一款相當好上手的雲端資料視覺化編輯工具

（來源：本書實作範例 IoT 空汙地圖）

四、Kepler.gl

網址：**https://kepler.gl/**

　　Kepler.gl 是 Uber 公司所釋出的開源地圖視覺化製作工具，除了提供線上的編輯環境之外，也可以直接跟系統進行整合。其透過 WebGL 強大的運算能力，可以直接透過瀏覽器呈現豐富的地理數據，並疊合許多資料圖層進行顯示，或是結合時間軸播放動畫等等，提供了高效能的 3D 地理視覺化呈現模式，於本書有相關的實作教學。

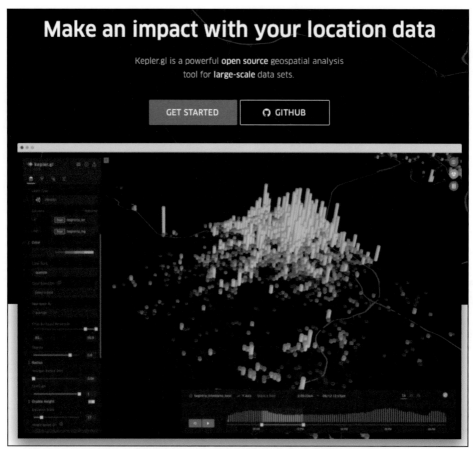

▲ Kepler.gl 是製作華麗視覺化數據地圖的好用工具！

五、Flourish

網址：**https://flourish.studio/**

　　Flourish 是一款提供給非程式工作者的好用豐富圖表雲端工具，提供了大量漂亮而實用的圖表範本庫（Template），不需要透過複雜程式設定即可輕鬆套用。Flourish 線上提供所見即所得的資料上傳與編輯介面，當針對圖表的參數或是資料進行改動後，圖表即會即時顯示為新的樣式。

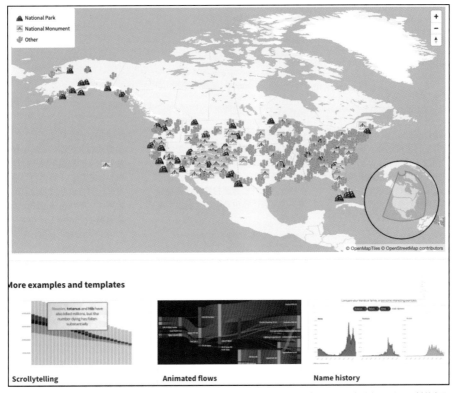

▲ Flourish 工具提供了豐富的視覺圖表選項，也包括許多地圖類型模板

六、PlotDB

網址：**https://plotdb.com/**

　　由台灣團隊開發的 PlotDB，功能類似 Flourish，但能直接切換英文／繁體中文顯示，線上編輯功能完整且好上手，圖表方便切換不同色彩主題，可以快速製作出讓人驚艷的資料視覺化圖表，且包括了不少的地圖視覺化版型。

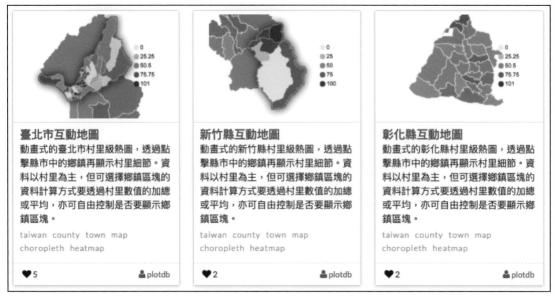

▲ plotDB 的設計介面

（來源：https://plotdb.com/）

七、Mapbox

網址：**https://www.mapbox.com**

　　Mapbox 是近幾年 OSM（開放街圖 OpenStreetMap）概念的一個經典應用，提供完整的線上地圖編輯介面，並內建了超強大的世界地理資料庫，定位上屬於專業的地圖軟體應用，標語是：The location platform for developers and designers（給設計師與工程師使用的地理圖資平台）。Mapbox 的產出結果，可供 iOS、Android、Web、Unity、Tableau 等專業平台工具進行整合，也能夠與許多第三方服務整合圖層顯示，已成為地理資料視覺化的關鍵應用。

▲ Mapbox 提供了豐富的地圖類型與地理空間資料庫

（來源：https://www.mapbox.com/）

八、CARTO

網址：**https://carto.com/**

　　CARTO 介於雲端地理視覺化工具與 GIS 工具之間，提供了地理數據的視覺化與分析功能，比一般的地理視覺化工具功能來的完整，但是又相對於 ArcGIS 等專業軟體好上手一些。此外，CARTO 發展至今，平台效能經過許多調整，現今已經可支援大量地理數據的視覺化作業，也擁有眾多成功案例。

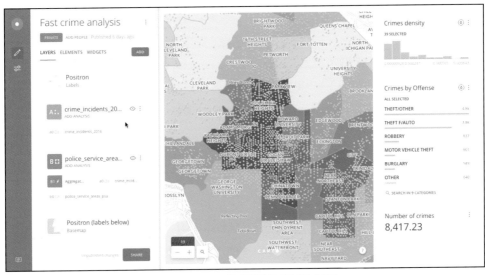

▲ CARTO 的視覺化操作介面

（來源：https://carto.com/blog/add-pop-ups-to.your-carto-builder-maps/）

█ 2.4　程式語言工具

一、Python

網址：**https://www.python.org/**

　　Python 是知名的程式語言，特色是程式語法簡潔，使用族群龐大，被資料科學領域大量採用，與 R 語言雙雙成為熱門程式語言，也有許多好用的地理視覺化相關套件可使用，像是 Cartopy（https://scitools.org.uk/cartopy/docs/latest/）或是 data-shader（https://datashader.org/）。

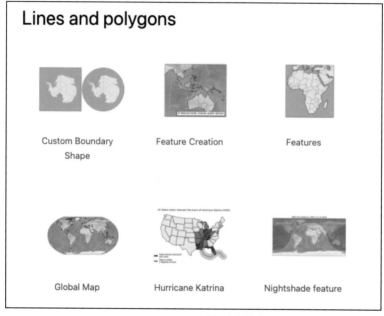

▲ Cartopy Python 地理視覺化套件

（來源：https://scitools.org.uk/cartopy/docs/latest/gallery/index.html）

　　超大數據量在進行資料視覺化作業的時候常會帶來困擾，像是瀏覽器運算效率不足、記憶體容量不足等等，實際繪圖時也可能產生難以設定合適的色彩飽和度，或是門檻值的設定等問題。而 Python 的 Datashader 套件的設計就是為了解決這些問題而出現的，透過三類型設定來完成巨量數據的繪圖。

- 投影（Projection）：每筆資料被投影到指定形狀中的零個或多個網格中。
- 聚合（Aggregation）：為了減少計算量，將大量數據壓縮進聚合群組當中。
- 轉型（Transformation）：函式庫會進一步處理這些聚合群組，最終創建出圖像。

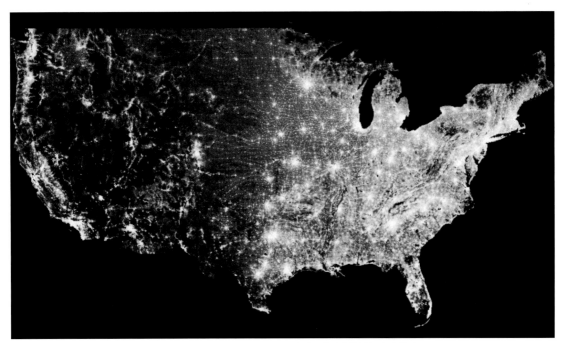

▲ Datashader 針對超大量資料集繪製的資料地圖

（來源：https://github.com/bokeh/datashader）

二、R Language

網址：**https://www.r-project.org/**

　　R 語言支援許多統計分析的機制，因此有許多統計支援的語法、函式庫，例如變異數 Covariance (cov) 的計算、相關統計分布的運算等等。也因此發展出多樣的視覺呈現套件，像是 ggplot2（http://ggplot2.org/）、ggvis（http://ggvis.rstudio.com/）、Shiny（https://shiny.rstudio.com/）等等也提供了多樣化的地圖視覺化模組。

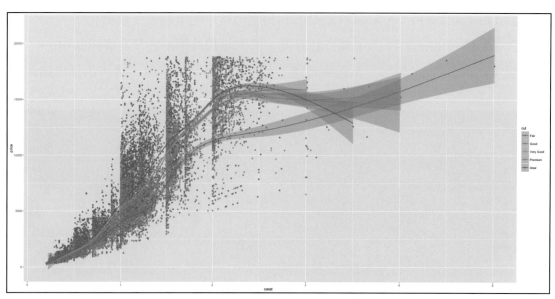

▲ 用 ggplot2 繪製的視覺化圖表

（來源：http://r-statistics.co/ggplot2-Tutorial-With-R.html）

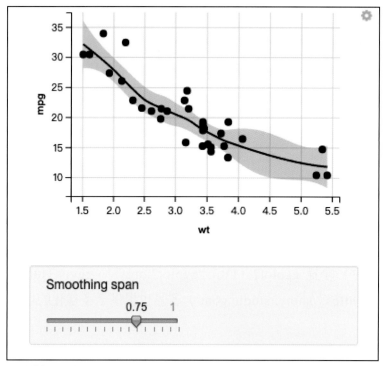

▲ ggvis 繪製的視覺圖表，語法跟 ggplot2 類似，且可輸出成果到網頁呈現

（來源：http://ggvis.rstudio.com/）

　　Shiny 是 RStudio 推出供 R 語言使用的網頁應用框架，透過 R 語言的撰寫，可自動轉譯為網頁前後端程式碼，對於不熟悉網頁程式，但熟悉 R 語言的人來說非常方便。

▲ 透過 Shiny 可製作 R 語言瀏覽器端的互動圖表（也包括許多地理圖表）

（來源：https://shiny.rstudio.com/）

三、Unity

網址：**https://unity3d.com/**

　　Unity 是一款跨平台 2D／3D 遊戲引擎，常用於開發 Windows、MacOS 及 Linux 平台的遊戲，不過現今也有許多人將其作為 WebGL 的編輯器，支援許多物理引擎以及計算機視覺的貼圖技術，也能讓許多人可製作相容於瀏覽器的網頁互動，被廣泛用於三維動畫等類型互動內容的綜合型視覺化工具。

▲ 透過 Unity 生成的地球資料視覺化

（來源：https://assetstore.unity.com/packages/templates/systems/globe-data-visualizer-80008）

　　Unity 最為人津津樂道的是其 Asset Store，可在上方購買各類 2D, 3D 視覺與聲音元件，加速開發，也能觀摩別人設計的成果。

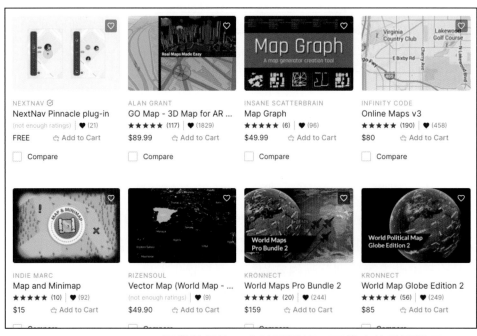

▲ Unity Asset Store 提供各類第三方地圖模組，可供直接購買使用

（來源：https://assetstore.unity.com/top-assets/top-paid?q=map&orderBy=1）

四、Deck.gl

網址：**https://deck.gl/examples**

　　Deck.gl 跟 Kepler.gl 相同都是由 uber 公司所推出的開源地理視覺化工具，主要是透過 WebGL 技術進行實作，提供了高效能的 GPU 渲染機制，擅長將巨量數據進行視覺化，並同步提供即時互動的機制，且呈現效能良好。

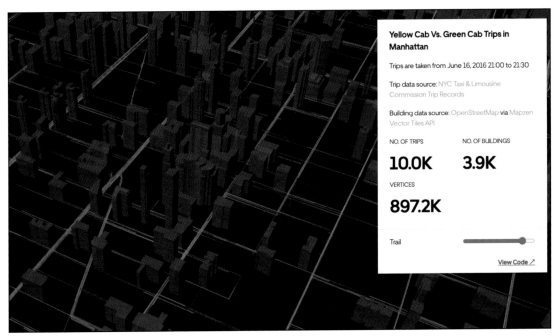

▲ Desk.gl 透過 WebGL 技術實現地圖數據視覺化

（來源：https://deck.gl/examples/trips-layer/）

▋ 2.5　網頁 Javascript 地圖函式庫

　　隨著世界逐漸雲端化，各類服務架構都搬到網站上面，而 JavaScript 是賦予網頁靈魂的程式語言，負責各種複雜的視覺操作與互動邏輯，也能整合各類網頁元件，成為全世界最主流的網頁視覺互動程式語言；在網頁視覺化呈現的大量需求下，引領許多高手設計出各類 JavaScript 視覺函式庫，同時也包括不少地理數據呈現使用的函式庫，以下將會列出一些 JavaScript 可用來製作地理視覺化的函式庫，因本書

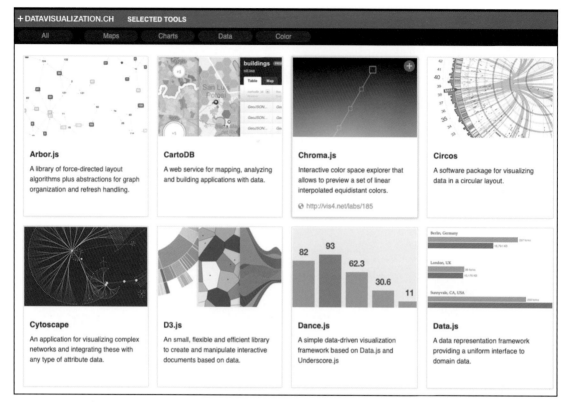

▲ 由 datavisualization.ch 網站整理的 JavaScript 視覺化函式庫介紹網站

（來源：http://selection.datavisualization.ch/）

定位上較不側重於程式碼實作，若讀者有興趣可前往這些函式庫的官網進行瀏覽。

　　前端一般指的是 Web 端的顯示，目前視覺化的大宗還是以 PC 為主的視覺化結果呈現，許多人設計出好用的視覺函式庫，讓開發者能夠直接進行使用。

▼ 前端程式外掛類地理資料視覺化工具

工具名稱	工具重點
Three.js	可透過 JavaScript 實現 3D 空間視覺的呈現
AmCharts	新興的前端視覺化函式庫，圖表美觀，風格調整容易
Google Chart	歷史悠久，且由 Google 負責維護的前端視覺化外掛
HighChart	歷史悠久的套件，互動效果強，且支援圖表類型眾多
Leaffet	一個較輕量的地理資料視覺化函式庫
D3.js	提供視覺函式庫當中相當大的彈性，但學習上有較高的門檻

一、Three.js

網址：**https://threejs.org/**

　　Three.js 如同它的名字，就是 Three + JavaScript 的意思，也就是透過 JavaScript 實現 3D 空間視覺的呈現，其背後的技術是 WebGL（瀏覽器呈現 3D 視覺的一套規範），原生的 WebGL 程式碼不易撰寫，但 Three.js 將 WebGL 包裝成為高階 3D 程式語言，讓我們在網頁也可創造豐富的 3D 資料視覺化。

　　這邊要補充說明，並非所有的瀏覽器都支援 WebGL 技術，但現今主流的瀏覽器都已經有支援，所以現今才會越來越多網頁敢採用 WebGL 製作。

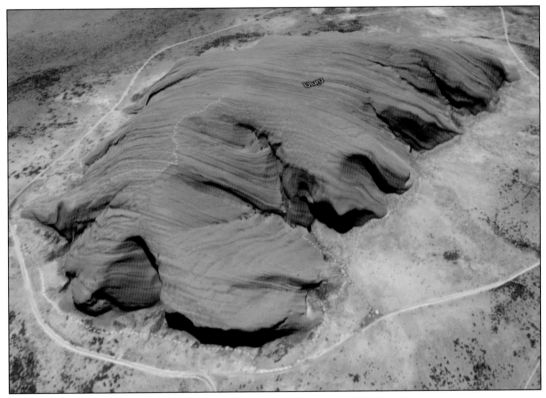

▲ 透過 Three.js 引擎製作的 3D 地質視覺網頁

（來源：https://www.mapbox.com/blog/3d-terrain-threejs/）

二、AmCharts

網址：**https://www.amcharts.com/**

　　AmCharts 是近年來相當知名的資料視覺化工具，同時提供有線上的編輯介面（https://live.amcharts.com/）與豐富的 JavaScript 整合函式庫，除了基本的長條圖、線圖、區域圖、圓餅圖、散布圖等等，也主打豐富的地圖相關視覺化支援，其特色在於圖表相當美觀！且提供有許多風格上的切換機制。

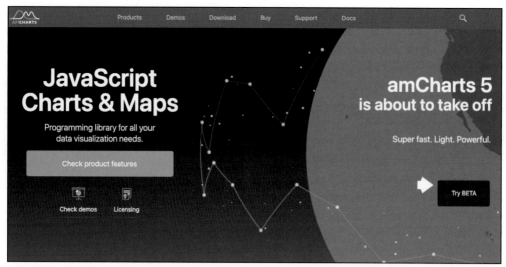

▲ AmCharts 主打豐富的 Charts 與 Maps 函式庫

（來源：https://www.amcharts.com/）

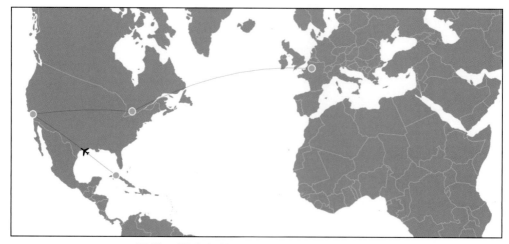

▲ AmCharts 提供了豐富的地圖視覺化互動工具與 JavaScript 函式

（來源：https://codepen.io/team/amcharts/pen/JjJovoa）

三、Google Chart

網址：**https://developers.google.com/chart/**

　　由 Google 推出的視覺化工具，已經發展許久且提供免費使用，提供了非常棒的製圖環境，只要將 Google Chart 函式庫引入，即可馬上進行使用，也能搭配動畫與互動功能，最大的優點是由知名公司所推出，所以較能確保未來會持續維護。

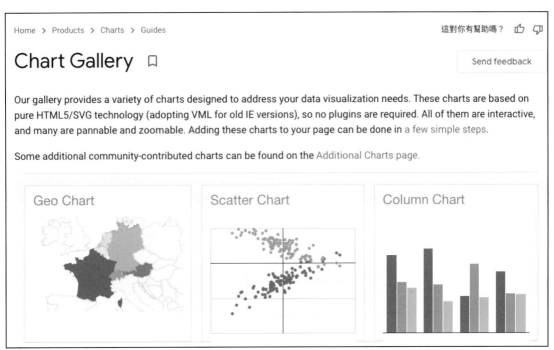

▲ Google Chart 視覺化圖表（左上角的 Geo Chart 就是地圖）

（來源：https://developers.google.com/chart/interactive/docs/gallery）

五、HighCharts

網址：**https://www.highcharts.com/**

　　Highcharts 歷史悠久，視覺效果超華麗，支援圖表眾多，區分「HighChart」、「Stocks」、「Maps」、「Gantts」、「Mobile」等等多種視覺化類別產品線，可做基礎免費使用，但如果要商用或進階使用，則需進行付費。Highcharts 的特色是相關瀏覽器相容性跟擴充性都做的很好，程式整合使用的完整度也很高，同時支援許多種類視覺圖表，實際套用專案也很容易。

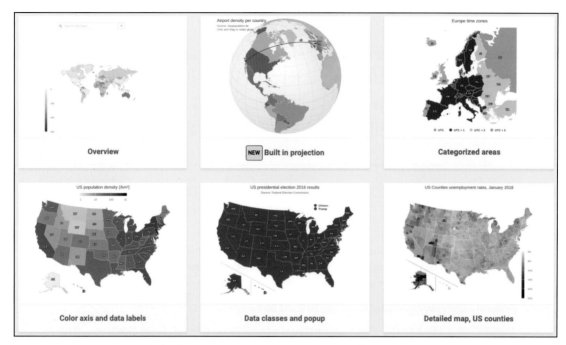

▲ HighChart 視覺化 Maps 類型圖表，線上有非常多的 demo 圖表可觀看
（來源：https://www.highcharts.com/demo/maps）

六、Leaflet

網址：**http://leafletjs.com/**

　　Leaflet 的特色在於架構簡單、效能優秀、實用性佳，也達成跨瀏覽器的標準需求；一般在手機上呈現地圖常常會有效能的議題，此部分 Leaflet 設計的很良好，且也能讓較低階的瀏覽器也能執行順暢。

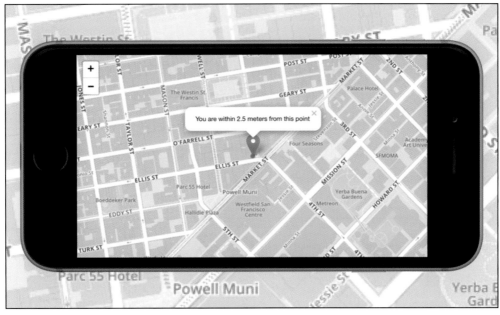

▲ Leaflet 套件可供手機介面視覺化呈現地理資訊

（來源：https://leafletjs.com/examples/mobile/）

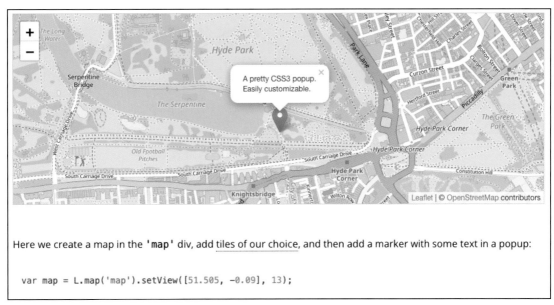

Here we create a map in the `'map'` div, add tiles of our choice, and then add a marker with some text in a popup:

```
var map = L.map('map').setView([51.505, -0.09], 13);
```

▲ Leaflet 是許多人用來整合地圖視覺化的好用外掛工具

七、D3

網址：**https://d3js.org/**

　　D3 是成為全球知名的資料視覺化函式庫之一，提供了視覺創作與互動程式的高度彈性，透過 SVG 格式與 HTML 完美整合，檔案小且完全免費。提供了超級大的邏輯彈性，讓使用的人創造出許多美麗且互動性十足的資料視覺化作品。D3 相對學習門檻高，因為彈性需求的關係，許多視覺圖表的基本功能都要手動設定，不像許多函式庫都會預先幫使用者處理好各種參數，D3 屬於較進階的視覺化工具。

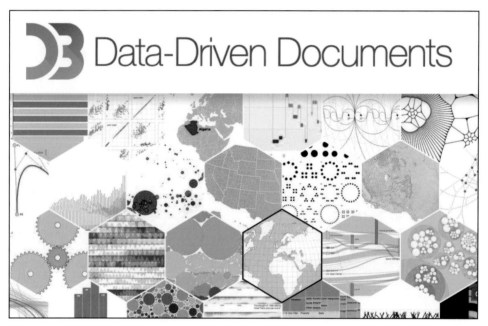

▲ D3 視覺化圖表多元，可做出各種變化

（來源：https://d3js.org/）

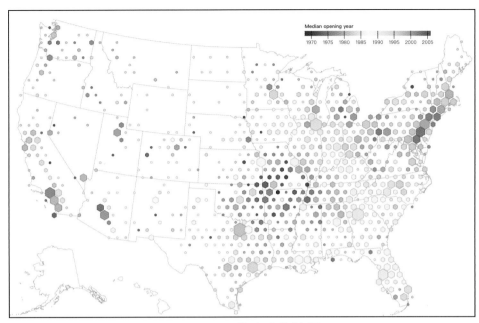

▲ 用 D3.js 做出來的地圖

（來源：https://observablehq.com/@d3/hexbin-map）

　　D3 的一大優點是豐富的文件與廣大的社群，除了在各種技術研討會被廣泛討論之外，也有許多網友專門在研究相關的技術概念，各種語言的文件也相當豐富。

▲ D3 支持者眾，有許多網友無償幫忙把文件翻譯成各國語言

（來源：https://github.com/d3/d3/wiki）

2.6 GIS 與空間分析工具

一、ArcGIS

網址：**https://maps.arcgis.com/**

ArcGIS 是 GIS 地理空間視覺化的老牌工具，從 1999 至今已經發展多年（可見維基百科：https://zh.wikipedia.org/wiki/ArcGIS），擁有多套相關產品，近期也從原本的桌面版本發展出雲端可即時操作的版本，可疊加多重地理資料圖層，根據地理位置疊加豐富資訊上去，適用於需要大量地理圖資操作需求的專案，定位上屬於專業空間分析工作者使用的工具。

此外，ArcGIS 的公司也推出屬於同個生態系的相關產品，都跟地圖製作有相關，像是 ArcGIS Pro、ArcGIS Online、ArcGIS Sever、ArcGIS StoryMaps 等等，詳情可至 ArcGIS 官網進行查看。

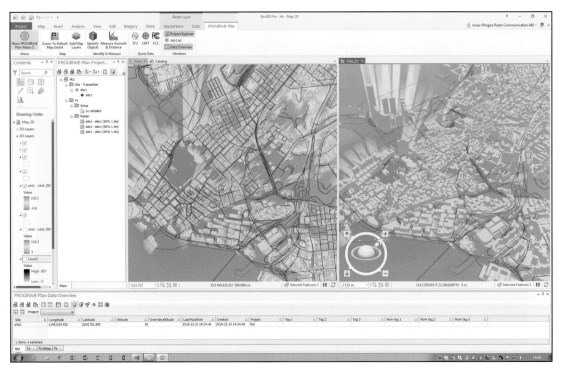

▲ ArcGIS 相關系列軟體，提供了完整的 GIS 相關分析與視覺化功能

（來源：https://www.progira.com/using-arcgis-pro-in-your-spectrum-planning-projects/）

二、QGIS

網址：**https://qgis.org/en/site/**

　　QGIS 跟 ArcGIS 都屬於全球最多人使用的 GIS 軟體之一，不過 ArcGIS 比較偏向商業軟體，而 QGIS 則屬於開放軟體，由開放社群所共同維護，最初版本於 2009 年釋出，目前版本也都持續更新當中，提供了完整的 GIS 分析與視覺化功能。

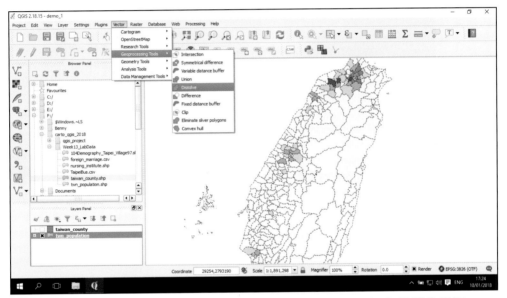

▲ QGIS 雖然是開放軟體，但也提供了強大的 GIS 功能與視覺化模組

（來源：https://wenlab501.github.io/tutorial/qgis_tutor/basic_analysis/dissolve/）

三、GeoDa

網址：**https://geodacenter.github.io/**

　　GeoDa 是免費的開源工具，常用於空間數據的視覺化與統計分析，最早是 2003 年 2 月首次發布，使用者呈現指數成長，至 2020 年統計已經有超過 36 萬名使用者，也包括許多知名大學的使用者，GeoDa 除了可用作地理資料視覺化的工具之外，其特別擅長的領域為進階空間分析、空間統計等應用。

▲ GeoDa 的軟體畫面

（來源：https://geodacenter.github.io/）

2.7　資訊圖表設計工具

一、Visme

網址：**https://www.visme.co/**

　　資料視覺化圖表中，有一種類型稱之為「資訊圖表（Infographic）」，在本書中我們用這個詞來代稱相對比較側重於設計的地理視覺化，舉例像是 Visme 就是資訊圖表工具中的翹楚，提供了大量的資訊圖表樣板（Template），可直接進行套用，也可線上編修地理數據。

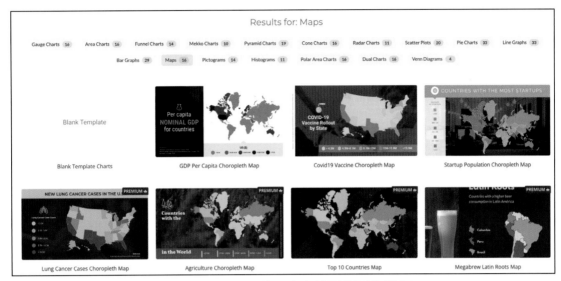

▲ Visme 工具提供了許多地圖類型的樣板

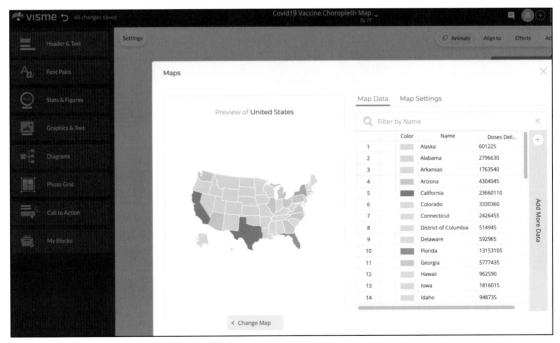

▲ Visme 提供了編輯介面，可線上調整地理數據參數

二、Illustrator / Photoshop

Illustrator 網址：**http://www.adobe.com/tw/products/illustrator.html**
Photoshop 網址：**https://www.adobe.com/tw/products/photoshop.html**

　　許多側重於美學的地理視覺化設計師，則會透過 Illustrator / Photoshop 進行圖表的後續加工，通常這兩套工具都是平面設計師使用為主，但是其彈性的功能對於視覺加工相關的任務都很有幫助，許多設計師也會用這兩套工具來加工成為地理視覺化的美學作品。其中 Illustrator 是向量繪圖工具，透過工具產生的視覺化成果，而向量的特性在於可以無限放大且不會失真；此外，Illustrator 可支援常見的「SVG」視覺化格式，所以甚至能直接編修工具產出的圖樣，提升視覺成效。

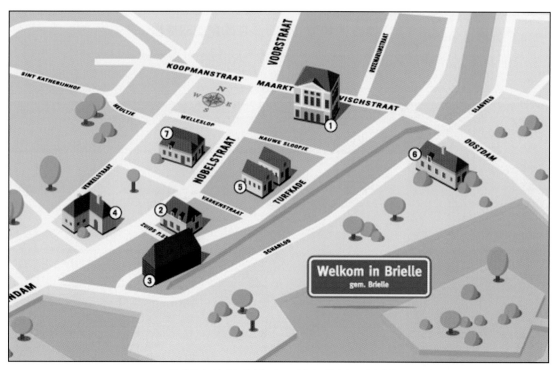

▲ illustrator 可獨立使用來繪圖，將平面地圖轉製為美學作品

（來源：https://design.tutsplus.com/tutorials/producing-an-informative-map-in-perspective-with-illustrator--vector-646）

　　Photoshop 跟 illustrator 則同樣都是視覺編修的經典工具，最大差異在於 Photoshop 產生的是「點陣式」的圖檔格式，點陣式的優點在於視覺效果更多元，然而缺點是圖片放大之後可能會產生失真的狀況。

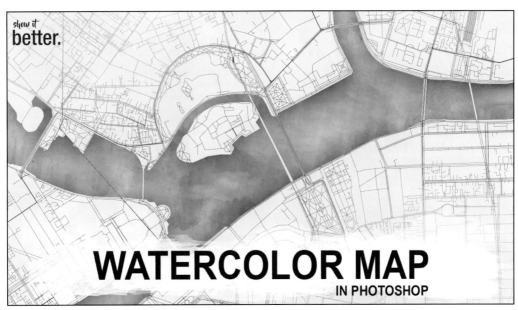

▲ 透過 Photoshop 可進行地圖後製，做出像素化的地圖視覺化作品

（來源：https://www.youtube.com/watch?v=OsQD3elGlpk）

PART 2

實作：入門地理視覺化工具

用 **Excel** 設計吸睛 **3D** 地圖

▌ **3.1** 很有 power 的 power map（3D map）

一、Excel 好用工具模組介紹

　　我們常見的辦公室文書軟體中，Excel 應該是多數企業皆有購買的付費軟體，其具備儲存與統整數據、計算分析、報表及圖表輸出繪製等各種豐富的功能；其中有許多好用的分析工具模組，像是樞紐分析表與四個 Power 系列工具（Power Query、Power View、Power Pivot、Power Map），本書將重點放在「Power Map（又稱 3D map）」的應用介紹，建議讀者也可多學習前述工具的綜合應用（但目前僅支援 Windows 作業系統）。

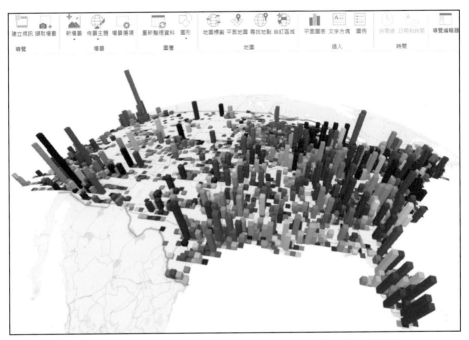

▲ 3D map 可將你的地理資料進行快速而豐富的視覺化

　　另外該項工具有眾多範例資料集可供讀者下載實驗，也有操作步驟的說明，詳細內容可見微軟 office 官方網頁「開始使用 3D 地圖」介紹。（網址：https://support.microsoft.com/zh-tw/office/ 開始使用 -3d- 地圖 -6b56a50d-3c3e-4a9e-a527-eea62a387030）

　　本單元以 Excel 2016 版本為主，Power Map 在此版本後被改名為「3D map」，主打立體地圖資料視覺化，可在圖層內直接套用 Bing 地圖服務（需連網使用），透過真實地圖的對照，幫助我們洞察出許多資料當中有趣的地理現象。

二、如何開啟 Excel 3D map 模組？

　　因 3D map 模組屬於 Excel 的延伸功能，在進入 Excel 後，如果讀者的電腦沒有看到相關功能，需要點擊「檔案」（最左上方那邊），然後點選最下方的「選項」，進入「增益集」，並選擇「COM 增益集」並按下執行後，對跳出的視窗勾選開啟「Mircrosoft Power Map for Excel」 功能並按下確定。

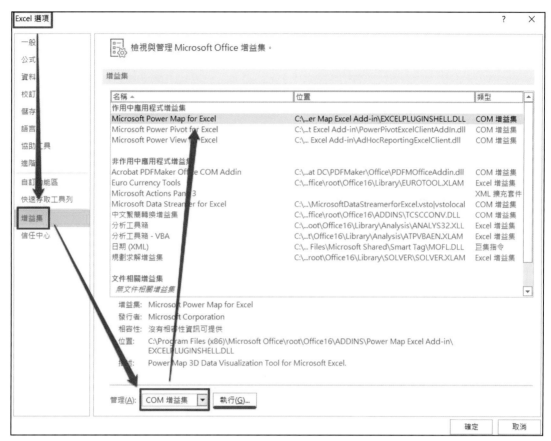

▲ 如果沒有看到相關功能，需要自行進入增益集，並開啟 Power Map

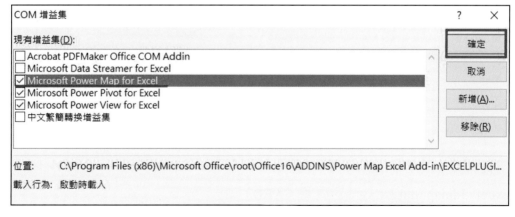

▲ 執行 COM 增益集後，選擇 Power Map 並按確定

▌3.2 實作：AED 點位資料 3D 視覺化

⬛ 實戰資訊

實作任務說明

本實作以全台灣「自動體外心臟電擊去顫器（Automated External Defibrillator，AED）」經緯度點位資料作示範，將其進行熱度圖視覺化後，並以不同的場所類別計算其總和並繪製長條圖，讓資料分類檢視能更清楚。

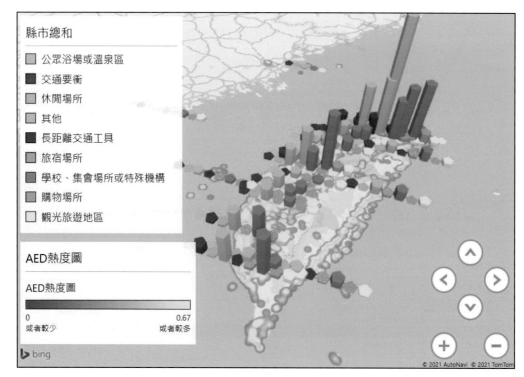

▲ AED 熱度圖及場所類別總數長條圖（分縣市別）

使用資料集

‧ excel_3dmap_data.xlsx（活頁簿：AED）

Step 1：開啟你的資料集與 3D map

首先開啟 excel_3dmap_data.xlsx 檔案（建議讀者也可複製一份出來實作，可方便隨時砍掉重來，工具類的實作不要怕重來重做，可累積操作經驗！）。選擇「AED」的表單，當中最重要的欄位為「地點 LAT、地點 LNG」，其表示該 AED 的緯度與經度，有了這個欄位我們才能在 3D map 內繪製點位資料。

I1　地點LAT

	D	E	F	G	H	I	J	K
1	場所地址	場所分類	場所類型	AED放置地點	AED地點描述	地點LAT	地點LNG	全年全天開放大眾使用
2	中山三路132號	旅宿場所	招待所	一樓櫃檯	住宿部櫃檯	22.607712	120.309556	N
3	濱海二路1號	交通要衝	港區旅客服務區	鼓山輪渡站候船室內	乘客候船室出口右側	22.61965	120.270056	X
4	中正路568-23號	學校、集會場所或特殊機構	高中職	健康中心	健康中心入門櫃子內	23.979547	120.694686	X
5	新竹市元培街306號	學校、集會場所或特殊機構	大專院校	元培醫事科技大學-光恩樓1樓	元培科技大學光恩樓1樓	24.777795	120.940408	X
6	泗林里潮州路800號	觀光旅遊地區	民營遊樂業	齒輪屋	齒輪屋服務台是全園區中心地點	22.547226	120.558987	X
	基隆路4段43號	學校、集會場所或特殊	大專院校	體育館1樓衛生	體育館1樓衛生保健組觀	25.014169	121.542993	X

segis　AED

就緒　平均值: 72.65390008　項目個數: 23752　加總: 1725384.819

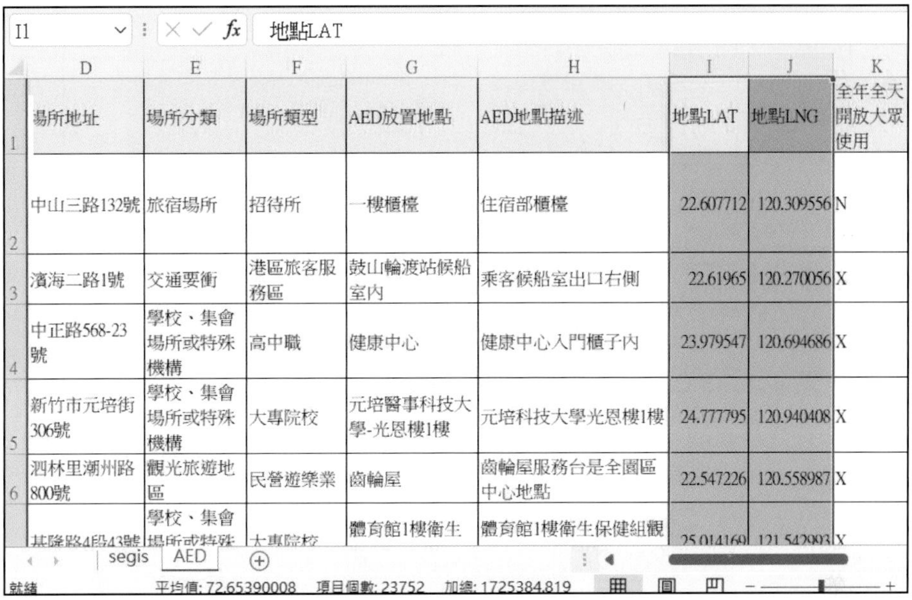

▲ AED 資料內容

再來是選取該批資料全部範圍（點擊欄位 A1，然後按住 Shift 與 Ctrl 鍵後，按一次鍵盤方向鍵往右、再按一次方向鍵往下，即可快速選取欄位內的資料），選取完成後，滑鼠從上方的選單點擊「插入」，選擇 3D 地圖並開啟它（開啟 3D 地圖）。

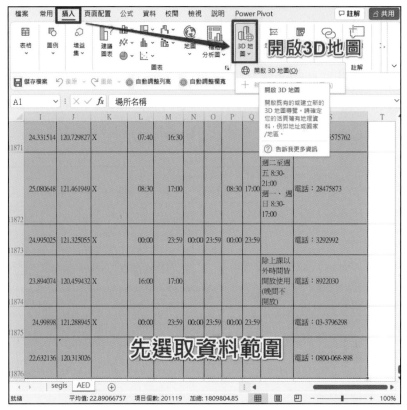

▲ 一定要先選取資料範圍後，再開啟 3D 地圖

Step 2：3D map 主要功能介紹

　　進入到 3D 地圖後，地圖畫面會自動識別地理欄位，幫我們將資料繪製於地圖上，整體的功能算是相當齊全，地圖製作介面的主要功能介紹如下：

▼ 3D map 主要功能介紹表

項目	說明
導覽與場景	可設定整體場景、布景主題、導覽播放、擷取畫面圖片與製作影片。
地圖	地圖底圖的設定，亦可自行上傳圖片作為虛擬主題地圖。（自訂地圖該部分較為特殊，讀者有興趣的可搜尋「在 3D 地圖中建立自訂地圖」，於微軟支援服務的網頁中有更細節的教學）
插入	可繪製平面圖表、加入文字方框與圖例等內容。
檢視	窗格功能的檢視，如果讀者發現介面內容好像少了什麼的話，不妨先確認這三個窗格是否都是開啟狀態。

項目	說明
畫面控制	右下角有整體畫面控制的選項，如要播放全畫面可從此處點擊。
圖層	地圖資料的控制選項，從 Excel 資料集內的不同欄位擷取要繪製的資料，可新增或刪除圖層，並調配其顏色、樣式等內容。
欄位清單	其為我們選取的資料集當中，欄位名稱的清單，為浮動式的視窗，方便我們拖曳與檢視。
地圖呈現	畫面正中間為地圖調整結果的顯示，按住滑鼠左鍵可平移地圖、滾輪可 zoom in/out 畫面縮放尺度，同時按住 alt 鍵搭配滑鼠左鍵則可進行畫面的旋轉，改變觀看 3D 地圖的角度。

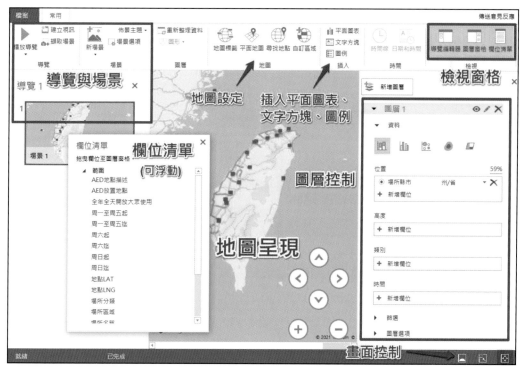

▲ 3D map 主要功能介紹畫面

Step 3：加入圖層與設定位置欄位

　　看到右邊的側欄，他會預設「圖層 1」作為我們的圖層資料，此時內容都是空白的，我們點擊「圖層 1」右方的鉛筆圖示（重新命名此圖層）來更改圖層名稱，筆者命名為「AED 熱度圖」，並於下方資料部分選擇「熱力圖」（左方第四個圖示）。

　　位置部分我們要選擇「能符合該工具辨識的地理欄位」，因為 Excel 的 3D 地圖有內建資料可直接辨識台灣地區的縣市、鄉鎮市區名稱，所以它常常會自動優先抓取這類的欄位。我們把原本預設的都打叉刪除，再點擊「＋ 新增欄位」選擇「地點 LAT」欄位後，在右邊顯示的地理條件下拉式選單中，設定為「緯度」，然後再新增「地點 LNG」欄位並設定「經度」，即可把地理點位資料繪製於地圖上。

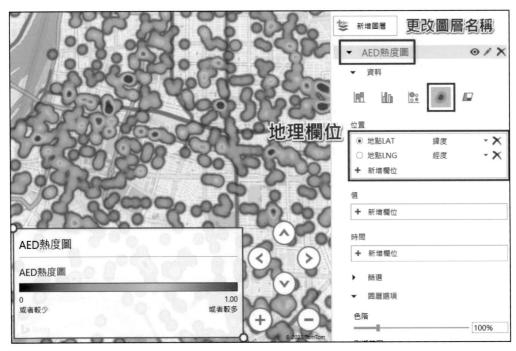

▲ 繪製地理點資料的熱力圖（heat map）

Step 4：調整圖層樣式

　　熱力圖的色階、影響範圍，分別可以調整顏色的明顯對比程度與圓圈渲染的大小，透過「不透明度」的設定，則可讓圖層稍微透明一些，以顯示底圖街道的內容；筆者分別輸入 150%、150%、70% 的程度，色彩部分則是自訂從藍色到黃色（也可以用新增色彩來增加更多顏色與階層）。讀者可以大膽調整與實驗看看不同的效果。

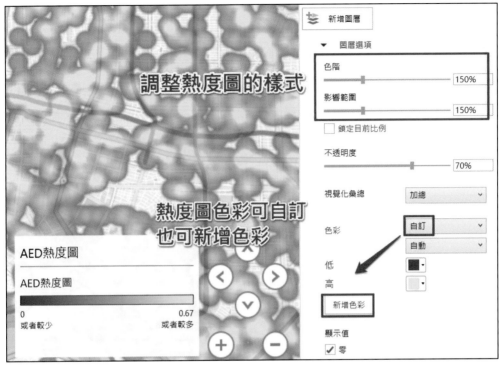

▲ 熱度圖的樣式調整

Step 5：追加不同的圖層

　　Excel 的 3D Map，可根據同一批資料集建立不同圖層，而不同圖層可設定不同的圖表與地圖視覺化方式（例如：同時在地圖上顯示：長條圖、熱度圖等多張圖表內容）；此步驟我們點擊「新增圖層」並命名為「縣市總和」，並選擇「群組長條圖」呈現（左方第二個圖示）。

　　位置欄位選擇「場所縣市」並將顯示的地理條件設定為「縣／市」，長條圖的高度我們選擇「場所名稱（計數－無空白）」，類別選項則選擇「場所分類」。這樣的話，該工具會自動計算每一個點資料，所對應到的縣市位置，並將屬於同一個縣市內的資料進行加總（類似 Excel 樞紐分析工具的功能）。舉例來說：台中市共有 1281 筆資料，則台中市的長條圖的總計就會是 1281 筆，我們亦可從類別來檢視，了解這些 AED 在哪些類型的場所分布較多，某類別越多的地方其長條圖高度越高。

Tips

關於本實作的「高度」所採用的「場所名稱」欄位，即使替換成「場所地址」或「AED 放置地點」等欄位，最後繪製的成果仍會一樣，因為我們是以「計數」繪製地圖長條度的高度，所以只要名稱欄位不要有空白的個數，皆會被計算進去。

▲ 追加群組長條圖並依不同的場所分類進行區隔與計數

Step 6：地圖信賴度

在「位置」旁邊會看到一個百分比數字，代表目前的數據集中，其地理位置資料有多少是可以被 3D map 模組所識別的，我們點擊它後，會跳出檢視的表格，像是 3D map 可能會懷疑「新竹市、苗栗縣」等等縣市，它自己所標註的中心座標正不正確。這部分的話，建議讀者對於「總和型的資料」，其地理位置需要畫在「行政區域」等範圍時，可多加小心並檢視一番，避免有缺漏的資料。

▲ 地圖信賴度 %，可檢視該些地理資料有多少是可以被辨認並描繪出來

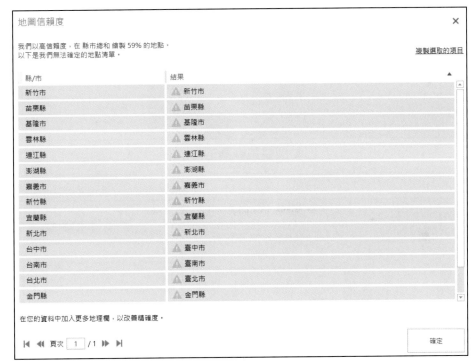

▲ 地圖信賴度內容檢視畫面

Step 7：調整細節樣式及自訂資料卡

　　長條圖的樣式細節上，我們點擊左上方的「圖形」可替換長條圖的形狀，也可以在右側選單部分自訂其類別的顏色（圖例也會自動隨之更改）；在互動呈現上，滑鼠左鍵點擊該長條圖物件時，可以顯示該物件的「資料卡」，資料要顯示的內容可從右下方點擊「自訂」進行調整。

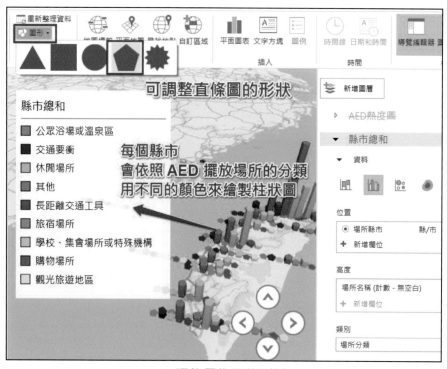

▲ 調整長條圖的形狀

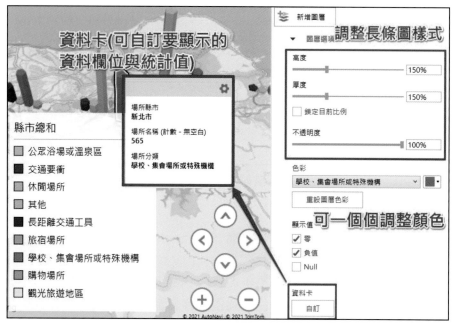

▲ 調整顏色及自訂資料卡顯示的內容

▲ 資料卡顯示的內容可隨時新增或刪除

Step 8：完成！

　　最後全部完成後，即可得到一張完整的 AED 資料的分布圖（熱力圖及長條圖），這時候點擊最右上方的打叉，即可關閉 3D map 的檢視與編輯視窗，然後將 Excel 檔進行儲存，檔案就可以放心全部關閉了！（該份 3D map 是跟隨該份 Excel 檔走的，並不會額外生成其他的檔案）

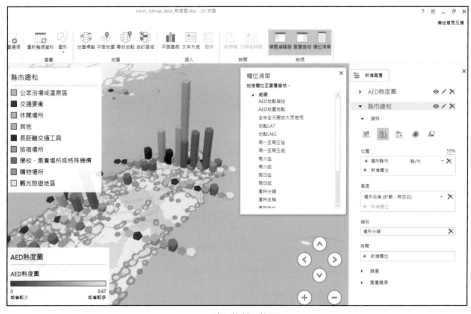

▲ 完成的成果

Tips

圖表完成後，最後我們回到 Excel 資料本體時，會發現該活頁簿（sheet）會出現一個文字方框，內容提醒我們這份活頁簿有 3D 地圖導覽跟隨著，這樣就知道這份表單資料不要亂動它，否則會影響這份 3D map 的內容喔！

O	P	Q	R	S	T	U	V
周六迄	周日起	周日迄	開放使用時間備註	電話			
23:59	08:00	23:59		電話：07-3328110#9			
23:00	05:00	23:00		電話：(07)551-4316			
				電話：049-2563472(308.318)			
23:59	00:00	23:59		電話：03-6102246			

3D 地圖導覽
這份活頁簿提供 3D 地圖導覽。
開啟 3D 地圖編輯或播放導覽。

▲ 貼心的文字方框提醒我們，這個工作簿有 3D 地圖

▌3.3　實作：家戶及產業經濟資料 3D 視覺化

實戰資訊

實作任務說明

本段落想帶領讀者用台灣的社會經濟資料進行視覺化，包含各鄉鎮市區的家庭戶數、房屋稅籍住宅數、產業家數等資料，以長條圖、圓餅圖將其繪製於地圖上。長條圖每一組數據可代表該鄉鎮市區，現況是家戶數較多（住宅需求）或是房屋住宅數較多（住宅供給）；而圓餅圖則是採計「住宿及餐飲業」的統計家數，該行業可簡易反映該地的產業組成有多少比率可能會受旅遊或是疫情衝擊影響。（註：業界的社會經濟統計研究並非如本實作單純，該分析僅能提供一個概述供觀察）

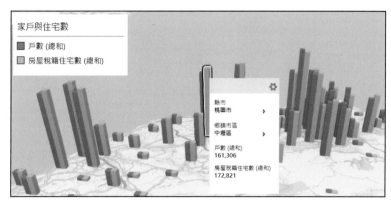

▲ 戶數與房屋住宅數比較圖

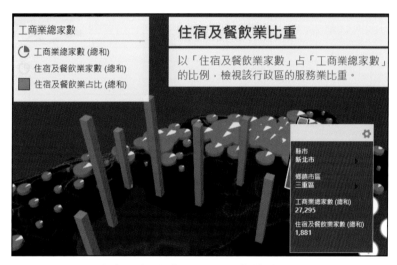

▲ 住宿及餐飲業占比工商業總家數情形

使用資料集

‧ excel_3dmap_data.xlsx（活頁簿：segis）

Step 1：開啟你的資料集與 3D map

　　首先開啟 excel_3dmap_data.xlsx 檔案，選擇「segis」的表單頁籤，我們可以看到整批資料當中有許多欄位，主要有人口、工商家數等資料。其中有幾個欄位可以用來辨識它的地理位置，像是「縣市、鄉鎮市區、lng（經度）、lat（緯度）」等資料，其中經緯度指的是該鄉鎮市區的「中心點位資料（行政區面狀的幾何中心）」，該欄位是筆者事先以 QGIS 地理資訊軟體進行處理而產出的。

	A	B	C	D	E	F	G	H
1	縣市鄉鎮市區	縣市	鄉鎮市區	人口數	人口密度	0-14歲人口	15-64歲人口	65歲以
2	台中市龍井區	台中市	龍井區	78095	2053.09	10929	57727	
3	台中市大雅區	台中市	大雅區	95693	2952.49	14295	70880	
4	台中市沙鹿區	台中市	沙鹿區	95226	2353.56	15824	67853	
5	台中市梧棲區	台中市	梧棲區	59273	3569.61	8915	42895	
6	台中市豐原區	台中市	豐原區	166053	4031.93	23472	117444	
7	台中市東勢區	台中市	東勢區	49169	418.79	5034	33860	
8	台中市后里區	台中市	后里區	54343	921.94	7359	38456	
9	台中市神岡區	台中市	神岡區	65529	1869.88	8396	47724	
10	台中市新社區	台中市	新社區	24064	349.32	2494	16758	
11	台中市石岡區	台中市	石岡區	14670	805.58	1430	10389	
12	台中市外埔區	台中市	外埔區	31940	753.13	3735	23405	
13	台中市大肚區	台中市	大肚區	56777	1534.41	7193	41263	
14	台中市和平區	台中市	和平區	10809	10.42	1128	7704	
15	台中市大甲區	台中市	大甲區	76130	1300.94	10889	53714	
16	台中市大安區	台中市	大安區	18864	688.35	1912	13641	
17	台中市清水區	台中市	清水區	88009	1371.48	11676	62694	
18	台中市霧峰區	台中市	霧峰區	65094	663.7	7789	46916	
19	台中市大里區	台中市	大里區	213117	7380.47	31333	156174	
20	台中市南區	台中市	南區	126769	18614.85	16751	94087	
21	台中市烏日區	台中市	烏日區	76494	1762.4	10783	55584	
22	台中市中區	台中市	中區	18168	20638.42	3223	11404	

segis　AED

▲ segis 資料內容

Tips

SEGIS 為社會經濟資料服務平台的簡稱，裡面涵蓋全台灣常見的統計資料與地理統計單元，包含人口、就業、土地及營建、醫療衛生、公共安全、工商業家數統計等各種內容。（網址：https://segis.moi.gov.tw/STAT/Web/Portal/STAT_PortalHome.aspx）

　　再來是選取該批資料範圍（點擊欄位 A1，然後按住 Shift 與 Ctrl 鍵後，按一次鍵盤方向鍵往右、再按一次方向鍵往下，即可快速反白選取欄位內的所有資料），從上方的選單「插入」，選擇 3D 地圖並開啟它（開啟 3D 地圖）。

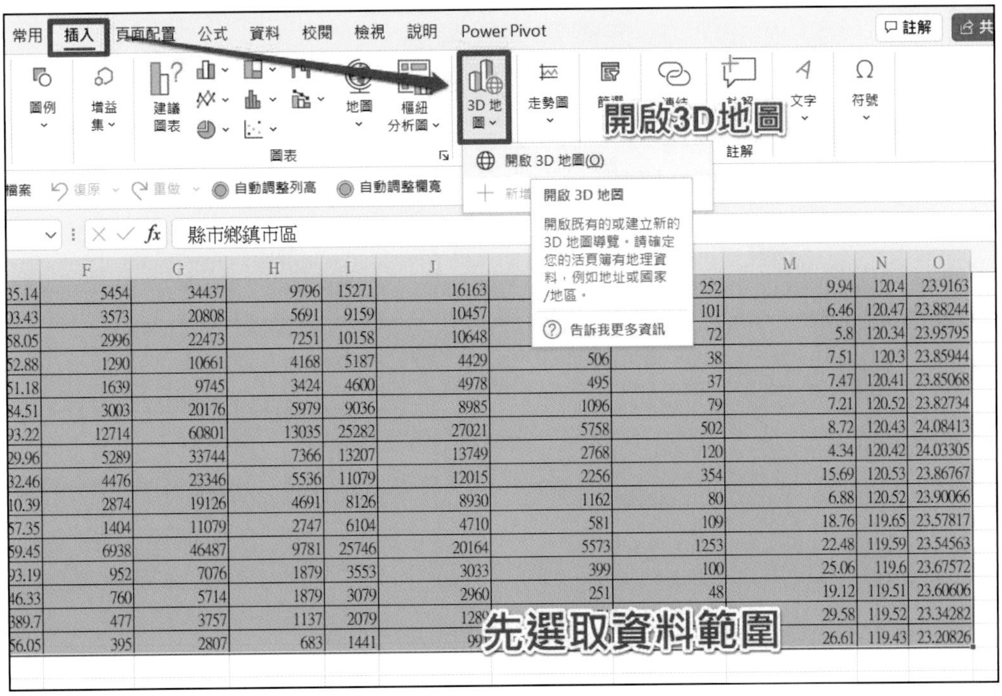

▲ 一定要先選取資料範圍後，再開啟 3D 地圖

Step 2：加入圖層與設定位置欄位

　　進入到 3D 地圖後，習慣性檢視右上方的導覽編輯器、圖層窗格、欄位清單，先確認他們都是開啟的狀態，避免有窗格消失找不到的情形。接著看到右邊的側欄，我們更改「圖層 1」的圖層名稱（右方鉛筆的圖示），筆者命名為「家戶與住宅數」，再來於資料部分選擇「群組長條圖」（左方第二個圖示）。

　　位置欄位我們先把原本預設的都打叉刪除，再點擊「+ 新增欄位」選擇「鄉鎮市區」這個欄位後，並將顯示的地理條件設定為「鄉／鎮／市／區」。但此時檢視「地圖信賴度報告（位置右邊的百分比數字）」，會發現我們的資料該工具僅能辨識成功 98%，點擊數字後，該工具會告知我們可能錯誤或無法辨識的情形，像是圖中會顯示「中區、東區、南區……」等鄉鎮市區會有部分錯誤，會有不穩定與無法確認的問題。

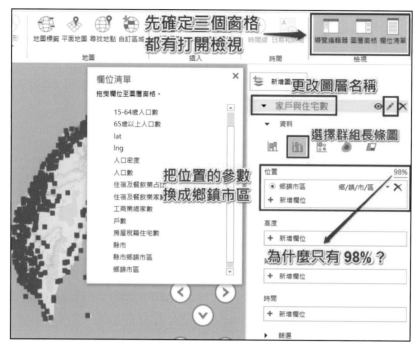

▲ 將圖層位置參數換成鄉鎮市區

地圖信賴度

我們以高信賴度，在 家戶與住宅數 繪製 98% 的地點。
以下是我們無法確定的地點清單。

鄉/鎮/市/區	結果
中區	⚠ 中區, 日本
東區	⚠ 東區, 日本
南區	⚠ 南區, 日本
西區	⚠ 西區, 日本
北區	⚠ 北區, 日本
林內鄉	⚠ lin na xiang, 台灣
太保市	⚠ tai bao shi, 台灣
板橋區	⚠ 板橋區, 日本
松山區	⚠ 松山區, 台灣

在您的資料中加入更多地理欄，以改善精確度。

|◀ ◀◀ 頁次 [1] /1 ▶▶ ▶|

▲ 地圖信賴度報告檢視

Step 3：更換為「經緯度」欄位

　　雖然地理名稱欄位也可用來作圖，但筆者建議，對於行政區範圍尺度的資料，有時候可改用經緯度欄位（鄉鎮市區的中心點位經緯度）來繪製地圖會更好。在位置選項刪除「鄉鎮市區」後，我們替換「lng、lat」兩個欄位，並在地理條件設定分別對應選擇「經度」、「緯度」。

　　最後在高度選項，設定選擇「戶數」、「房屋稅籍住宅數」，這樣就會在該鄉鎮市區範圍的中心點位上，產生兩條 3D 直條圖，讓大家快速比較該鄉鎮市區現在是家庭戶數較多，或是住宅數較多，通常在社會經濟資料的分析上，可以用此快速檢視，該地區現在的住宅供給與家戶需求的問題（ps. 此練習範例著重在視覺化層級，若要更細部探討實務研究問題，還需要經過更細部的分析）。

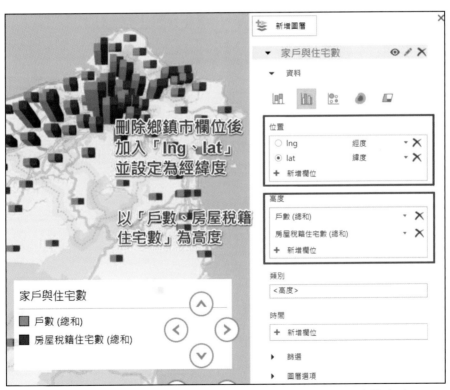

▲ 用經緯度來設定位置，並繪製兩個類別的直條圖柱狀高度

Step 4：調整圖層樣式

　　3D 直條圖的顏色、厚度、高度放大比例，可從「圖層選項」進行控制，筆者分別輸入 100%、70% 的程度，色彩部分則是戶數改爲藍色、住宅數改爲橘黃色；而「鎖定目前比例」的方框，可以協助我們快速鎖定現在視窗呈現的高度與厚度大小，在畫面拉近拉遠的過程中，長條圖的柱狀會隨遠近而變化，我們可以調整到覺得適當的尺度後，勾選該條件並鎖定。

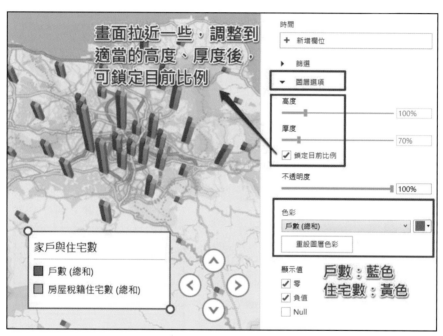

▲ 群組直條圖的樣式設定與鎖定功能

　　側欄最下方的「自訂資料卡」調整顯示內容，可加入不同的欄位或是刪除不要的圖層，如筆者加入「縣市鄉鎮市名稱、戶數、房屋稅籍住宅數」等資訊，至此即完成第一個圖層的 3D 視覺化。

▲ 自訂資料卡顯示內容

Step 5：新增場景

　　再來我們練習追加一個新的場景（Excel 3D Map 的特殊功能），可點擊上方選單的「新場景」按鈕，選擇建立一個全新的地圖（世界地圖）；如果圖層內容有要沿用上一個場景的話，則可選擇第一種「複製 場景 1」的方式來追加。

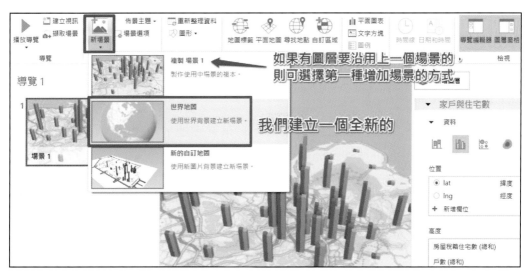

▲ 追加新的場景

　　因為建立新的場景（場景 2）了，所以需要增加新的圖層並重新設定參數，我們把新圖層命名為「工商業總家數」，於資料部分選擇「泡泡圖」（左方第三個圖示），位置部分一樣選用「lat、lng」兩個欄位，並分別選擇經度、緯度設定。值得注意的是，該泡泡圖在 3D map 內也具有圓餅圖的占比概念，所以我們在泡泡圖的大小設定部分，同時選擇「工商業總家數」、「住宿及餐飲業家數」，這樣圓餅圖上就會有這兩者的大小顯示。

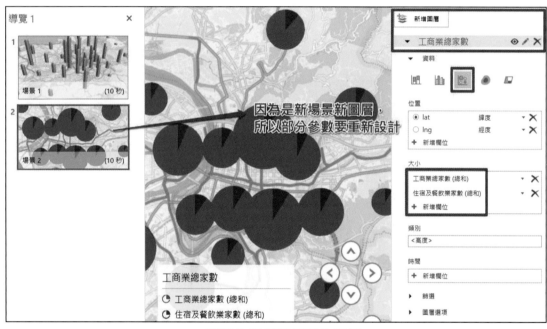

▲ 幫新的場景追加新的圖層

Step 6：設定布景主題

　　在第二個場景，我們試試看調整左上方的布景主題，可選擇「黑色」主題，幫忙整體畫面的配色的重新調整，圖層選項內也可設定大小、厚度、色彩，筆者依序給予 90%、250%，將總家數設定為藍色、住宿及餐飲業調整為黃色。

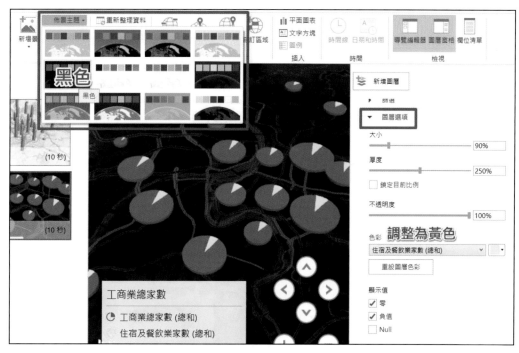

▲ 設定布景主題與泡泡圖樣式設定

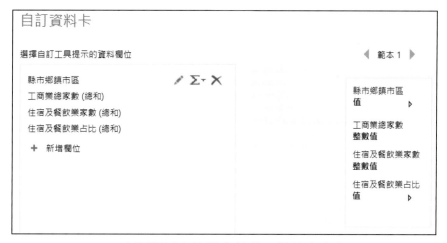

▲ 自訂資料卡的設定部分，供讀者參考

Step 7：新增長條圖來顯示占比

　　到這邊為止，是否有發現什麼怪怪的地方呢？你想的沒錯！因為圓餅圖的總和應該是指「全部（工商業總家數）」，在上一個步驟中，我們是快速直接將「工商

業總家數」與「其中一部分（住宿及餐飲業家數）」合併繪製，在資料視覺上這是較不正確的作法，應該要採取「工商業總家數」扣除「住宿及餐飲業家數」後剩餘的部分，再與「住宿及餐飲業家數」進行圓餅圖繪製較為正確。

　　但姑且不論上述的問題，我們會發現「占比」的概念很難一次在 3D 地圖上檢視，所以筆者當初準備資料時有特別多做一個欄位「住宿及餐飲業占比」。我們再來新增一個圖層，命名為「住宿餐飲占比」，以長條圖的方式呈現，一樣採用鄉鎮市區的經緯度中心當地理位置，高度的部分就用欄位「住宿及餐飲業占比」。

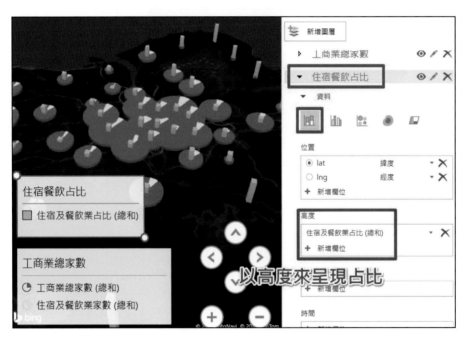

▲ 新增住宿餐飲業占比之長條圖圖層

　　在圖層選項上，我們一樣可以根據自己的喜好設定高度與厚度（筆者設定150%、80%），調整到適當的遠近與大小後再鎖定目前比例，色彩部分選用紅色。

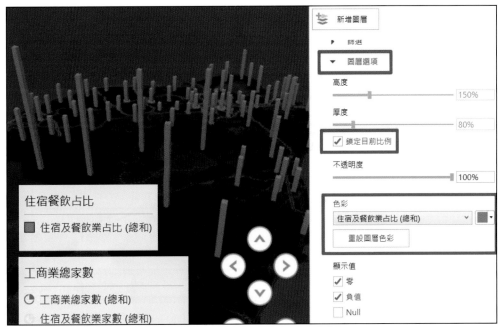

▲ 設定長條圖的圖層選項

▲ 自訂資料卡的設定部分，供讀者參考

Step 8：新增文字方框與調整圖例

　　對於圖面的說明文字、圖例也可以進行簡易的客製化調整，我們點擊上方的插入「文字方塊」，即可新增一個浮動的說明視窗。筆者在標題輸入「住宿及餐飲業比重」，文字大小設定 28、粗體咖啡色字；在描述輸入「『以住宿及餐飲業家數』

占『工商業總家數』的比例，檢視該行政區的服務業比重。」文字大小設定 20、一般黑色字，完成後點擊右下方的建立按鈕。

▲ 新增文字方框

　　另外可快點圖例方框兩下進行圖例的調整，因為我們總共有兩個圖層，在此先對「工商業總家數」的圖層進行調整，標題與描述文字大小分別設定為 18、16，方框底色皆為白色。然後再選擇「住宿及餐飲業占比」的圖層，把標題顯示的打勾取消（即不顯示標題），然後對圖例的底色調整透明無填滿，描述的文字大小一樣設定為 16。最後，把兩個圖層的圖例手動拖曳並排列在一起，增加畫面的美觀與簡潔程度。

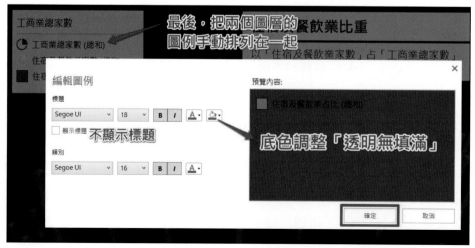

▲ 分別調整兩個圖例的圖層，並將其手動拖曳排列在一起

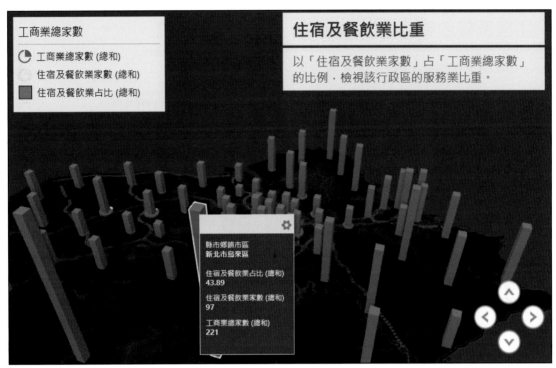

▲ 初步完成畫面檢視

Step 9：篩選占比較高的直條圖

　　如果覺得紅色柱狀的數量太多，我們也可以試著只挑重點來檢視，在「住宿及餐飲占比」的圖層選項中，有一個「篩選」的功能，該功能可以根據某個欄位的值來過濾資料顯示。我們在「+ 新增篩選」選擇「住宿及餐飲業占比」，此時數值會顯示最低值到最高值（1.89 至 63.75），我們調整滑桿數字到中間左右（如筆者將其設定到 30.10），這樣子畫面上的長條圖，只會顯示占比大於 30.10% 的鄉鎮市區。會發現大致上都是人口較少的偏遠地區，其住宿及餐飲業家數比較會相對較重。

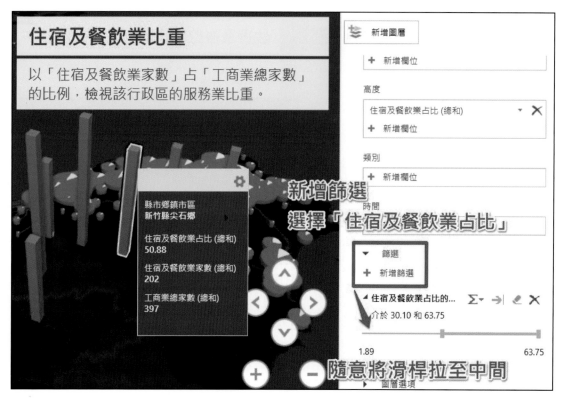

▲ 設定篩選條件與過濾顯示的資料

Step 10：設定動態導覽

　　3D map 還有一個強大的功能是「播放導覽」，假設我們有多個場景要切換，每個場景有不同的主題圖層的話，我們可以設定場景轉換與導覽的方式，包含地圖場景順序、換場方式、播放停留秒數等，可連續播放不同地圖的資料視覺化成果。最後更可用「建立視訊」或「擷取場景」的方式，把導覽場景匯出成簡易的影片檔或圖片檔。

　　我們先調整「場景選項」中的各種導覽參數，先選擇場景後，再點擊場景選項，可以設定持續時間、重新命名場景名稱、轉換效果等，筆者分別對場景 1、場景 2 重新命名為 s1 及 s2，並設定停留 8 秒。然後完成後點擊左上角的播放導覽即可檢視效果。

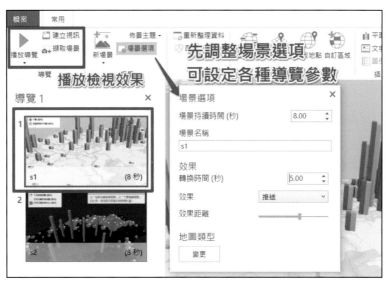

▲ 設定場景選項的導覽參數

　　播放鍵按下之後，視窗會變成全畫面播放，如果一開始你的場景設定比較遠一些（像是能看到半個台灣），則導覽時的檢視範圍就是半個台灣的大小；而如果場景拉的近一些（像是僅顯示台北市周邊地區），則導覽時範圍就會小一些。導覽中可以隨時暫停並改為滑鼠拖曳檢視，也可以跳至下一個場景，整體檢視相當自由。

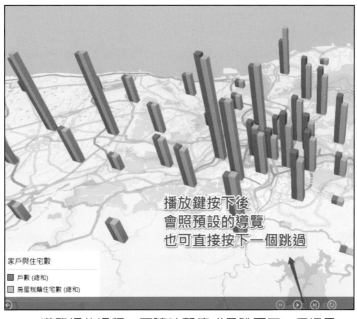

▲ 導覽播放過程，可隨時暫停或是跳至下一個場景

　　至此即完成 Excel 3D map 大部分的功能介紹與操作，相信讀者們如果手邊有合適的資料，想要快速呈現的話，Excel 的 3D map 是相關簡便輕巧的工具，相當推薦給各位使用！

用 Flourish 快速生成雲端地圖

▌ 4.1　認識 Flourish 工具

　　本單元要跟讀者介紹 Flourish 資料視覺化工具（https://flourish.studio/），主打標語是「Make interactive maps without coding」，即表示其是一款不需透過程式，即可生成美麗圖表的好用資料視覺化工具，透過純線上環境所提供的所見即所得的資料上傳與編輯介面，即時針對圖表參數或進行改動，圖表即會更新為新的樣式，編輯環境中提供大量漂亮而實用的圖表範本（也包括許多地圖類型的範本），不需要透過程式，即可套用效果。

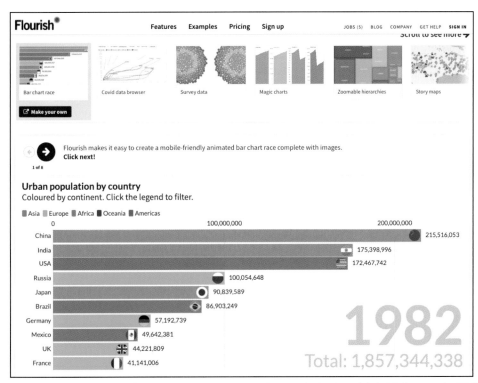

▲ Flourish 工具提供了豐富的視覺圖表樣板，其中最有名的是競賽長條圖，但同樣也有許多實用的地圖樣板

　　除了有大量美圖之外，Flourish 也會不定期更新其圖表的 Template 類型，且多數圖表皆有提供大量互動、動態的功能，能夠讓使用者輕鬆創造出吸晴的視覺化作品；本書介紹的主要以地理資料視覺化類型的圖表爲主，但其實 Flourish 也能做非常多非地圖類型的視覺化，其中最有名的叫做 Bar Chart Race（競賽長條圖），許多的 YouTuber 或是媒體都透過 Flourish 做出有趣的動態圖表，作爲說數據故事之用途。

▲ 透過 Flourish 工具可方便做出各類動態漂亮地圖（此爲官網介紹的應用畫面）
（來源：https://twitter.com/smfrogers/status/861976614317379584）

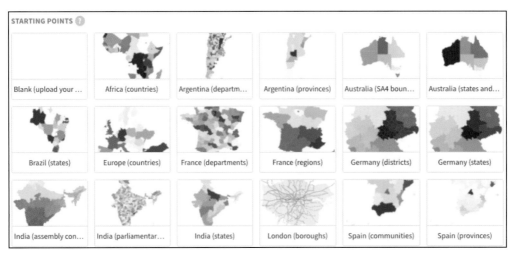

▲ Flourish 提供了許多地圖型的模板，可以快速生成互動感強的美麗地圖（除了地圖之外也還有非常多有趣的模板，讀者可自行探索看看）

（來源：https://flourish.studio/examples/）

▌ 4.2　註冊並認識 Flourish 操作環境

讀者如果想要開始操作 Flourish，請先至官網進行註冊（或直接用 Google 帳號登入蠻方便），也可自行設定登入帳密皆可，登入後會自動引導到首頁。

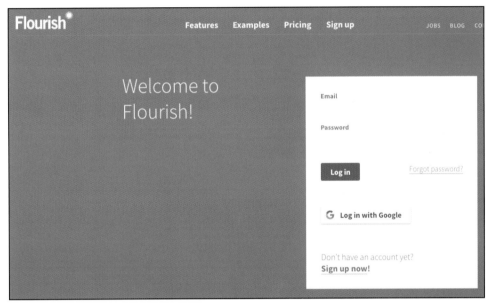

▲ 網站首頁，會請使用者進行登入

（來源：https://app.flourish.studio/login）

登入之後首先會看到主要操作介面，主要會引導兩個操作模式，分別為： (1) New Visualization（圖表模式）及 (2) New Story（故事模式）；圖表模式是主要的功能，可以從各類的樣板中挑選喜愛的來進行製作，而故事模式則可以做成類似簡報呈現的樣式，並拉入已經製作好的資料視覺化圖表作為內容素材。

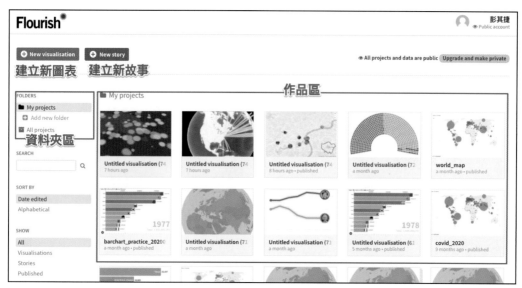

▲ 登入後首頁，有兩個重點按鈕「新增圖表」與「新增故事」

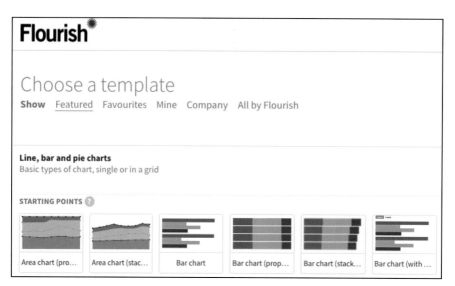

▲ 點選 New Visualization（新增圖表）模式的畫面

▲ 點選 New Story（新增故事）模式可以串接多張圖表成為類似簡報的呈現

4.3　Flourish 中的主要地圖樣板

在 Flourish 中共有五大類的地圖模板（每個類別包括多種地圖可供使用），本段落說明這些類型地圖的呈現特色。

種類一：投影地圖（Projection map）

投影系列地圖的特色在於可以妥善的結合點、線、面狀的形式來呈現，可使用 GeoJSON 格式、Shapefile 等等形狀格式來進行組合，而其點資料則主要使用的是 xlsx 或 CSV 格式。

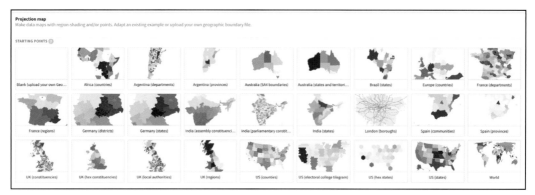

▲ 投影地圖會預先設定好邊界（Lines）與區塊（Regions）等地理資訊

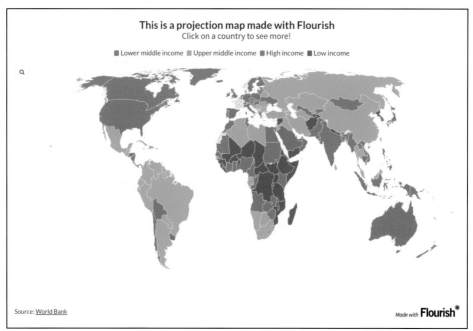

▲ 標準投影地圖樣貌，可以透過點線面的方式進行地理數據觀察

（來源：https://flourish.studio/visualisations/maps/）

種類二：3D 地圖（3D region map）

　　一般常見的地圖呈現主要以 2D 為主，不過 Flourish 也同步提供了許多 3D 的地圖型態，多增加了 z 軸（Height）的屬性概念，可以在視覺上做出更豐富的變化。

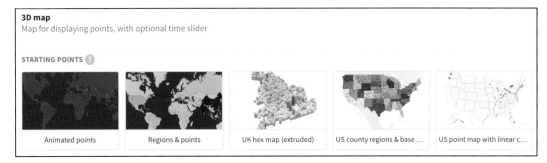

▲ Flourish 的 3D 地圖項目

▲ 3D 地圖的樣貌，多了 Height 的屬性可以配置

（來源：https://flourish.studio/visualisations/maps/）

種類三：標記地圖（Marker map）

　　大多數的地圖都是直接用幾何圖形來作為地圖上的符號代表，但標記地圖則提供了讓使用者自行配置類別圖標的功能，也可搭配自行準備的圖片，或是調整觀測的視角等等，建立畫面更加豐富的地圖。

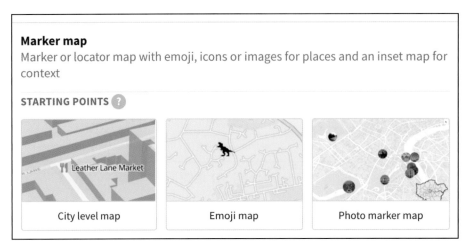

▲ Marker map 標記地圖可放置客製化圖表或是圖標，活潑感高

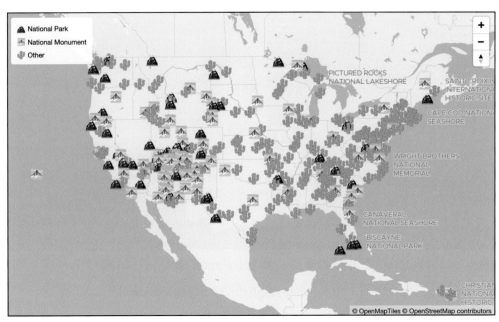

▲ Marker map 的特色在於放置客製化圖標，可強化地圖的主題特色

（來源：https://flourish.studio/visualisations/maps/）

種類四：弧型地圖（Arc map）

　　弧型地圖提供了點對點連線的機制，設計方式很簡單，只要資料集有點資訊（例如：經緯度），則 Flourish 就可建立其點對點關係，在細部編輯界面也可修改弧型線條粗細度、線條顏色、線條透明度等等。

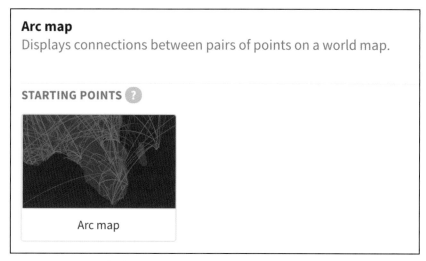

▲ Arc map 可建立大尺度的點對點連線，適合傳達不同地理位置關係

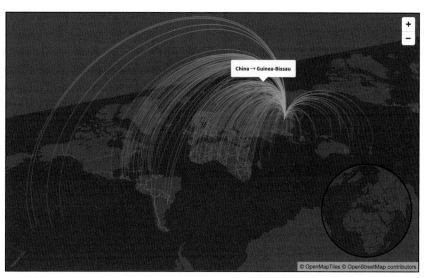

▲ 弧型地圖可建立點對點的線條，也可配置視覺上不同的顏色、線條粗細等

種類五：連線地圖（Connections globe）

　　連線地圖有點像是 3D 地圖與弧型地圖的結合體，同樣需要資料包括起點與終點資訊，也包括量化資訊，來決定連線線條的細與寬等等；此外此類型的地圖主要是以地球的大尺度為單位，所以適合用來呈現城市對城市的連線，或是國家對國家的連線，像是國與國進出口、飛機航班的密集程度、移民人數等等資訊。

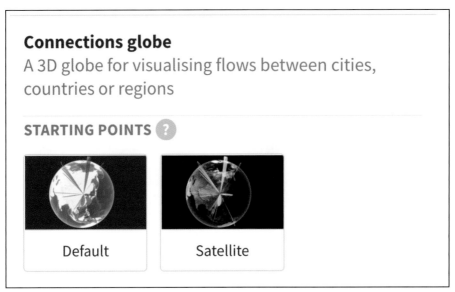

▲ 連線地圖提供了良好的城市間、國家間、區域間連線

▲ 連線地圖提供了可縮放的彈性地理尺度視覺化，資訊清楚也互動性強

▌ **4.4 實作：新冠肺炎地圖**

實作任務說明

前述內容我們認識了 Flourish 的一些常見的地圖型態，由於 Flourish 是一個樣板工具，所以只要學會其中一種實作之後，其他圖的製作方式與操作邏輯都非常類似。本段落我們來試試親手試做一張地圖，讀者只要學會其中的製作方式與邏輯，就能夠將相關技巧套用到其他張圖表中。

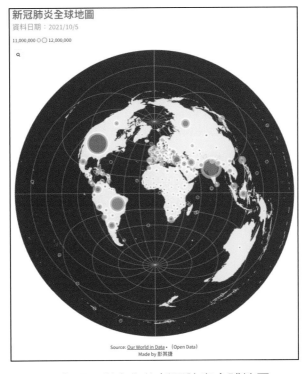

▲ 本單元所實作的新冠肺炎全球地圖

使用資料集

• covid_19_20211005.csv

Step1：新建一個地圖樣板

　　第一個步驟，請點選 Projection Map 中的 World 世界地圖樣板，點選即可進入編輯畫面。

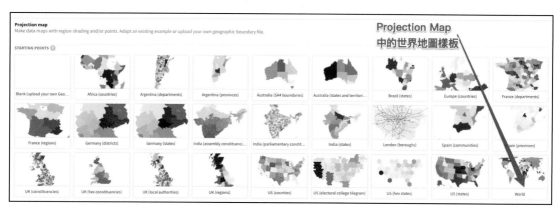

▲ 點選 World 進入世界地圖編輯介面

Step2：觀察編輯介面與所需欄位

　　進入 World Map 編輯介面後，Flourish 會自動產生一個獨一無二的編輯網址，接下來建議先在畫面的左上方先幫圖表取個名字，並手動在 Preview/Data 間切換，可進行圖表預覽並檢視資料的介面，而畫面下方即為圖表呈現區，在左上角也可進行瀏覽裝置的切換。

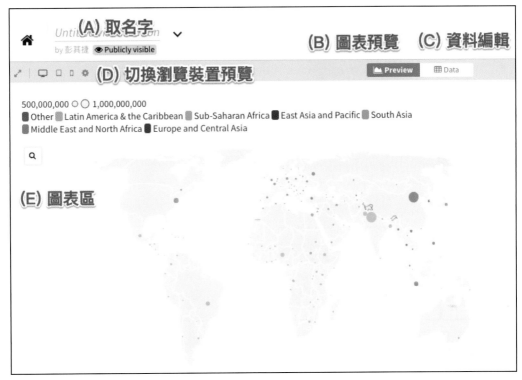

▲ Florish 的核心編輯介面功能

Step3：進入資料編輯介面

　　此步驟我們來嘗試進入資料編輯介面看看，在此可以針對目前的 Template 圖表進行編修，進入 Data 頁籤後，可在「Regions」、「Points」、「Lines」圖層間切換檢視，大概了解本 Template 所需要的欄位之後，請切換到「Points」圖層。

 Tips

每張圖所需要的資料格式與圖層都不太一樣，讀者可透過此實作練習到修改的方式之後，即可了解該如何了解與修改每個不同 Template 當中的圖層。

	A	B	
1	geometry	Formal name	Name
13		Lebanese Republic	Lebanon
14		Federal Democratic Republic of Ethiopia	Ethiopia
15		Republic of South Sudan	South Sudan
16		Federal Republic of Somalia	Somalia
17		Republic of Kenya	Kenya
18		Islamic Republic of Pakistan	Pakistan

▲ Regions 圖層包括了世界地圖的多邊形資訊（本實作不需修改）

	A	
1	geometry	Type
2		Disputed International Border - Terrestrial
3		Disputed International Border - Terrestrial
4		Disputed International Border - Terrestrial
5		Disputed International Border - Terrestrial
6		Disputed International Border - Terrestrial
7		Disputed International Border - Terrestrial
8		Disputed International Border - Terrestrial

▲ Lines 圖層則包括一些國家邊界資訊（本實作不需修改）

Step4：上傳資料到 Points 圖層

　　切換到 Points 圖層後，請點選右方的「Upload data」，將本單元所提供的的練習資料集上傳。

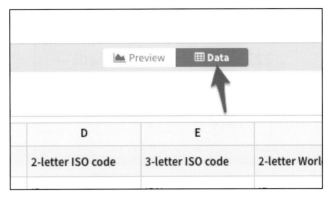

▲ 點選 Data 進入資料編輯介面

▲ 點選「Upload data」準備上傳資料

▲ 點選「Import publicly」（因資料設為私密需付費）

▲ 上傳完成，點選 Next 去選擇欄位的對應

Step5：配置欄位關係

　　此步驟我們要來配置上傳資料集與圖表欄位對應關係，稍早有說明過「Flourish 是一個樣板工具」，也就是說每張圖的欄位在開始時就已經被預設好了，編輯者只要填入對應所使用的資料即可。

　　在此張圖的製作練習中，我們用「Country」對應到「Name」也就是節點名稱，經緯度則直接指定該欄位，以及用「Positive Cases」作為「Value」也就是數值，而「Colour category」則是決定圖表上色所使用的欄位，我們同樣指定為「Country」表示不同國家使用不同的顏色，最後的「Metadata for popups」則設定為「Death Cases」來附加此國家的死亡個案數資訊。

	A	B	C	D	E
1	Country	Long	Lat	Death Cases	Positive Cases
13	United Kingdom	-1.259	52.289	136953	7,900,680
14	United Arab Emirates	53.9031	23.9299	2102	736,708
15	Ukraine	32.132	49.364	60514	2,566,875
16	Uganda	32.7415	1.9392	3160	123,976
17	Turks and Caicos Islands	-71.7592	21.7779	23	2,868
18	Turkey	34.188	39.144	64434	7,208,851
19	Tunisia	9.421	35.594	24921	707,983
20	Trinidad and Tobago	-61.2604	10.4435	1505	51,243
21	Togo	1.106	7.7	233	25,535
22	Timor-Leste	125.556	-8.856	118	19,582
23	Thailand	100.845	15.688	17014	1,637,432

Regions　Points ✓　Lines

⬆ Upload data ✓　　Saved ↺ ↻

▦ Points

SELECT COLUMNS TO VISUALISE

Name　　　A
Longitude　B
Latitude　　C
Colour category　A
Value　　　E
Metadata for popups　D

▲ 可參考此圖進行欄位的配置

▲ 配置完成後，切換回 Preview 就可以查看初步配置完成的成果

Step6：認識細部編輯環境

　　資料處理完畢之後，接下來我們可以試試看修改圖表樣式，可以先回到 Preview 頁籤，右方有許多視覺樣式可以進行調整，以下進行說明。

	Selected template **Projection map** 9.1.0
投影方式	▶ Projection
區域圖層	▶ Regions layer
點圖層	▶ Points layer
線圖層	▶ Lines layer
地球十字線	▶ Globe & graticule layers
控制	▶ Controls
跳出視窗	▶ Popups & panels
搜尋框	▶ Search box
圖例	▶ Legend
縮放	▶ Zoom
數字格式	▶ Number styles
排版	▶ Layout
標頭	▶ Header
頁尾	▶ Footer
可取用設計	▶ Accessibility

▲ Projection Map 的相關可調整參數（不同圖表參數不完全相同，但大致都是類似的檢視與修改方式）

▼ 各個可調整參數的對應用途

項目	中文名稱	用途
Projection	投影方式	在此可切換多種地球投影的方式，也會改變呈現的樣貌
Regions Layer	區域圖層	修改區域圖層的相關參數，包括填色、邊界、陰影等等
Points Layer	點圖層	修改點圖層的相關參數，包括點的大小變化、點的邊框、顏色等等
Lines Layer	線圖層	修改線圖層的相關參數，包括線條粗細、透明度、線樣式等等
Globe & graticule layers	地球 & 十字線	修改地球背景樣式 & 開關地球十字線
Controls	控制	如果圖表有控制項（一些像是播放器、過濾器等等參數）可於此調整樣式
Popups & panesl	跳出視窗 & 面板	可於此修改跳出資訊的樣式，也可在此配置為純客製化的內容
Search Box	搜尋框	設定搜尋框開關
Legend	圖例	設定圖例格式（ps. 如果圖表類別超過 100 個則圖表會自動隱藏圖例）
Zoom	縮放	修改縮放的參數，可讓圖樣隨著縮放改變大小，也可設定維持原本的大小
Number Styles	數字格式	修改相關數字格式
Layout	排版	可在多種預設的排版樣式中切換
Header	標頭	設定標頭的相關資訊與排版
Footer	頁尾	設定頁尾的相關資訊與排版
Accessibility	可取用設計	可開啟對於視障者或是閱讀障礙者友善的螢幕閱讀器功能

Step7：配置圖表標題（Header）

　　此階段我們來正式修改視覺參數看看，其實大部分的參數都很直覺，讀者如果不太理解它的意思也可手動調整看看，效果不喜歡再切換回來即可。在此階段我們先來配置配置圖表標題（Header）看看，有許多參數可調整，像是字型、對齊方式、文字大小、行高、間距等等，也可配置副標題，修改方式與主標題相同。

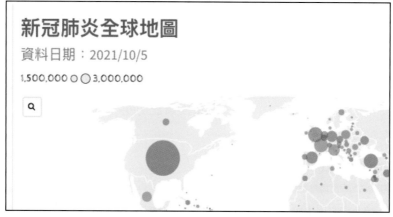

▲ 相關標題參數配置（可新增大標題與副標題）

▲ 給讀者參考的標題與副標題使用文字

Step8：頁尾文字修改（Footer）

　　處理完標題之後，由於原本的頁尾處顯示的是原本 Template 文字，所以也需要進行調整，請先開啟 Footer 的物件參數，修改掉原本的文字，讀者可自由填入想要放的文字，也可參考本書提供的 Footer 文字：

- Source name：Our World in Data
- Source Url：https://ourworldindata.org/coronavirus
- Note：（Open Data）
- Note（secondary）：Made by 讀者名稱

▲ Footer 處相關可修改項目

Step9：修改背景底色並開啟十字線

　　圖表背景通常預設是白色，可以透過「Globe & graticule layers」進行調整，介面很直覺，基本上就是開關十字線（graticule），並修改背景顏色而已，並不困難。

▲ 讀者可自行配置十字線參數與背景色

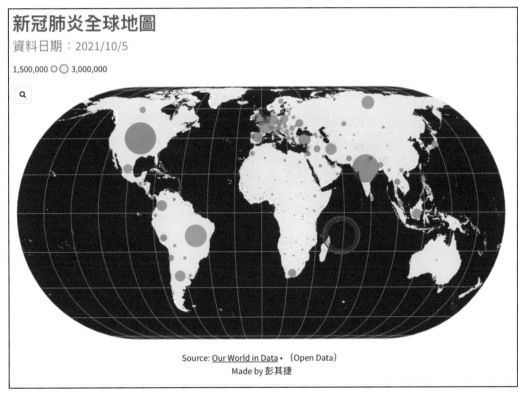

▲ 階段修改好的畫面

Step10：修改點圖層樣式

　　基本圖表配置完成後，可以做一些細部的調整，由於我們在此練習主要修改的點資料圖層，故我們可以嘗試調整一些該圖層的參數，例如圓圈的大小、邊框樣式、滑鼠經過的樣式、顏色的相關配置等等，讀者都可自由調整看看效果。

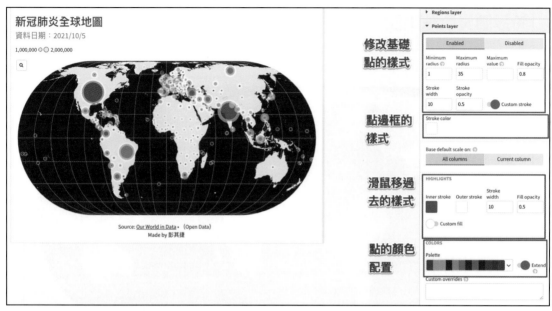

▲ 點圖層主要修改的項目，主要可調整點的大小、顏色、邊框，以及移過去之後的樣式
（讀者可參考此圖參數或是自行調整皆可）

Step11：嘗試不同的投影模式

　　做到此讀者其實已經做出本單元動態地圖了，如果讀者對於地球投影呈現方式有興趣的話，可以嘗試修改 Projection 的參數，可以切換 Flourish 提供的許多細部的地球呈現樣式，以下挑選幾個作為示範，讀者可自行選擇喜愛的投影風格。

▲ 修改投影的地方

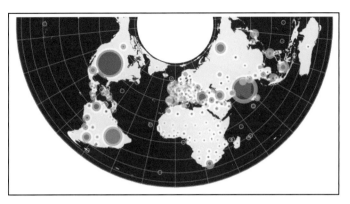

▲ Albers（30° & 45°）投影，呈現半圓形

▲ Braun's Stereographic 投影，呈現完整的矩型

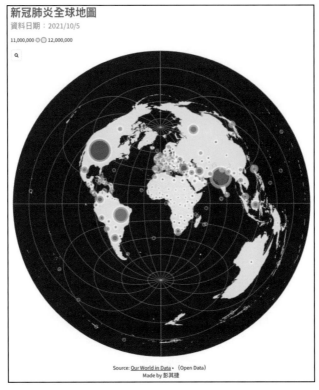

▲ Azimuthal Equidistant 投影，呈現地球狀

Step12：關於圖表樣式修改說明

　　Flourish 強大的地方在於只要學會基本的實作修改技巧，就可以應用於不同的樣式上！讀者只要以上的步驟操作都順利的話，其他參數只要自己手動改改看，通常都能夠很直覺的知道其意義（補充說明：不同圖表的參數也不太相同，修改的過程會有點像是不斷嘗試找到合適的視覺呈現），預祝讀者都能找到適合自己的圖表 Template 以及參數組合。

Step13：分享以及取得嵌入碼

　　讀者完成圖表之後，可以直接點選工作區右上角的「Export & Publish」按鈕，跳出的視窗主要有三個功能：(1) 輸出為故事；(2) 發表並取得嵌入碼；(3) 下載為網頁或是圖片，請讀者在此步驟可先點選「Publish to share and embed」。

▲ 發布頁面的主要功能，可點選 Publish to share and embeded

▲ 會跳出一個提醒視窗，確認要發布到網路上

▲ 發布成功！會顯示外部公開網址以及嵌入網頁程式碼

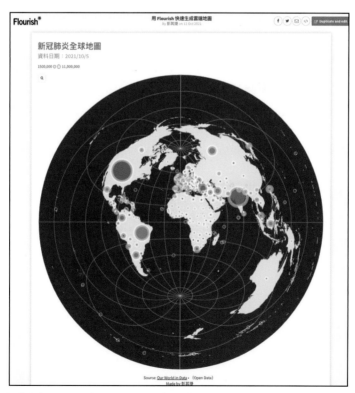

▲ 本書案例的發表成果頁面，讀者也可直接進行 Duplicate 複製使用

（來源：https://public.flourish.studio/visualisation/7489034/）

Step14：圖表權限控制說明

補充說明，針對 Flourish 的圖表，如果使用的都是免費版本的話，圖表是不具備隱私性的，也就是說圖表一旦發布，就無法確保不會被其他人看到，要特別留意（補充說明：如果採購付費版則可保證圖表與資料是特定帳號才可瀏覽）。

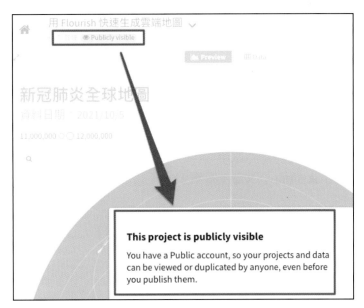

▲ 工作區左上角會顯示此圖表目前的隱私狀態

Step15：全螢幕瀏覽

最後，如果希望能最大化的呈現圖表，可點選畫面左上方的全螢幕按鈕，將會以滿版的方式呈現圖表，效果很不錯！讀者至此已經完成了本單元的實作，雖然只有做一個練習，但 Flourish 工具基本上主要提供的就是套版的體驗，歡迎讀者可以任意的開啟其他圖表，即可了解其圖表的欄位構成，並參考本單元的方式進行修改。

▲ 讀者可以嘗試看看效果不錯的全螢幕按鈕

用 Google Data Studio 製作地圖

▌5.1 認識 Google Data Studio 軟體

　　Google Data Studio（簡稱 GDS）是由 Google 所推出的一套免費雲端資料視覺化工具，功能強大！可以連接超多數據來源，包括一般常用的 Excel、CSV 等等，也包括像是 Google Analytics、Google Ads 等等線上數據庫，也可分析 YouTube 數據等等。Google Data Studio 提供了雲端操作介面（不需下載），即可將數據製作為各類視覺圖表，也可進一步建構為互動數據儀表板，目前在數位行銷領域大量使用，但一般商業製圖也非常好用。

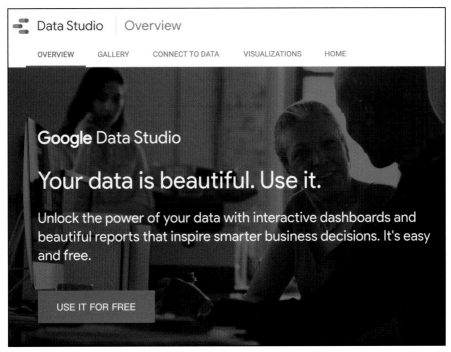

▲ Google Data Studio 是頂尖的雲端資料視覺化工具

（來源：https://datastudio.google.com/）

以下整理 Google Data Studio 的幾個核心特色：

特色 1：可雲端即時編輯、呈現、分享

Google Data Studio 不像是 Excel、Tableau 等軟體，同時提供了離線操作版本，也提供線上操作的體驗，Google Data Studio 全部操作都在雲端上，速度體驗也很不錯！（ps. 由於在雲端環境，載入數據有大小的限制，於筆者撰寫時的版本，最大可上傳到 100MB 的檔案），且因為大多數人都有豐富的 Google 服務的操作經驗，相關介面可以很快上手。

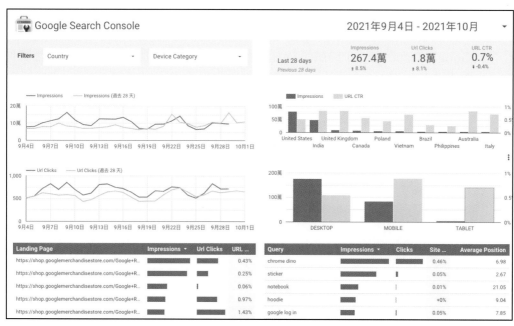

▲ Google Data Studio 提供全雲端的操作與製作體驗

特色 2：可導入多種資料

Google Data Studio 可以連結非常多種資料類型，包括 Google 自身提供的多項數據服務，以及第三方製作的許多資料連接器。Google 自身可連結的目標包括像是：Google Analytics、Google Ads、Google 試算表、Google BigQuery、Google Campaign Manager 360、Google Cloud Spanner、Google Display & Video 360、Google Ad Manager 360、Google Cloud Storage、Google 問卷調查、MySQL、PostgreSQL、Search Ads 360、Search Console、YouTube 數據分析、手動上傳 csv 等等方式。

▲ Google Data Studio 提供了眾多資料來源可供串接使用

（來源：https://datastudio.google.com/u/0/datasources/create/）

特色 3：完全免費

　　至目前筆者撰寫本書的段落時，Google Data Studio 依然是免費工具，如果讀者想說免費工具是不是功能不足，答案是完全相反的，Google Data Studio 雖然是免費的，但功能甚至強過一些付費的工具。不過要特別注意，Google Data Studio 大部分的連結器是免費的（可以連結像是 Facebook 等非 Google 之服務），而有些則是需要付費的。

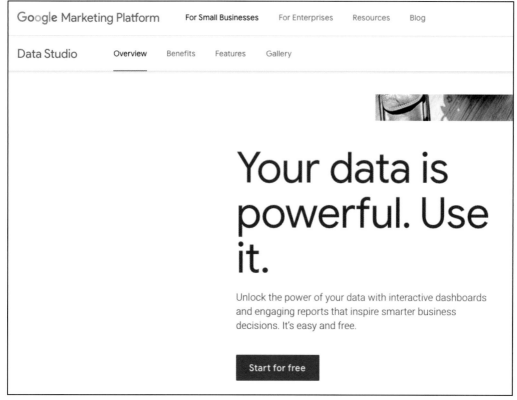

▲ 網站清楚的寫了「Start for free」就大膽的用吧！現階段功能都可免費使用

（來源：https://marketingplatform.google.com/about/data-studio/）

特色 4：好用的模板系統｜也可自訂模板

　　大多數的視覺化軟體，都需要自己設計圖表。不過 Google Data Studio 本身提供了許多官方範本與第三方製作範本可供使用，我們可以直接使用別人做好的 Google Analytics、Search Console 等分析模板，省去大量的製作時間。

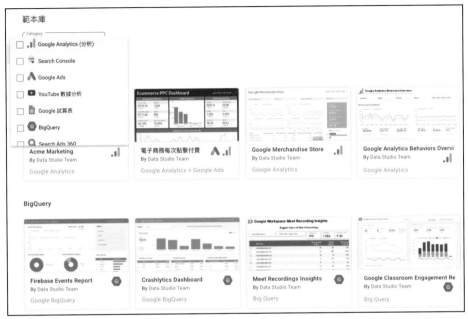

▲ Google Data Studio 提供了許多好用的範本庫，省去大量製作時間

特色 5：多樣化的圖表類型

　　雖然本書主要以 Google Data Studio 製作地圖實作技巧功能為主，但其編輯環境提供了完整的商業分析圖表類型，包括像是常用的長條圖、圓餅圖、折線圖、數據表格等等，可以直接當成商業分析工具來使用。

▲ GDS 提供了許多標準的商業統計分析圖表

特色 6：輕鬆建立相關雲端儀表板

　　雲端操作介面中，除了可設定特定欄位的數據圖表外，也有許多「連動控制項」可以使用，其功能在於設定圖表之間的互動關係，例如透過下拉式選單的選擇，即可針對全部圖表進行一次性過濾，透過這些功能的配置，即可輕鬆的在 Google Data Studio 中建置數據儀表版，也可直接透過雲端進行展示與操作。

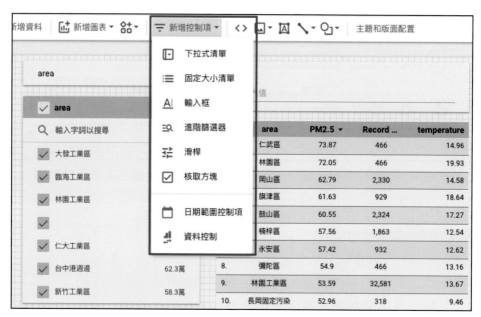

▲ 透過各類介面上的控制項，建構雲端儀表板

特色 7：強大的 Google 生態系功能

　　因為 GDS 服務是由 Google 所建構，相關的生態系整合服務與權限機制都可納入所用，例如直接透過 Gmail 帳號設定可編輯、檢視的權限，或是延續 Google 服務的一貫風格，會自動記錄所有操作的歷史記錄，功能非常強大！

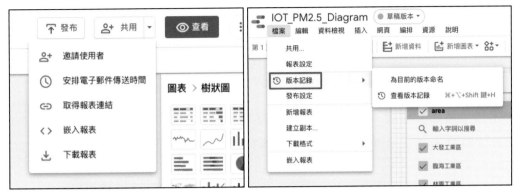

▲ 左圖（提供 Google 服務的類似操作體驗）、右圖（版本記錄功能）

特色 8：地圖與地理解析功能支援

　　Google Data Studio 主要使用 Google Maps 作為地圖服務的主要提供者，只要資料集包括地理類型欄位（例如經緯度、地名、國家名稱等等），即可進行解析與地圖打點，也能任意的 Zoom-in 或是 Zoom-out。

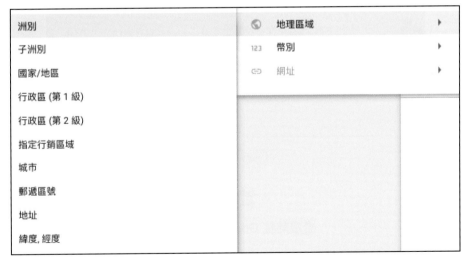

▲ Google Data Studio 可解析常見地理資料欄位類型

▍5.2 實作：註冊、基礎功能導覽

Step1：進入到服務首頁

　　本段落將帶領讀者一步步進入 Google Data Studio 的世界，第一個步驟是進入到服務的首頁，並直接透過 Google 帳號進行登入。

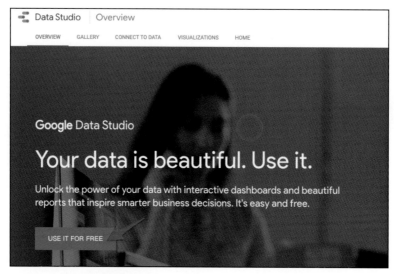

▲ 進入到服務首頁後，點選「USE IT FOR FREE」

（來源：https://datastudio.google.com/）

▲ 熟悉的 Google 服務登入介面

Step2：查看服務首頁功能

登入後，會進入到服務首頁，其中主要分成幾個核心項目區域，如下說明。

▼ Google Data Studio 服務首頁之區域項目

項目	說明
(A) 功能選單區	核心功能項目，查看最近項目、與我共用的項目等。
(B) 切換項目頁籤區	可切換三種類型頁籤，分別為：(1) 製作的報表（數據圖表與儀表板）、(2) 資料來源（Data Source）、(3) 多層檢視（不同的展示介面，但此功能較少使用）。
(C) 範本區	可直接從範本庫挑選已經製作完成之圖表，只需要配置即可導入數據。
(D) 擁有的項目區	相關編輯成果，使用者上傳的資料都會出現在此位置。
(E) 搜尋框區	可搜尋特定使用者名稱相關圖表、特定圖表名稱、特定資料來源等皆可

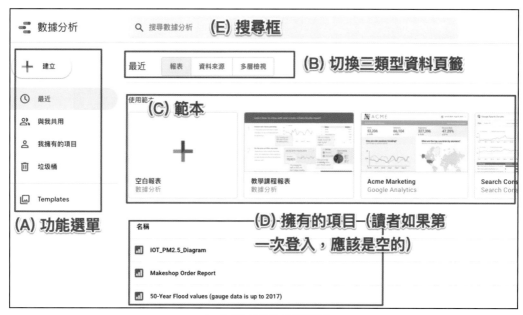

▲ 主要介面區之項目

5.3 實作：IoT 物聯網雲端地圖儀表板

實戰資訊

實作任務說明

本單元的第一個實作任務，我們要來用 Google Data Studio 做物聯網地圖及儀表板，使用的是台灣環保署所公布的空氣品質物聯網感測器開放資料（讀者若對資料的定義有興趣，可在資料集單元了解相關內容）

▲ 本單元實作練習 - IoT 物聯網雲端地圖儀表板

使用資料集

epa_micro_join_2020020100_2020020108.csv（空氣品質微型感測器監測資料）

Step1：進入主畫面

　　本實作希望帶領讀者親手上傳 CSV 檔案並製作儀錶板，請先連線到 Google Data Studio 首頁（https://datastudio.google.com/），並準備好本單元的練習資料集。

▲ Google Data Studio 首頁，會列出近期編輯的成果，左方則是功能選單

Step2：上傳 csv 資料

　　在主畫面點選「建立」後，選擇「資料來源」來預備放入資料；進入上傳畫面之後，可拖拉資料集「epa_micro_join_2020020100_2020020108.csv」到畫面中，等待一段時間後會完成上傳，接下來就可以點選畫面右上角的「連結」來展開製作。

▲ 點選左方的「建立」後，選擇「資料來源」

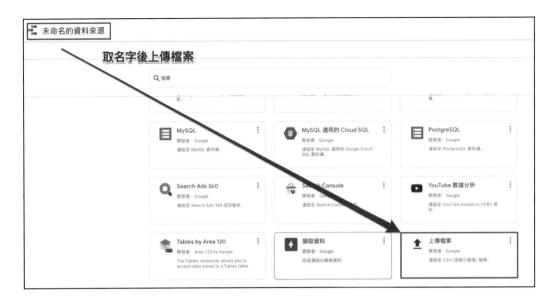

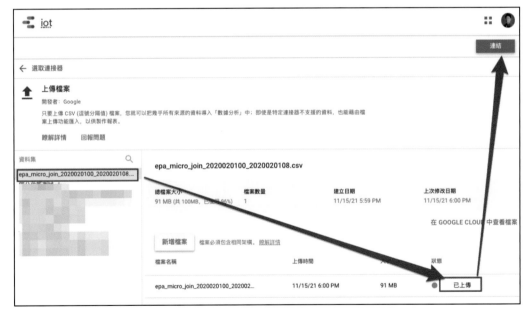

▲ 點選上傳後，或是直接拖曳也可，等候一段時間會顯示「已上傳」，這時可點選「連結」

Step3：檢視上傳的資料集

　　等待一段時間後，會進入資料編輯的畫面，在這裡可以讓使用者檢視已上傳的資料集欄位，也可在此畫面設定一些使用權限、更新頻率等等，也可手動新增欄位或是參數等，因筆者已經把資料都整理好了，讀者在此階段並不需要做什麼事情，

可直接點選「建立報表」即可進入編輯的畫面。

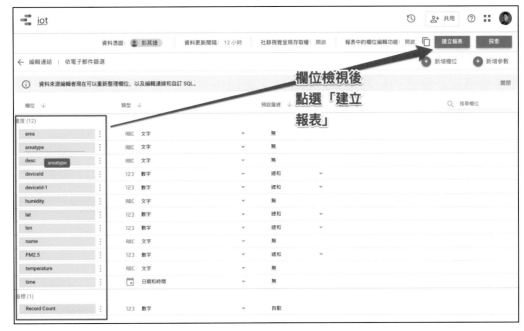

▲ 此畫面可檢視已上傳的資料

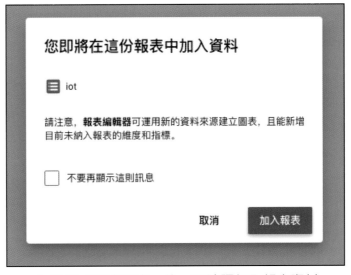

▲ 點選「建立報表」後，可確認加入報表資料

Step4：進入第一個編輯畫面

到此步驟，算正式進入編輯的畫面，會自動帶入欄位資料並產生一個簡易的表格，操作介面大致可區分為 (A) 環境設定與功能、(B) 畫布區、(C) 物件參數三大區；環境設定與功能區主要可以進行命名以及使用相關功能，畫布則是主要作畫的區域，物件參數區則是當我們點選畫面的物件時，會出現右方的欄位配置與參數配置區。

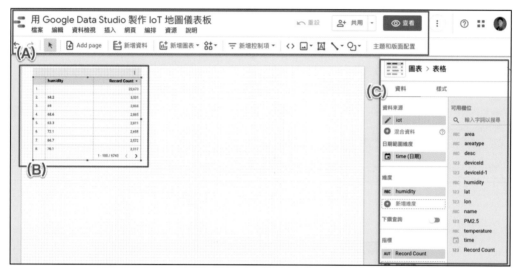

▲ 編輯的畫面大致可區分為 (A) 環境設定與功能區、(B) 畫布區、(C) 物件參數區

Step5：修改欄位

此步驟我們來進行初步的欄位配置，可以直接點選目前自動生成的表格，並展開配置；Google Data Studio 的圖表大多由「維度」與「指標」所構成，維度是分類方式，而指標則是其數量配置的依據，配置方式很簡單，只要直接從右方將欄位拖拉過去（取代掉原本預設欄位）即可，另外「指標」的部分請修改為平均值（AVG），主要是可透過此表格，可觀察每個區域的 PM2.5 濃度的平均狀況。

▲ 點選表格後，右方可配置欄位，可將「Area」拖到維度，並將「PM2.5」拖到指標（記得要調整 PM2.5 為 AVG 表示平均）

　　表格欄位配置好後，也可以嘗試對表格物件做一些調整，包括拖拉邊界來放大，或是點選右上角的點點來展開一些延伸功能，或是點選下方的分頁按鈕等等，每個不同圖表也都有一些獨特的功能來體驗看看。

▲ 呈現的結果以及一些延伸圖表功能

Step6：命名報表

　　此外，由於 Google Data Studio 基本上是全雲端的環境，可直接點選左上方的地方來修改此檔案名稱，未來都可以在任何電腦即時上網進行編修此編輯檔。

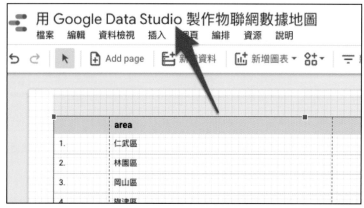

▲ 點兩下就可以直接修改名稱

Step7：切換編輯模式與查看模式｜共用

　　此步驟要引導讀者切換「編輯模式」與「查看模式」，原本的狀態我們稱之為編輯狀態，此時可以進行相關圖表配置與欄位處理，但如果點選畫面右上角的「查看」按鈕之後，就會切換為使用者檢視的狀態，此狀態則可讓我們預覽圖表的呈現結果。

▲ 切換「查看」的地方

	area	PM2.5 ▾
1.	仁武區	73.87
2.	林園區	72.05
3.	岡山區	62.79
4.	旗津區	61.63
5.	鼓山區	60.55
6.	楠梓區	57.56
7.	永安區	57.42
8.	彌陀區	54.9

▲ 進入預覽模式的樣貌（點選右上角的藍色按鈕可回去編輯狀態）

Step8：切換到樣式頁籤

　　現階段我們已經認識了 GDS 的基礎欄位配置方式（維度與指標），而如果我們要改變其圖表的呈現樣式，要在點選物件的狀態下，在畫面右方的「資料」切換為「樣式」，可發現許多可配置的參數（ps. 每張圖表的可配置參數都不太相同，但操作方式很直覺，這裡以表格的配置為例）。

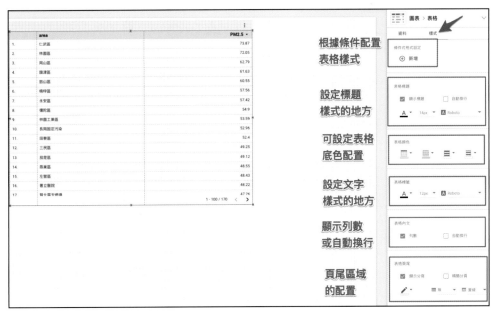

▲ 相關圖表物件配置的選項們

　　由於可配置的參數眾多，讀者可隨自己的喜好決定顏色彈性配置即可，以下分享一些好用的配置。

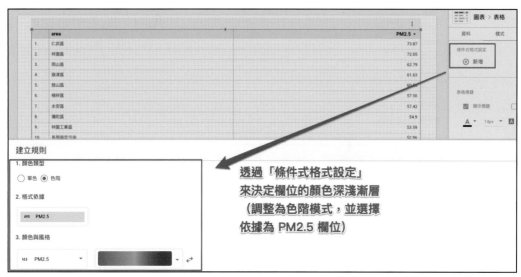

▲ 透過「條件式格式配置」來根據 PM2.5 改變顏色

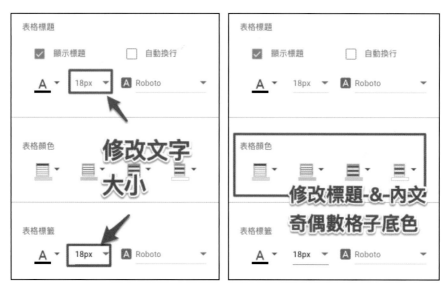

▲ 可嘗試修改一些文字樣式與表格底色等參數

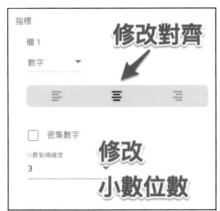

▲ 讀者可修改看看「指標」的相關參數，以及「背景和邊框」的相關參數

	area	PM2.5 ▾
1.	仁武區	73.873
2.	林園區	72.047
3.	岡山區	62.785
4.	旗津區	61.632
5.	鼓山區	60.548
6.	楠梓區	57.559
7.	永安區	57.417
8.	彌陀區	54.897
9.	林園工業區	53.588

▲ 透過邊框、顏色、文字大小等等參數設定，可得到不同樣式的表格（讀者可自行探索各參數組合看看）

Step9：增加標題

本階段主要是要幫表格物件增加標題，作法很簡單，只要透過拖拉文字物件即可（讀者可自由配置喜愛的物件樣式，像是顏色、大小、背景等等），至此我們已經完成第一個儀表板的物件。

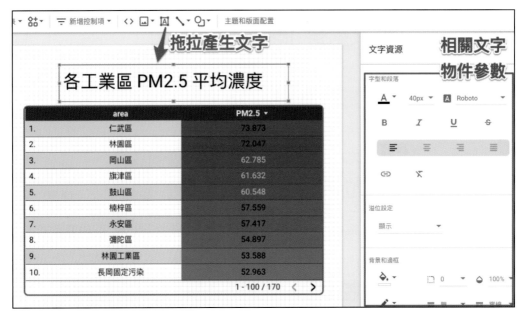

▲ 直接拖拉文字物件，即可生成標題文字（並可在右邊配置相關參數）

Step10：新增地圖物件

　　此階段我們來生成第二個儀表板物件（地圖），請拖拉「泡泡地圖」到畫面當中（此為 Google Map 物件），排版方式讀者可自行決定，或參考本書的排法；現階段地圖還不會出現，我們會在下一個階段配置地圖所使用的欄位。

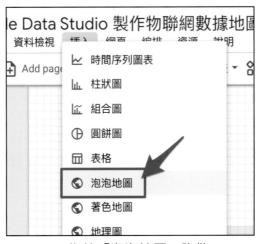

▲ 拖拉「泡泡地圖」物件

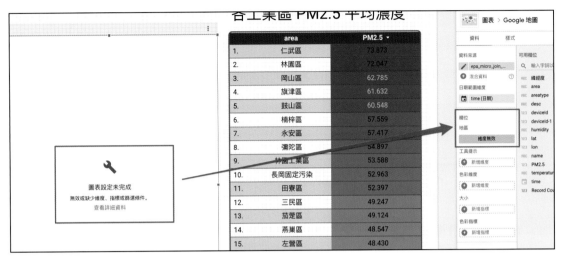

▲ 右邊會顯示「維度無效」表示我們需要另外處理欄位，來讓地圖顯示出來

Step11：準備經緯度欄位

由於原始資料集，只有 lat（緯度）與 lon（經度）欄位，但 Google Data Studio 尚無法獨立使用這兩個欄位，所以我們需要透過人工建立出 GDS 所支持的經緯度欄位格式。

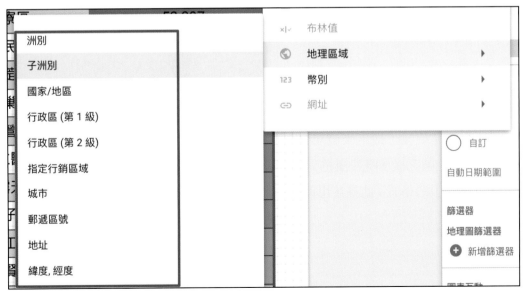

▲ 本圖顯示的是 GDS 所支援的欄位，可以看到最下方有「緯度，經度」選項，所以我們需要先做資料處理，建立出此欄位格式

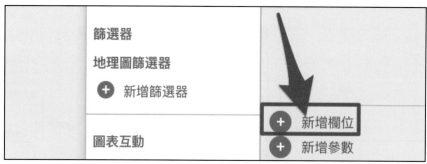

▲ 右下角的「新增欄位」可讓我們建立新的人工欄位

　　點選「新增欄位」後，會進入欄位編輯的畫面中，請輸入語法：（CONCAT（lat,",",lon）即可將兩個欄位的值串接在一起，並後續配置給地圖元件。

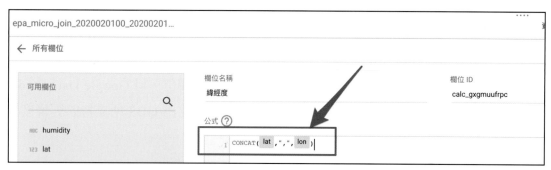

▲ 合併欄位的語法，要注意雙引號不可打錯字，欄位取名為「緯經度」（雖然慣用語是「經緯度」，但其格式需求是先緯度再經度，故調整其命名）

Step12：配置地圖

　　欄位製作完成後，接下來就可以配置給地圖的欄位使用，請將稍早建立的人工欄位，在點選地圖之後，將其拖拉到「地區」上面，並人工切換該欄位為「地理資料」>「緯度，經度」的格式；此外，也使用「PM2.5」欄位，作為「大小」與「色彩指標」所使用的欄位。

▲ 接下來，可參考本圖的配置方式，地圖就會顯示了

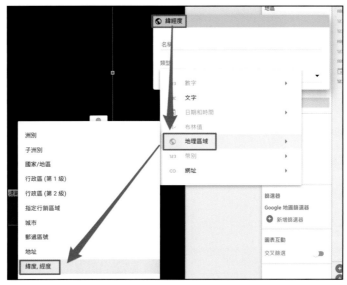

▲ 特別提醒經緯度欄位，要修改格式為「緯度，經度」的格式

Step13：配置地圖的樣式

　　由於預設的泡泡點位是藍色的，我們可以嘗試修改看看其樣式，如同稍早我們在表格所做的配置，這裡要先切換到「樣式」的頁籤，同樣可以看到不少關於圖層樣式與地圖風格調整的參數。

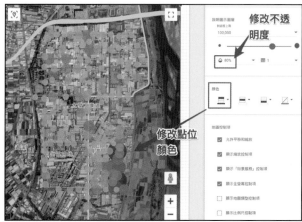

▲ 修改為「衛星」樣式看看，也可修改不透明度與泡泡的顏色，並縮放地圖，本圖目前縮放到高雄大發工業區

▲ 把地圖與前面製作的表格並排，此為現階段完成成果

Step14：配置圖表的連動

在 GDS 中，圖表之間預設是不會連動的，但我們可以透過配置的方式，讓圖表達成「交叉篩選」的互動目的（例如點選某一區，地圖就會自動跳到該區域），並將 GDS 變成好用的互動儀表板；實作方法非常簡單，只要先點選表格，到右方的資料區往下滾到最下方後，就會看到「圖表互動」的篩選器，將其勾選起來就 ok 了！但如果要看到效果的話，則必須切換到「查看」模式下，才能看到相關的交叉篩選行為。

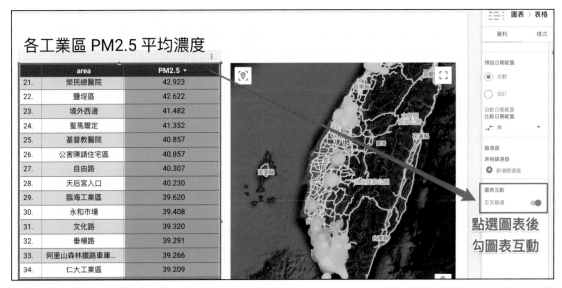

▲ 點選表格物件後，可在「資料頁籤」的下方圖表互動區勾選「交叉篩選」，代表開啟這個物件的互動模式

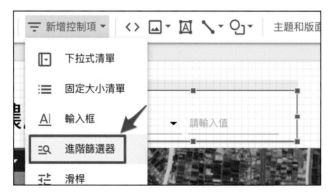

各工業區 PM2.5 平均濃度

area	PM2.5 ▾
1. 仁武區	
2. 林園區	72.143
3. 岡山區	62.785
4. 旗津區	61.632
5. 鼓山區	60.548
6. 楠梓區	57.559
7. 永安區	57.417
8. 彌陀區	54.897
9. 林園工業區	53.588
10. 長岡固定污染	52.965
11. 田寮區	52.397
12. 三民區	49.247
13. 茄萣區	49.124
14. 燕巢區	48.547
15. 左營區	48.430

▲ 切換到「查看」模式，並點選表格的項目，會自動對畫面上的其他圖（例如地圖）資料進行篩選（ps. 再點一次則會復原）

Step15：新增控制項

　　除了前一個步驟的圖表交叉篩選之外，GDS 還提供了一些好用互動控制項，讓我們建構出更方便彈性的互動儀表板，控制項有許多種類（例如下拉式選單、核取方塊、日期範圍、滑桿等等），操作用法也都很簡單且直覺，讀者也可自行嘗試看看喔！此步驟我們嘗試使用「進階篩選器」控制項，動態讓瀏覽圖表的人，自行決定要查看的 PM2.5 數值區間。

▲ 點選上方工具列的「新增控制項」>「進階篩選器」，就可置放於畫面中

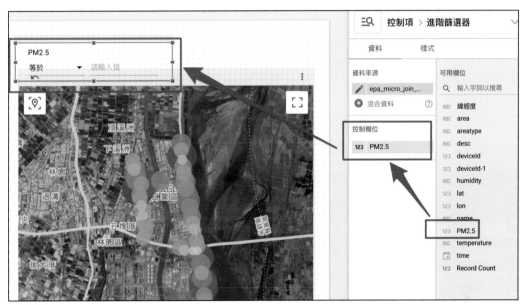

▲ 點選控制項後，可在右方配置使用的欄位（這裡使用 PM2.5 欄位）

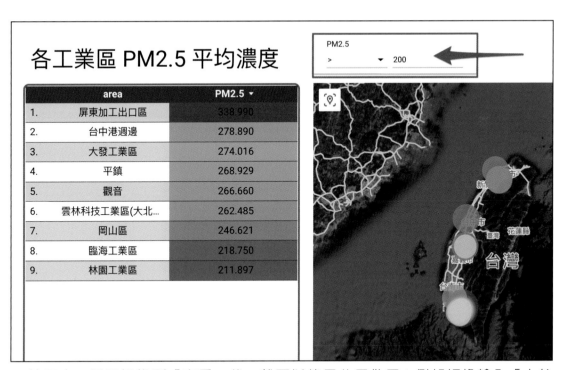

▲ 接下來，只要切換到「查看」後，就可以使用此元件了！例如切換輸入「大於 200」，就只會留下所有超過此 PM2.5 數值的資料

Step16：更改主題

　　最後一個步驟，我們來嘗試看看 GDS 的主題配置功能，其內建了許多種類的風格，方便我們快速切換；此外，也可自行上傳圖片，GDS 會自動收集上傳圖片的顏色資訊。

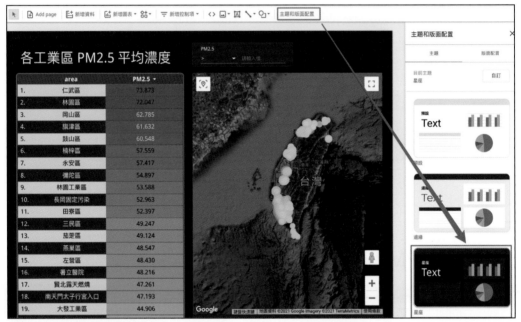

▲ 點選「主題和版面配置」後，右方就會出現許多種的風格可以選用，本圖套用的是「星座」的暗色系風格

▲ 滾到頁面主題選項的最下方，有「從圖片擷取主題」的按鈕，自行上傳圖片的作法也很有趣喔！推薦讀者可以試玩看看

Step17：設定共用與編輯權限

　　至此步驟，儀表板已經有大致的樣貌了！也歡迎讀者自由探索更多的編輯功能，當完成後，就可以嘗試透過「共用」的功能，取得網頁的嵌入程式碼，或是直接將圖表透過網址分享給別人觀看，甚至分享給他人共同編輯等等。

▲ 點選 GDS 的右上角「共用」功能，可邀請別人共編，或是下載以及取得嵌入程式碼等等

▲ 若點選了「嵌入報表」，就可以取得「嵌入程式碼」與「嵌入網址」的功能（若要與他人共享，也記得要開啟其他人的開放閱覽權限）

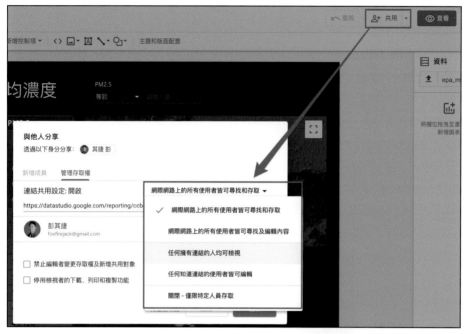

▲ 繼承自 Google 風格的權限設定功能，可完全開放，甚至是開放共編等等

5.4　實作：使用 Google Sheet 資料與範本庫圖表

實戰資訊

實作任務說明

官方本身就有提供一些範本庫，方便我們快速入門這套工具（下一個段落還有直接使用第三方套件的教學），在此實作中，我們直接引入一個地圖相關的範本，並快速進行編修。

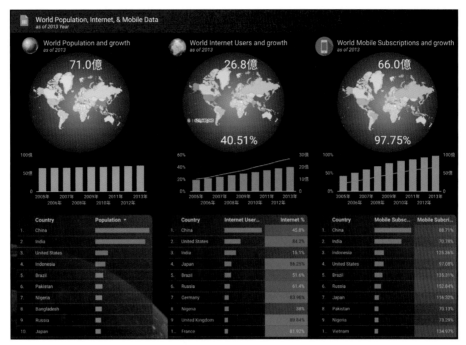

▲ 官方範本庫（世界人口、網路使用者地圖）

線上檢視

https://datastudio.google.com/reporting/1f847ec2-13b5-48f9-ba0c-f986acbd7fe0

Step1：進入範本庫

　　可透過以下入口進入範本庫（https://datastudio.google.com/navigation/templates），從左方可看到 Templates 的字樣。

▲ 進入官方範本庫，從左方可看到 Templates 的字樣

▲ 點選下拉選單，可過濾針對特定服務的範本

Step2：複製報表

　　此階段可以挑選想要複製的報表，並點選進入，再來可點選右上角的「使用範本」即可從範本進入編輯畫面。

▲ 挑選一個跟地圖相關的樣板

▲ 選擇「使用範本」

Step3：複製資料

　　由於 Google Data Studio 的概念是「圖表」與「數據」是分開來的，所以為了套用範本，我們也需要帶入資料來源，因為我們練習的是官方範本庫，所以直接在自動開啟的畫面點選複製報表即可。

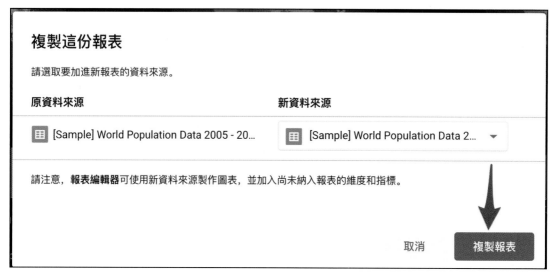

▲ 確認複製一份官方資料

Step4：完成！

　　至此其實就算完成了，恭喜讀者學會如何從官方範本庫複製元件來使用，但如果需要做一些樣式調整的話，也都可以自由在右方調整數據欄位與視覺樣式。

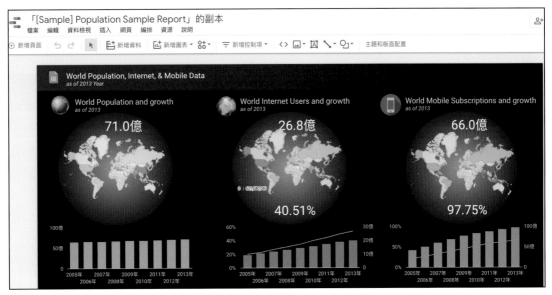

▲ 從官方範庫快速複製好的報表

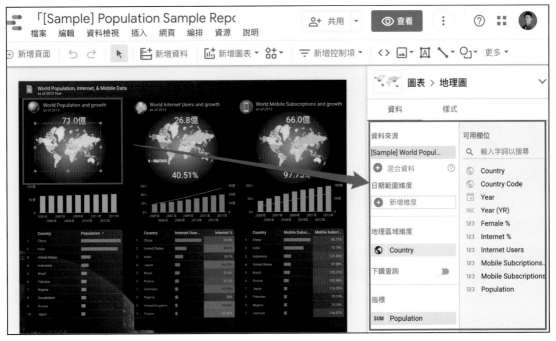

▲ 若有需要，同樣可以點選圖表中的物件後，於右方進行編輯

5.5 實作：套用 Google Report Gallery 圖表範本

實戰資訊

實作任務說明

本實作使用（Marketing Templates）樣板，直接導入數據即可產生行銷數據儀表板（可直接連結像是 Google Ads 或是 Google Analytics 等等數據來源），不用自己手動重新製作圖表，可大幅加速製作流程。

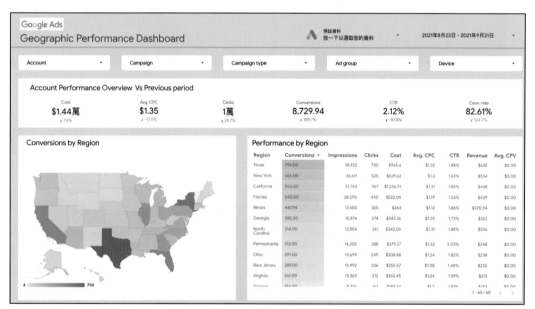

▲ 取用已經製作好的模板效果，直接套用數據！

Step1：連結行銷樣板市集

透過以下網址，可以前往 Google Data Studio 的 Report Gallery 樣板庫，其包括了官方的 Marketing Template 行銷樣式市集（https://datastudio.google.com/gallery?category=marketing），以及 Community 社群所推出的各類樣板（https://datastudio.google.com/gallery?category=community）與視覺化圖表。

▲ 樣式市集（Report Gallery）提供了許多好用圖表樣板

（來源：https://datastudio.google.com/gallery?category=marketing）

Step2：選取地圖類型的模板

　　讀者可直接套用此模板（https://datastudio.google.com/u/0/reporting/f5553bd7-b70a-415f-986f-100c17ba8f4d/page/azjBB/preview），這是包括地理圖表呈現的 Google Ads 地理成效分析儀表板（若網址不好輸入或是連結失效，可自行搜尋標題或挑選模板）。

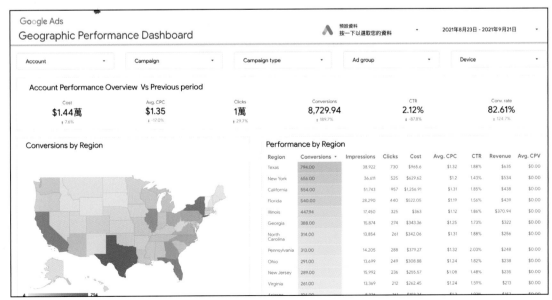

▲ 可直接選取資料來源，即可製作完成地圖檢視的儀表板

Step3：進行授權

　　若要使用此模板，需進行授權使用，如果讀者有多個帳號，也可切換到想要分析的帳號。

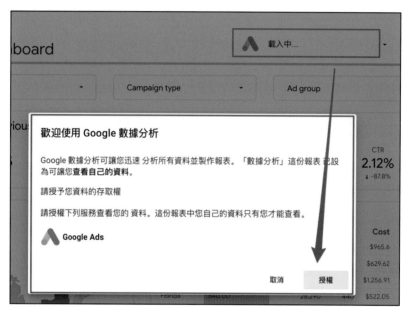

▲ 授權畫面

▲ 選取 Google Ads 的帳號（可直接用「預設」即可）

Step4：切換參數與使用範本

　　連結之後，下一步驟是切換參數，畫面可彈性選擇活動（Compaign）與種類（Type）等等參數。

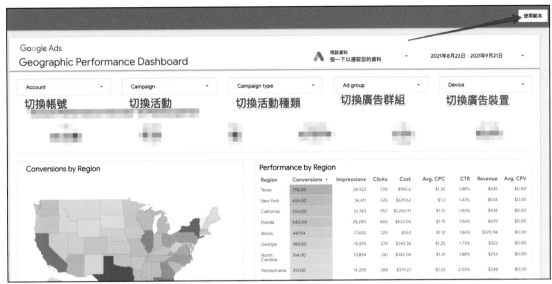

▲ 可切換不同的資訊組合參數

Step5：複製報表

　　如同前面的操作，在此階段會將原本的資料來源進行複製，同樣點選「複製報表」即可。

▲ 請點選複製報表

Step6：完成！

　　這樣就做完了，夠簡單吧！省去許多製作的工作，相關操作的技巧上跟前面的教學相同，也可以挑選一個你喜歡的樣板試試看喔！記得將此檔案重新命名，避免未來找不到。

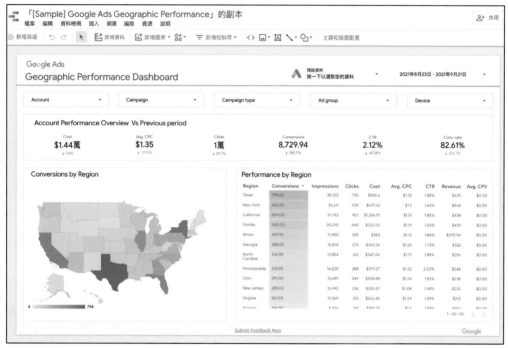

▲ 直接用第三方套件生成的報表，製作快速且高品質，也可根據自己的需求動態調整格式與欄位

PART 3

實作：專業地圖視覺化工具

用 Mapbox 設計客製化風格地圖

6.1 認識 Mapbox

一、Mapbox 地圖服務

Mapbox 為 2010 年成立的地圖服務新創公司（https://www.mapbox.com/），其致力於打造各類的地圖應用服務與開發型整合平台，其所提供的就像是給開發者一盒「如樂高一般」的地圖元件，從顏色、文字、地形、道路、建築物等顯示方式，都可以自由進行調整。讓用戶能在其軟體開發框架下，盡情發揮想像力與創造力，自行雕刻出精緻且客製化的特色地圖，並將調整後的地圖置入於地圖相關的軟體服務。

該公司所有的地圖資料來源，包含從「開放資料」及「特有的資料來源」取得，開放資料如：開放街圖（Open Street Map）、美國國家航空暨太空總署（NASA）等，而特有的資料來源則包含了 Digital Globe 之類的衛星及遙感探測公司。Mapbox 地圖技術架構是基於 Node.js（程式碼）、CouchDB（資料庫）、Mapnik（地圖學工具集）、GDAL（地理空間資料格式的轉換庫） 與 Leaflet（構建 Web 地圖應用的

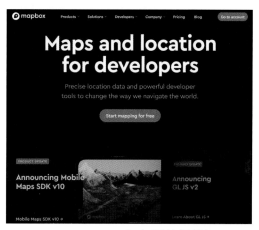

▲ Mapbox 官方網站首頁

資料庫）等各項開源程式與工具集，如果讀者有興趣也可查閱相關資訊。

▲ 地圖的產品服務最常看到的工具就是導航的應用！

▲ 除支援各種應用程式開發外，Mapbox 也可協助空間數據進行豐富視覺化

　　Mapbox 在應用案例上，合作對象包含 Foursquare、Pinterest、Evernote、CNN、Tableau 等各種類型公司；舉例來說：知名運動社群平台 Strava，其 App 的底圖地圖樣式與導航服務皆是採用 Mapbox 的服務；或是紐約時報 The New York Times 的資料新聞報導，有關資料的地圖視覺化呈現，也是套用 Mapbox 的底圖並用其資料視覺化的功能，以進行更豐富的地理視覺報導呈現（更多 Mapbox 應用案例可參考：https://www.mapbox.com/showcase）。

▲ 運動社群平台 Strava 之運動軌跡紀錄地圖

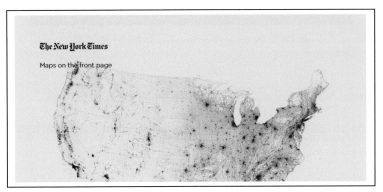

▲ 紐約時報 The New York Times 的資料新聞報導地圖

▼ Mapbox 的產品核心特色整理表

功能	說明
地圖 APIs/ SDK / Basemap 應用	讓各種地圖應用程式，可依據其提供的「應用程式介面（APIs）」及「軟體開發工具包（SDKs）」，以程式開發客製出屬於自己的地圖與底圖使用（base map）。 除了應用於程式開發外，我們客製出來的底圖也可製成地圖集（atlas），多應用於研究層面，如：學術報告、企業策略研究、資料新聞報導等內容，可協助用戶進行地理資料視覺化並自製地圖集。
導航應用、定位及搜尋	除提供底圖串接外，Mapbox 也可協助導航路徑規劃、旅行時間估算等項目，亦有以經緯度或地址提供定位與位置搜尋等功能。
AR 視覺化	Map Box 近年開發出 Mapbox Vision SDKs 整合平台，除 AR 視覺化的擴充外，也應用到汽車的先進駕駛輔助系統（ADAS）之導航、周圍偵測物件顯示等領域。
Mapbox Studio 地圖編輯器	以網頁平台為基礎的強大地圖編輯器，主打無須透過程式碼，並在簡易且方便的操作下，讓用戶自行打造出各類特色風格地圖，也是本書的核心練習功能。

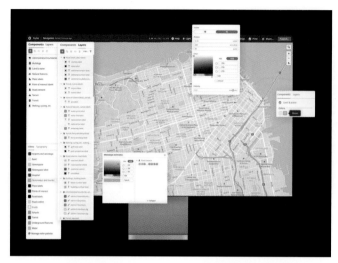

▲ 強大的 Mapbox Studio 地圖製作工具

二、用 Mapbox Studio 設計更漂亮、更有特色的地圖

　　本單元要介紹給讀者們的工具就是 Mapbox Studio，把繪製地圖變得更簡單！我們可以根據自己手上的地理資料、搭配開放街圖之各種底圖元素（實體區塊、道

▲ Mapbox Studio 首頁，標題就直接了當的告訴讀者們──我們主打「設計漂亮的地圖」
（Design beautiful maps）

路、建物、地名標誌等），調整出與眾不同的地圖樣式，Studio 可說是專門開發給一般用戶使用的網頁工具，無須透過程式開發，即可輕易藉由平台的地圖編輯器進行調整，自行調製出屬於自己的風格地圖！（網址：https://www.mapbox.com/mapbox-studio）

　　Mapbox Studio 可完全設計與控制地圖上的任何元素，包含文字、圖標、道路線條的粗細、建築物或街廓等各種物件的顏色與呈現效果，甚至可以加入建築物、地形圖、等高線等 3D 模擬；也可以上傳自己的資料對其進行資料視覺化的操作，像是製作面量圖等類型的主題圖（theme map）。最後可以將自己設計好的地圖進行發布，以網址共享的方式上線，甚至嵌入至地圖相關的軟體產品內使用。

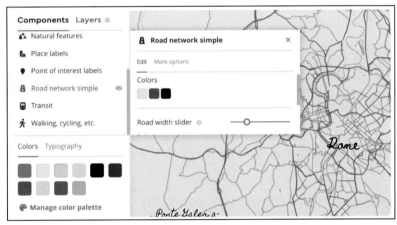

▲ 可對地圖上所有物件（例如：道路、海洋、山脈）的顏色、字型大小等各種細項進行調整

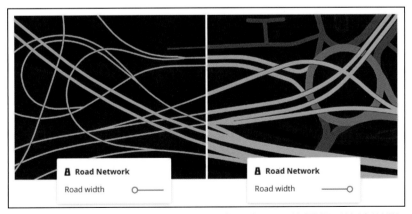

▲ 可調整道路線條的寬度，且道路圖層亦有分成許多不同的層級（快速道路、主要道路、鄰里巷弄等）

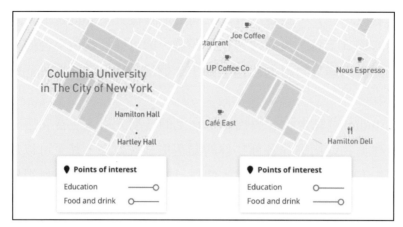

▲ 可對不同類型的興趣點（Point Of Interest，POI，為地圖學常用字，泛指地圖上的點位資料），進行資料的密度呈現、大小控制等調整

　　另外為避免用戶太辛苦要從零開始打造地圖，讓大家能快速入手，僅需調整自己想要調整的部分，Mapbox Studio 有製作數款基本的底圖地圖供用戶使用（包含：Light / Dark / Streets / Outdoors / Imagery），如：一般基礎街道圖資（網址：https://www.mapbox.com/maps/streets），各種地圖皆有說明每一種款式的適用特點，也歡迎讀者可先行快速瀏覽檢視看看！

▲ 各種底圖之示範案例與特色說明

6.2 介面操作及功能

一、註冊並開始使用

先來註冊 Mapbox 的帳號，到首頁（https://www.mapbox.com/mapbox-studio），點擊右上方的 Sign up 註冊，接著要輸入使用者名稱（注意只能用小寫英文與 - 符號而已），有效的信箱註冊（gmail 即可），平台密碼、名字、機構或公司名稱（可不寫），打勾同意條款後，點擊註冊，然後到你註冊的信箱收驗證連結並點擊「Verify my email」，再次回到首頁登入後開始使用！

▲ 先註冊完成後，最後回到首頁，點擊中間的 Get started 即可開始使用

▲ 創建使用者名稱、信箱等內容

Check your email

An email with verification instructions was sent to
████ ██ ██ ██. If you don't see the email in your inbox,
remember to try your spam folder too. Once you verify your email
address, you can get started with Mapbox.

Didn't get an email?
Resend verification email

Entered the wrong email?
Reenter your email

If you aren't getting the email, don't hesitate to contact support.

▲ 到你註冊的信箱收驗證連結

　　第一次登入後，它會好心問你一些問題，可不用理會，右上方顯示的爲你的用戶名稱，右方是每月使用量，每月有 100 張高清 dpi 圖片免費輸出的次數、地圖線上瀏覽讀取有 5 萬次免費額度，一般中小企業內部使用、教育、研究使用等，常理上來講次數應相當足夠。讀者們也可以放心，我們在帳單頁面無綁定任何資訊，故超過次數會顯示無法使用而已，不會扣到我們的錢包。（免費額度及計費規則詳：https://www.mapbox.com/pricing）

　　帳號首頁最重要的是下方的 mapbox 存取權杖（token），基本上創立帳號後它會預設一支公開權杖（public token），之後自己設計好的地圖，如果要給其他地理資訊軟體使用、網站及應用程式嵌入，或是要授權第三方使用時，該 token 就是拿來做爲許可鑰匙辨識用的，並會同時用以計算你的地圖使用（讀取）次數，如果有其他地理應用工具需要使用與串接的時候，就必須至此處拿取。

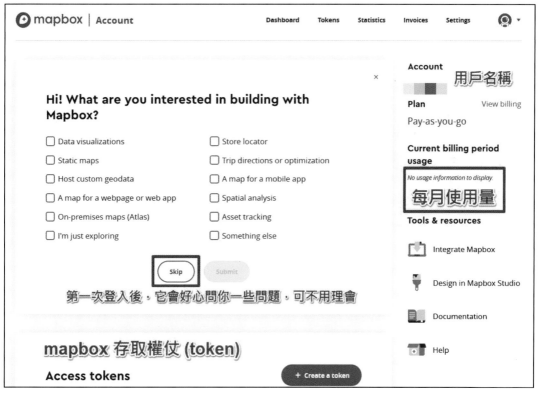

▲ mapbox studio 帳號首頁第一次登入畫面

二、教學範例

　　要快速了解工具，可從觀看操作教學範例著手，最完整的 Mapbox 說明文件詳網址內容（https://docs.mapbox.com/help/getting-started/），因本次教學主要核心為「地圖風格與樣式設計」，讀者可以先點選左下的範例教學直接看圖片與影片。

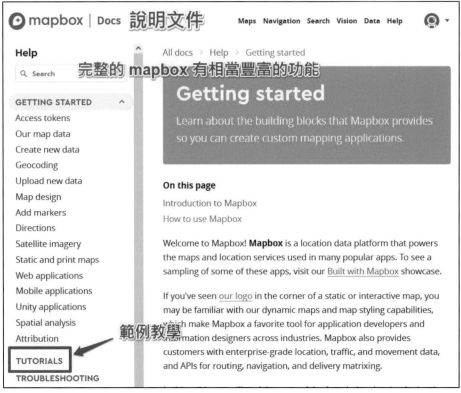

▲ 文件相當多，讀者可以點選左下的範例教學直接看圖片與影片

　　進到範例教學的網頁後（https://docs.mapbox.com/help/tutorials/），我們可在 Languages（這裡是指程式語言）選擇「No Code」，篩選出「無需程式」的操作範例，這邊的範例皆是以 Studio 為主的教學。本書礙於篇幅與內容，先不會帶到太深的細部技術說明，故如讀者在實作完本書的入門練習後，如果想自行加強其他本書後續未教導的操作，建議可在這邊延伸學習與摸索。

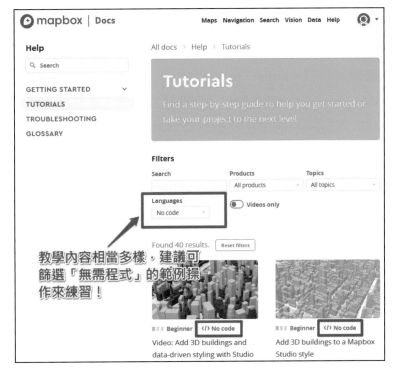

▲ No code 指該些範例不用撰寫程式碼

▲ Cartogram 是筆者最推薦的功能，他的範例影片與操作建議可快速瀏覽一次

三、地圖組成概念及製圖流程

　　因 Mapbox 產品功能眾多、網站稍嫌複雜，如要特別針對 Studio 的操作手冊，我們要換來這個網址學習（https://docs.mapbox.com/studio-manual/guides/）。這邊建議讀者必須要學習的重點有四大點：「地圖樣式調整、地理組件屬性（Component property）及圖層（Layers）的調整、地理資料繪製及讀取、發布及分享你的地圖樣式」。

▲ 操作手冊及筆者建議學習重點

　　操作以前，我們先來認識 Studio 的三件大要素（讀者也可先實作後，就能了解每個要素的用途）：(1)Datasets；(2)Tilesets；(3)Map Styles。舉例來說：一組 csv 格式的資料集（Dataset），上傳編輯後，可轉成地圖可讀取的一份圖層（生成 Tileset）；接著我們開啟一份新專案，讀取其他 Mapbox 既有的底圖圖層（也是一堆 Tileset），如道路、陸地海洋、地名文字等圖層；然後再讀取剛剛由 csv 生成的圖層（這份圖層的格式即為 Tileset），進行所有資料的樣式調整後，完成一份地圖專案。而該份地圖專案以 JSON 格式記錄我們專案的 Map Style。

Create datasets
with the Mapbox
Studio dataset
editor.

Create tilesets
to add custom data
to map styles.

**Create map
styles**
with the Mapbox
Studio style editor.

▲ Studio 的三大要素

▼ Mapbox Studio 的三大要素與說明

項目	說明
Datasets（資料集）	其可由用戶自行在網站上直接繪製，或是讀取符合地理格式的檔案（具備點線面特徵的資料集）。
Tilesets（圖磚檔）	格式為地理資訊系統常用的圖磚檔，而這邊就是由資料集轉化過來的、可被 Mapbox 直接呼叫加入的圖層檔案。
Map Styles 地圖格式（專案檔）	完成 Studio 一幅地圖專案後，可產生一組紀錄調整結果、地圖物件格式內容的 JSON 檔案，此為本工具特別產製使用的檔案。

Tips

整份地圖專案檔以 JSON 格式進行描述，其內容包含描述如何讀取 mapbox 網路服務的向量式圖磚，以及我們所設定的樣式色彩等內容，也包含我們上傳的圖示與字型檔案（可上傳如 svg 、tiff 格式等檔案增加圖示與字型）。在教學手冊（https://docs.mapbox.com/studio-manual/guides/）的「How does it work?」段落當中，有動態式圖片在說明這些元素怎麼一層層拼湊上去與組合的，其能更清楚地解釋之間的關係。

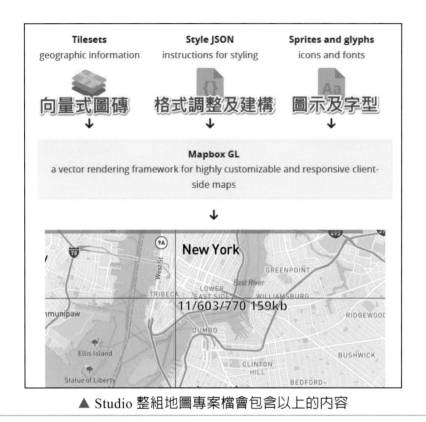

▲ Studio 整組地圖專案檔會包含以上的內容

Tips

Mapbox 使用的圖磚技術，因其包含可編輯與調整的向量檔（vector），與早期傳統僅有不可編輯的影像檔圖磚（raster）不同，故這邊特別稱其「向量式圖磚」（vector tilesets）；近十年來向量式圖磚的技術開始被廣泛應用，其可客製化地圖在不同地縮放尺度下，其呈現的物件精細程度，且使地圖顯示得更快、消耗的網路頻寬更少。其他應用程式舉例上，Google Maps 於 2013 年開始也採用相關的技術方案，其中有更詳細說明整體的優點，有興趣的讀者可從維基百科相關條目查詢（https://en.wikipedia.org/wiki/Vector_tiles）。Mapbox 官方文件解釋可詳：https://docs.mapbox.com/help/glossary/tileset/。

　　以下快速將本工具之製圖流程進行簡介：

• 製圖流程階段一：上傳檔案、編輯資料集並發布為圖磚圖層。除了上傳自己的檔

案外，亦可自行繪製點、線、面等地理資料，並為其加上屬性表，如編號、種類、量值等內容。

▲ 製圖流程階段一

▲ 可自行編輯繪製地理資料

• 製圖流程階段二：選擇範本樣式或自行客製化地圖進行編輯，對地圖物件進行調整與編輯，最後完成整份專案檔的編輯。

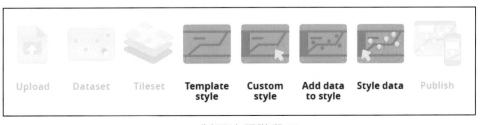

▲ 製圖流程階段二

▲ 可調整地圖各個物件的樣式、顏色等內容

• 製圖流程階段三：將產品進行發布並產生網址、存取權杖，以供瀏覽器瀏覽或是其他第三方應用程式使用，最後可下載該份 Map Style 的 JSON 檔案以備份儲存。

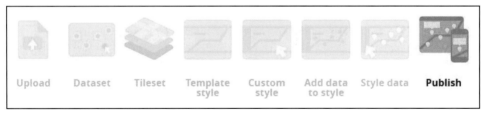

▲ 製圖流程階段三

▲ 以網址方式發布分享該份地圖專案

6.3　實作：手把手的基本練習操作

🥣 **實戰資訊**

實作任務說明

本段落為手把手帶讀者快速認識 Mapbox Studio，整體以地圖介面概覽與基本功能練習為主，特別提醒讀者，本實作內容相當重要，請務必跟著操作或詳細閱讀一次，否則後續實作部分有些細節可能會不知其所以然喔！

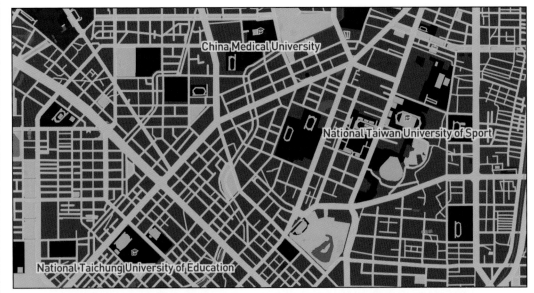

▲ 隨意調整道路及街廓的配色，自由控制屬於你的客製化風格地圖！

使用資料集

- 無（本實作不需要資料集）

Step 1：開始使用

　　首先回到 Mapbox 帳號首頁（https://account.mapbox.com/），畫面中間右側為目前一些企業與產業在應用地圖服務的案例，在讀者操作練習之前也可以點擊進去瀏覽看看。

▲ 這邊就是每次進入 Studio 後的標準首頁

 Tips

首頁畫面左下方為 mapbox 存取權杖（public token），權杖的目的在於能快速將我們創建好的地圖，藉由 API 的服務串接到其它地圖應用程式，像是本書其他單元介紹的 Kepler.gl 線上地理資料視覺化工具，也可以使用 mapbox 建立的客製化地圖底圖使用。通常第一次登入時，即會預設一組權杖內容，我們也可以點擊「+ Create a token」來創建其他的權杖內容，但整月的使用次數、瀏覽讀取次數之類的免費額度，是以所有權杖的總合來計算的，創立多個權杖只能方便我們管理與計算不同服務串接的次數而已。

另外公開權杖為「pk.（英文數字組合）」開頭，後續我們分享地圖網址時，網址會自帶公開權杖，這組編碼給他人知道不會造成任何影響；但如果讀者為程式開發者，建議在自創私人權杖時，請務必參考網址：https://docs.mapbox.com/accounts/guides/tokens/#url-restrictions，並設定　URL restrictions　網址的指向性限制，以防該權杖被濫用等情形。

畫面左上為 Studio 工具開始使用的畫面，點擊「Create a map in Studio」進入 Studio 主畫面後（https://www.mapbox.com/mapbox-studio），從網頁右上方可看出本工具共有三個大頁面（Styles、Tilesets、Datasets），在 Style 的頁面，點擊 New style，並選擇 Outdoors 範本地圖開始。

▲ 在 Style 的頁面，點擊 New style

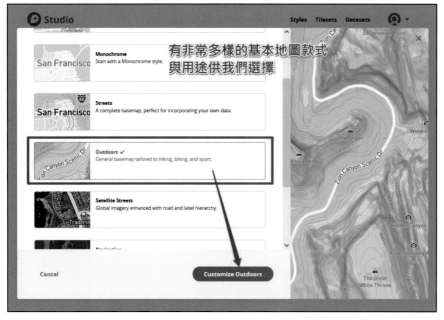

▲ 選擇 Outdoors 範本地圖，點擊「Customize Outdoors」

Step 2：主畫面介紹

　　整個地圖編輯器的介面可以分成五大部分，上方的「基本工具列」、左側的「地圖構成（地理組件與圖層）」、「各種地理組件、圖層元素之選擇與調整」、左下方的「顏色與字型的調整」，以及呈現整幅地圖調整結果的「地圖畫布」。

▲ Studio 的主畫面及相關編輯區域

 Tips

「3D 地形」選項於 2021 年 12 月以前，是位於正上方的選單列（本書截圖及製作時間）；後來 mapbox 改版後變成在畫面左側欄位上方，選項功能與內容與之前一致，僅換位置而已，故上圖於 2021 年底特此再次重新截圖，讀者在後續閱讀上再麻煩多加注意！如果有找不到選項或按鈕的，可能會是軟體有改版之因素。

▼ Studio 相關編輯區域說明

編號	名稱	用途
A	基本工具列	左上方為「地圖專案檔的名稱、編輯時間顯示（本工具會自動存檔）」，左側有一個「3D 地形顯示」，上方由左至右，分別為「經緯度標示、說明文件、光影調整、字型或圖示（fonts and icon）上傳、歷史步驟記錄、圖片輸出或地圖網址發布分享」等功能。在設定選項（settings）那邊，另外有切換衛星底圖顯示、色盲友善配置顯示等各項功能。
B	地圖構成	這邊有兩大項目可切換： (1)「地理組件（Components）」為主控地圖的大項目類別，如畫面上依次為：行政區域邊界、建築物、底圖（陸地、海洋、天空）、自然區域名稱、地名、地標（興趣點）、道路路網、地形圖、交通設施、人行道及自行車道等路徑。 (2)「圖層（Layers）」為各種地圖元素細節，每一個細節都各自有一個圖層來控制與調整。舉例來說：整組道路路網的組件，涵蓋眾多圖層，如路名圖層、道路的面圖層（surface）、道路邊界圖層、道路層級圖示標註圖層等等，甚至快速道路自己是一個圖層、主要道路是一個圖層、巷弄也是一個圖層。 每一個地理組件屬性（component property）會對照且綁定到數個至數十個圖層不等，故如果對整個地理組件進行隱藏，則與其相關的圖層皆會一同被隱藏，如：將地形圖的組件隱藏，則等高線圖層、山坡地陰影圖層、高程圖層等等皆會一起被隱藏。善用地理組件屬性來一口氣調整相關的圖層，是編製風格地圖重要的手段之一！
C	各種地理組件、圖層元素之選擇與調整	無論是地理組件或是圖層，我們皆可在這邊進行內容細項的微調，基本上都有顏色、字型大小等共通設定，其餘細項內容則視圖層內容有所不同，功能極其繁雜。但也就是這些繁雜的內容，可以讓整幅地圖更加的客製化。
D	顏色與字型的調整	功能與 C 區塊差不多，但這邊是更直接地呈現，目前地圖上所有點線面元素所用的顏色、以及目前圖層所用到的全部的字型，所以也可以由這邊來直接進行快速調整，這樣就不用一個個點開圖層並逐一調整字型，可省去一些瑣碎的步驟。
E	地圖畫布	主要顯示調整後的地圖的視覺樣貌，右邊的工具列可搜尋地點定位、縮放地圖尺寸（zoom in/out）、指北方向調整等功能，點擊按住滑鼠左鍵可平移地圖，滾輪則可協助地圖快速縮放。

Step 3：工具列簡介、地圖縮放尺度及語言切換

　　地圖工具列左上方直接點擊「Styles」即可回到 Studio 首頁，左上方的 Edit name 可以更改地圖專案名字，旁邊會顯示上次編輯及儲存時間（本工具會自動儲存）。地圖經緯度的左方，有一個顯示「現在地圖尺度層級」的數值，該數字非常

重要，zoom 的數值介於 0 到 22 之間，數值越小，比例尺小（遠離地表）、數值越大，比例尺越大（貼近地表）。

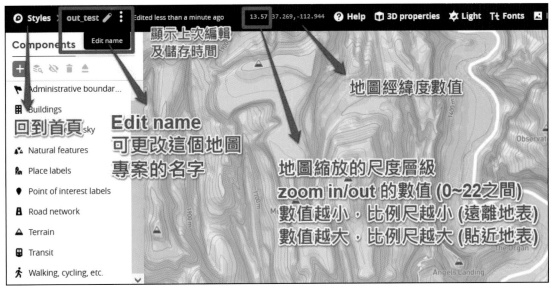

▲ 工具列重點功能介紹 (1)

因本工具以 OSM（開放街圖）為基本底圖，內容物相當繁雜，故一般而言，不會在每個地圖尺度層級，皆呈現所有的物件，其會隨著俯瞰高度的遠近，呈現不同的物件細節（舉例：zoom 數值低於 5 的時候，不會呈現任何「道路相關的圖層」，而其中更細微的「街道圖層」，必須要大於 14 的時候，才會顯現出來）。

工具列最好用的功能之一，莫過於「歷史步驟記錄（History）」，可快速復原上一步或下一步，在圖層調整不滿意的時候，可以用這個功能回到之前的狀態。接著，我們先在地圖的搜尋列打上「台灣」，它會自動幫你找到相關地址，我們先到台中市國立美術館附近，筆者帶領大家簡單探索一下該工具的各項操作。

▲ 工具列重點功能介紹 (2)

再來讀者可試試看語言的切換，在地理組件介面點擊 Place labels 並向下滾動，點擊細項 Language，選擇 Local，這樣地名及相關文字就會依在地語言顯示（中文）。要注意的是，如果這個開放街圖底圖，本身該地點無中文資訊的話，有時候也是不會顯示中文的。

▲ 依在地語言顯示文字語系

Step 4：地理組件與圖層的關聯

在地理組件頁籤上，我們先點擊「Walking, cycling, etc」該地理組件，把圖示的眼睛閉上（Hide component），在圖面上與地理組件有關的圖層（人行道或小路徑等圖層），皆會被隱藏。

▲ 隱藏地理組件及圖層們

那如何知道哪些圖層與地理組件是有相關的呢？選擇人行道相關的地理組件後，在上面點擊「view component layers」，即可跳轉至圖層頁籤，並檢視該組件類別所控制的圖層們；另外，每一個地理組件屬性，選項細項一定都有「顏色與字型」可以直接調整，其他下方的細項，多為圖層顯示控制、細節呈現與否、語言切換等內容。且視地理組件特性有所不同，在此不多做贅述。

▲ 檢視地理組件與哪些圖層是相關聯的

接續上步驟，跳轉至圖層（Layers）頁面後，從 Layers 左側項目會顯示被選擇的圖層（共計 4 個小群組，裡面有 27 個圖層，包含 23 個線圖層、 2 個填滿形式的面塗層、 2 個文字圖層）。

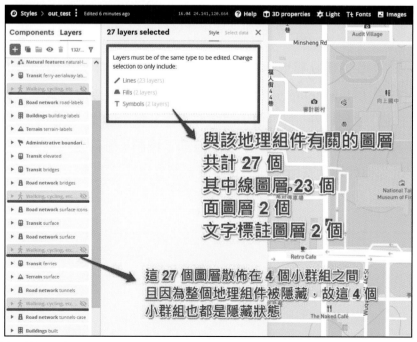

▲ 與人行道地理組件有關聯的圖層們（如果前階段設定隱藏，則這裡也會隱藏）

在這 4 個小群組內，目前大家都是被隱藏的，我們可以將其中一個群組取消隱藏，先選擇該群組後（也可按住滑鼠左鍵配合 shift 鍵或 ctrl 鍵僅選擇數個圖層），再把眼睛打開，人行道與路徑就會出現了。

▲ 從圖層這邊控管隱藏顯示與否

Step 5：圖層的細項選項操作

我們可以延續展開 surface 圖層後（Walking, cycling, etc. surface），左鍵點選 road-path-bg 圖層，可呼叫出該圖層的選項細項，我們看第一個 color 選項，會發現在大部分的控制項都是鎖定的狀態（有一個灰色鎖的圖示），這是因為被地理組件（components）所綁定的圖層，其各項設定是預設為「鎖定狀態」，無法進行顏色或其他樣式的更改，但我們可點擊 Override 改為手動控制模式。

下方對於顏色顯示的「控制條件」有三項設定，滑雪道為藍色、登山步道或人行道等為黃褐色，其他無數值者為灰色。可藉由不同的條件對其進行設定，相當的彈性。

▲ 細項鎖定解除，並改為手動控制模式

 Tips

「Override」點擊後，該按鈕會變成「Revert」，同時圖層右側會顯示小橘點，其提示我們現在這個圖層，有部分的選項是「解除鎖定」的，方便我們快速知道現在圖層的鎖定狀態與否。

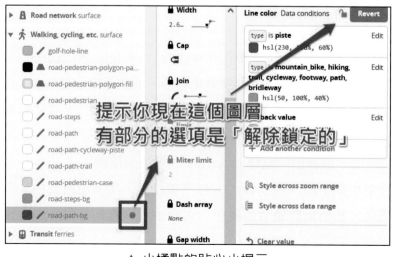

▲ 小橘點的貼心小提示

　　每一個「控制條件」可個別對其進行微調，我們點擊剛才黃褐色的人行道，之後會跳出資料欄位條件篩選（Data field），下方則可選擇顏色及透明度（這邊可用 Hex Color 色碼表來指定顏色、也可直接選取調色盤上的顏色）。調整結束後按完成（Done）即可改變，此時畫面上的人行道線條也改變為紅色。

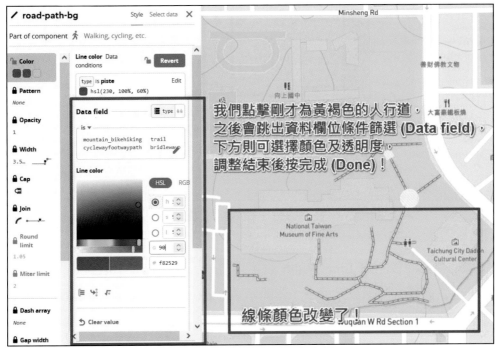

▲ 圖層物件的顏色調整（修改原本黃褐色的 Color 圖層）

　　再來把畫面拉遠後，我們來進行線條粗細的調整，在 Width 寬度調整，點擊 Override 後解鎖鎖定狀態，此刻會發現該按鈕會變成 Revert（還原），如果對調整的結果不滿意，可直接再次點選還原鎖定，此時該圖層會立刻回到 mapbox 的預設狀態。

　　在這個選項上，我們會發現在「不同的地圖縮放尺度」之下，其顯示的線條粗細會隨之不同。圖中「zoom 15、zoom 18」的意義，表示在尺度小於 15 的情形下，線條粗細為 2 px 寬度，當尺度介於於 15 到 18 之間，其寬度漸增為 7 px，尺度大於 18 至最大值（22）時，其線條寬度維持為 7 px。我們來點擊下方的 clear value，把上述條件全部清空！

▲ 地圖縮放尺度不同時，線條粗細會顯示不同的寬度

　　將條件都清除後，在 Line Width 設定為 9px，則該畫面中全部的人行道都會變粗，且不論在何種地圖縮放尺度下，皆顯示為 9 px。有時候要將地圖顯示單純一些，不想要有太多變化時，清除條件的功能相當好用！

▲ 清空設定條件並重新輸入單一數值

Step 6：刪除整組地理組件

假設後續不需要用到人行道相關的圖層，我們可以先將其刪除，但在 Layers 被 Components 控管（綁定）的情形下，我們無法在 Layers 頁籤直接對單一圖層進行刪除；所以先回到 Components 頁面，再次點擊選擇「Walking, cycling, etc」這組地理組件屬性，然後點擊上方選單的 Delete component（垃圾桶圖示），所有與人行道、自行車道有關的圖層就會全部被刪除了（剛才 4 個小群組內的 27 個圖層）。

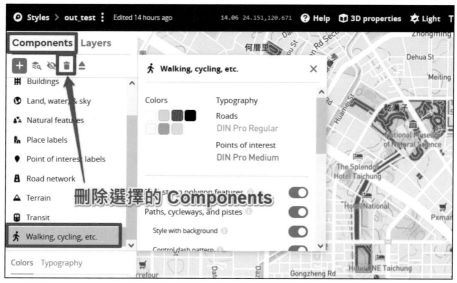

▲ 刪除地理組件（及其連帶的圖層們）

Step 7：顏色及字型的調整

我們點擊地形的地理組件，在右側的小選單上可看到 Colors 及 Typography，這邊可以調整與「地形」有關的所有圖層，從這邊可快速調整顏色與字型（無須到 Layers 頁籤一個個圖層選取並調整），而下方會有一些特別針對這個組件屬性的選項，像是與「地形」有關的「高程地圖的暈渲陰影（Hillshade）、懸崖邊線（Cliffs）、等高線（Contours）」等項目，都能在這邊控制要不要顯示，或是調整顯現出不同風格，如：從一般標準模式調整為戶外模式（Outdoors）。

▲ 在地理組件頁面上，可調控顏色與字型的選項相當的多元

　　在同畫面中左下的介面，其通常顯示「整幅地圖」所用到的所有顏色與字型，比前述僅針對地形的地理組件的範圍更加廣泛，而像是圖面左下方的顏色選項 Base，其為通用的底色顏色，部分的顏色是與「地形」地理組件所控制（如：Greenspace、Greenspace label），也就是與其有連動關係。Mapbox Studio 為了體貼用戶操作，往往會在多個地方都可以進行快速調整，讀者在第一次操作上可能會稍微混淆，但熟悉後就會覺得這些調整顏色的功能還算是便利使用的！

　　在 Colors 顏色的部分，讀者可自行操作調整，並觀察地圖顏色的變化，如圖中森林的名稱改為深藍色、山的名稱改為咖啡色、將 Base 底色改為淺橘色。

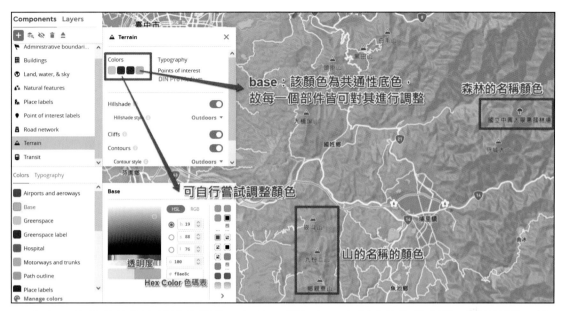

▲ 自由調整顏色並觀察地圖的變化，更能了解每個元素對應的物件是什（建議切換到有山脈、有城鎮的地圖進行觀察可更快理解）

　　在 Typography 字型的部分，對 POI（Point Of Interest，興趣點，為地圖學常用字，泛指地圖上的點位資料）的文字格式更改（但其預設為英文體系的格式，所以中文的文字不管讀者選什麼都不會改變），也可調整文字大小（Text size）。

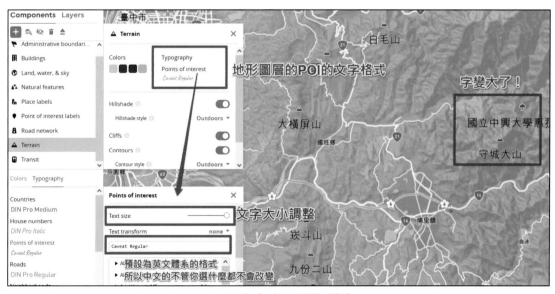

▲ 文字大小的調整測試

Step 8：歷史步驟記錄

經過剛剛一段的測試後，如果覺得調整的非常不好看，也不用擔心，可藉由上方工具列的「歷史步驟記錄」進行復原，它可協助我們復原到本次開啟該專案檔最早的那次紀錄，相當的厲害！

▲ 善用歷史記錄來復原執行步驟

Step 9：圖層篩選

我們切換到第二個頁籤圖層介面（Layers），點擊漏斗圖示的地方（Filter layers），在 Filter by layer name（由名稱搜尋過濾圖層）輸入「contour（等高線）」，即可過濾搜尋圖層名稱與「contour」相近的圖層；該步驟可快速篩選出你要的圖層，下方選項亦可根據數值、顏色或指定的字型，或根據圖層類型（線、面或點資料及文字），或根據圖層屬性（線型道路相關的、標籤相關等等），有多種不同的方式協助過濾圖層。

▲ 圖層篩選的方式

接著我們點擊 contour-line 圖層來調整等高線的粗細，以利後續觀察與解釋「資料檢視」的功能。點擊 Width，解鎖改為手動調整（畫面按鈕會從 Override 變成 Revert），再點擊 Clear value 清除上面的條件設定，並在線條寬度輸入 3 px。

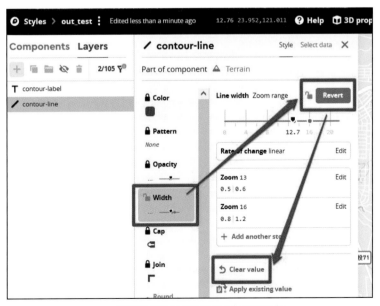

▲ 解鎖等高線的線條寬度設定

▲ 將等高線的線條寬度設定為 3 px

Step 10：資料選擇模式

　　接著我們切換到 Select data（資料選擇模式），該模式可以告訴我們，現在你所在的圖層，其所控制的物件（點、線、面或文字標註）有哪些東西，並以綠色顯示出來（Visible features）；其他紫紅色物件（Filtered out features），表示當你對

▲ 「資料選擇模式」的功能介紹

該圖層的物件有進行篩選條件時，目前有哪些物件是暫時被篩選過濾而隱藏的。另外，你的滑鼠所指的位置，會顯示一堆「點線面」的圖徵與顏色，這就是地圖在告訴你，當下這個位置現在有多少跨圖層的物件疊在一起。

　　另外在該模式下，還有另外四項功能：

1. Source（資料來源）切換：可將資料來源替換爲其他圖層，假使我們有「更新的等高線」資料，則也可將該圖層的資料來源替換爲我們自己上傳的資料

2. Type（資料呈現的地理型態變換）：如果你的資料集較爲複雜，同時涵蓋點、線、面的物件，但一個圖層同時只能顯示一種地理型態的物件，我們可從該選項進行切換

3. Filter（資料篩選）：一般圖層的物件會攜帶屬性值，我們可以從中來過濾資料，如：等高線低於 500 公尺的不顯示，諸如此類的條件可從這邊進行設定

4. Zoom extent（地圖尺度縮放呈現調整）：一般預設爲該工具建議之顯示層級，如：等高線建議在 zoom 介於 11 至 22 之間才會出現。

　　但前述功能要注意，在地理組件與圖層綁定情形下，會發現有一句警示的英文「Source is set by a component. Eject the component to edit.」，這就是提醒你，現在你的圖層是透過 component 所設定的，也就是你的 Layers 被 Components 控管（彼此綁定），這種情形下就無法對各個圖層進行更精細的設定，該些功能會處於鎖定的狀態，建議可用「彈射模式或複製圖層」將圖層「解放」（彈射模式會在下面內容做介紹）。

　　ps.「資料選擇模式」區塊的功能稍嫌複雜，因其可較深入的去調整圖面的細節，後續實作練習會帶讀者操作更多關於此部份的實作，相信能幫助讀者更清楚知道它們的用途！

▲ 滑鼠當下這個位置現在有多少跨圖層的物件疊在一起

Step 11：彈射模式與圖層解放

接續上段，到底什麼是「彈射模式（Eject）」、又要怎麼複製圖層與解放呢？我們先選擇圖層後，此時會發現上方的複製按鈕會顯示「清除圖層篩選條件後才能進行圖層複製（Clear filters to duplicate layers）」。

▲ 在篩選模式下，無法直接對被綁定的圖層進行複製

我們先回到地理組件（Components）頁籤，點擊 Terrain 地理組件，按下上方的彈射模式（Eject）按鈕（想像從太空船內將駕駛員彈射出來的畫面，將整組地理組件綁定的圖層們進行炸裂的感覺，並一一解放彈射出來）。

▲ 對地理組件 Component 進行彈射（Eject）

▲ 注意解放後的圖層名稱不能與既有存在的圖層有重複的問題

　　成功解放後，這組 Component 會消失（被彈射出去且炸裂了）！而原本受這組「地理組件」控制的「圖層們」，就會被解放！我們切換到圖層頁面（Layers），選擇 contour-line 圖層檢視，被解放的圖層，可自由的重新群組、刪除、複製，也可以移動調整上下呈現順序（點擊左鍵直接拖曳），然後在選項控制部分皆未被鎖定，可更彈性快速的調整它們！

▲ 圖層解放後更加自由了！

　　在圖層彈射解放之後，重新進入 contour-line 的「資料選擇模式（Select data）」，再次檢視它的 Zoom extent，地形圖的等高線圖層，預設顯示為地圖縮放尺度介於 11 至 22 之間，也就是如果 zoom 層級小於 11 時，等高線就不會顯示在地圖上。

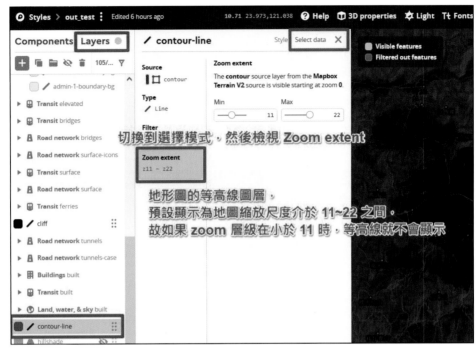

▲ 預設的地圖縮放尺度，會限縮該圖層的顯示與否（該預設是為了避免圖面一次顯示太多物件，只在 zoom extent 11~22 之間顯示）

　　我們也可將 Zoom extent 嘗試調整為 0 至 22 看看，在圖層野放自由狀態下，可更彈性的調整該物件的顯示程度與內容，如圖所示，縱使現在 zoom 層級在 9，但我們仍可看到等高線的物件。

▲ 可更彈性的調整該物件的顯示程度與內容

Step 12：複製被綁定的圖層（另一個解放圖層的方法）

　　另一個解放圖層的方法，就是直接複製被綁定的圖層，我們先清除掉前面步驟的篩選狀態，並從左邊找到「poi-label」圖層並點選之（或是用篩選器尋找也可），然後點擊上方的「複製圖層」，即可快速新增一個 poi-label copy 的圖層。如果讀者只要針對一兩個圖層進行客製化調整，用複製圖層的方式會較快速簡便。

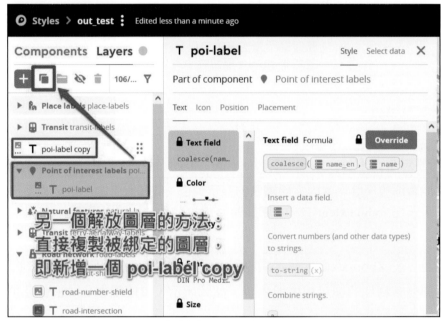

▲ 複製並同時解放該圖層

Step 13：資料內容的篩選與過濾

　　最後一個 mapbox studio 的基礎操作，我們來練習圖層「資料內容」的篩選與過濾，選擇剛剛複製出來的 poi-label copy 的圖層，進入資料選擇模式（Select data），在 Filter（過濾資料）的功能那邊，把預設顯示的條件全部清除。

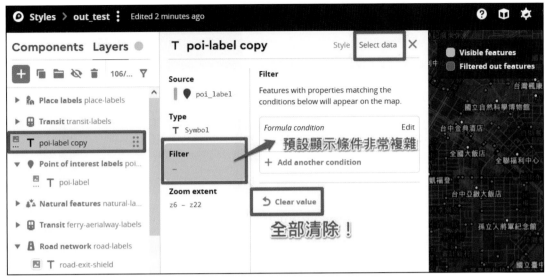

▲ 清除原先資料的篩選顯示條件

　　點擊 No filter set 的方框，然後選擇欄位（data field）「calss」，我們以 POI 的類別進行資料過濾；點擊後，畫面篩選條件會預設為「is」，再點擊鉛筆的圖示後選擇「education」，以上操作表示，我們畫面接下來僅呈現 POI 點資料，其類別為教育的才會顯示。最後圖面上 POI 的顯示就會乾淨清楚一些，我們可以利用類似的方法對繁雜的資料進行篩選過濾，讓圖面盡量呈現重點。

▲ 挑選類別（class）資料欄位，進行細部篩選

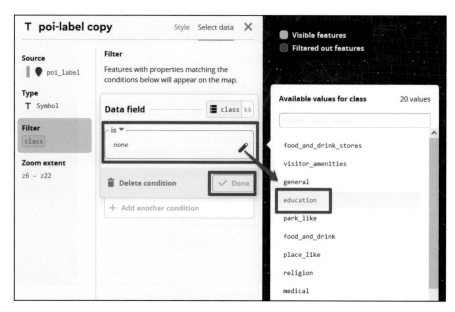

▲ 設定 class is education 者，才進行保留顯示（畫面的 education POI 會顯示出來）

▲ 最後畫面上 POI 只會剩下教育類別的才會顯示

最後讀者可以隨意調整街廓、道路顏色練習，而雖然目前 POI 僅顯示教育類別的，但我們畫面如果 zoom out 較遠的時候，POI 只會優先顯示層級較大的點位資料（如：「大學層級」會比「高中層級」還要優先顯示），基本練習至此，恭喜各位有耐心的讀者，你們對於掌握該工具已經成功八成以上了！

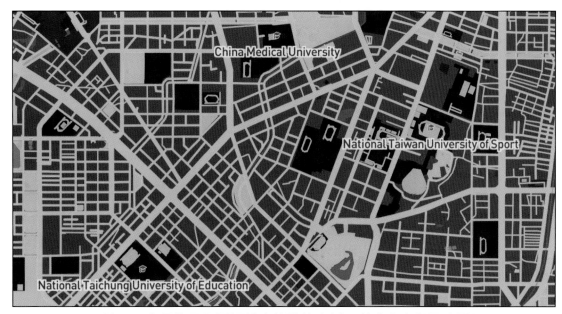

▲ 地圖只會優先呈現層級較高的點位資料，並非會全部同時顯示

6.4　實作：埃及風格地圖畫

實戰資訊

實作任務說明

本段落介紹 Mapbox 客製化風格地圖的各種基本常用功能，主要透過 cartogram 工具的輔助快速配色、再加上一些濾色與圖樣填滿的效果、調整道路文字呈現等方法，讓地圖增添更多有趣的風貌。

▲ 埃及風格大地系配色佐貓咪圖騰地圖

使用資料集

- egypt_image.jpg（埃及圖片）及 cat_b.svg（貓的向量檔）

Step 1：先到 cartogram 上傳圖片並快速配色

　　一般使用 Mapbox Studio 我們會從首頁進入到地圖編輯器的主畫面，但這次我們改從另一個入口進入，直接在瀏覽器網址列輸入「https://mapbox.com/cartogram」即可到 mapbox cartogram 工具畫面。

 Tips

cartogram 該詞原意為「示意地圖」，其主要強調由視覺來展示地理統計數據，有時候甚至會改變地理單元面積大小，僅保持相對位置；或是將地圖加上不同主題套圖、風格來強調某些現象。Mapbox 開發的地圖風格的快速配色工具則亦取用其名。（官方教學網址：https://docs.mapbox.com/help/tutorials/create-new-map-style-with-cartogram-video/）

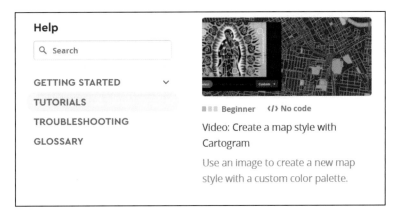

▲ 在官方教學網站那邊有介紹該工具的基本使用方法，建議讀者可快速瀏覽影片操作一次！

　　我們可以在 cartogram 網站上傳一張圖片，藉由圖片上面的色調，快速將 Mapbox 的地圖進行配色，先點擊畫面左下方的選擇（Select），並上傳本書所提供的埃及風格圖片檔「egypt_image.jpg」。

▲ Cartogram 首頁（示意如果上傳黑白照片，街道也會顯示黑灰風格地圖）

　　上傳成功後會即刻自動生成「地圖配色」，其根據圖片的色調選定數種底色為基底進行調配。左下方的調整畫面，其中有四種快速模式讓用戶設定，希望畫面亮色系一些，或是暗色系一些，我們在此選擇 Colorful 模式，讓畫面對比強烈一些。要客製化的話也沒問題，在調整畫面的 5 個小圓圈，分別代表「道路、綠地、標籤（文字）、水系、陸地主色」，可以藉由拖曳移動小圓圈來進行配色，相當的方便！

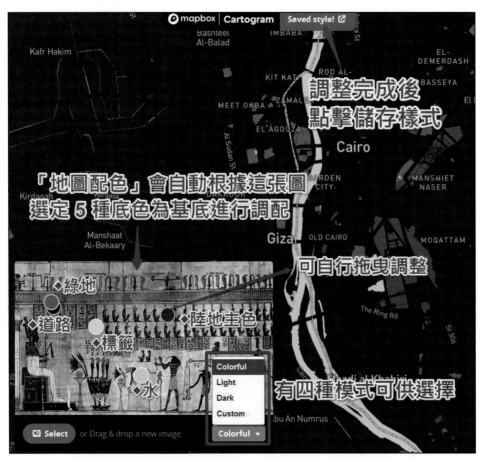

▲ 圖片上傳後，會自動生成配色（每次擷取的像素點可能會有差異，讀者也可手動調整吸取到的顏色）

　　調整出滿意的色彩後，點擊畫面上方的「儲存樣式（Saved style）」，它會將該樣式存在 Mapbox Studio 的個人地圖專案，等轉存完成的提示跳出後，畫面會自動進入該新生成的專案。

▲ 完成後，點選上方的 Saved Style 即可轉存到 mapbox 使用

　　接著，我們將該專案命名為「egypt_cat」，然後隱藏一些圖層（Buildings、Point of Interest labels、Transit 等地理組件圖層）。此時觀察左下方的「Colors 和 Typography」，這邊就是整幅地圖有用到的顏色與字型，顏色基本上就是從我們剛才選出來的 5 種基本色，由電腦自行調配的成果。

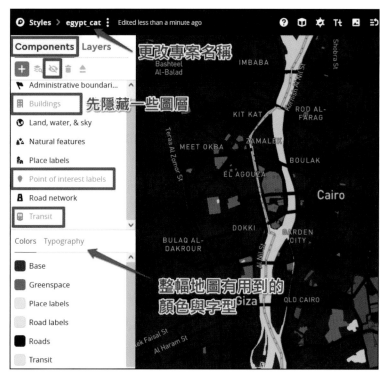

▲ 對該專案重新命名，並隱藏部分圖層（下方的 Colors / Typography 則是吸取到剛才自動選色的相關參數組合）

Tips

另外，如果剛才不小心多存了幾幅專案，我們可以點擊整幅專案的最左上方「Styles」，回到 Studio 的主畫面後，選擇多餘的、不要的地圖專案後，按右邊選項的 Delete 將其刪除，本工具非常貼心，刪除前會要求用戶再複製一次驗證碼貼上，以確保不是誤刪（防呆機制）。

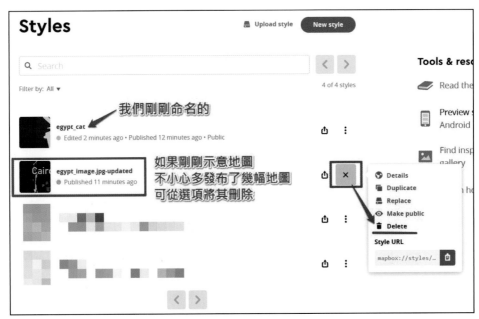

▲ 回到 Mapbox Studio 主畫面，刪除一些不小心多發布的地圖

Step 2：調整國家與城市的文字字型

　　回到本專案，在 Components 地理組件頁籤，選擇下方的 Typography 進行字型調整，該項目由上而下依序爲「國家、地址（號）、興趣點、道路名稱」等等項目，我們點擊「國家（counrties）」，用 Text size 把字變大。

　　ps. 若要製作跟以下圖面相同的位置，筆者是以埃及「開羅（Cairo）」爲地圖製作的位置，讀者可透過右上角的搜尋功能來直接抵達此位址。

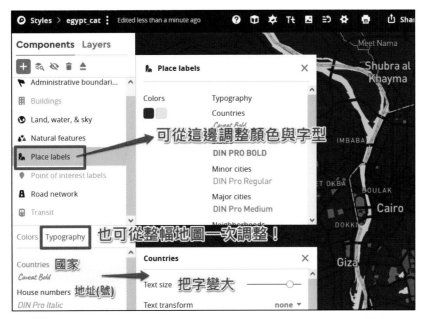

▲ 可調整字型與大小的地方（上方調整單一圖層，下方則是調整整幅地圖）

　　點擊 Place labels 從右邊的選項也可進行調整，在字型那邊練習全部替換為「caveat」字體，然後再點擊 Major cities（主要城市），到下方把主要城市的字體

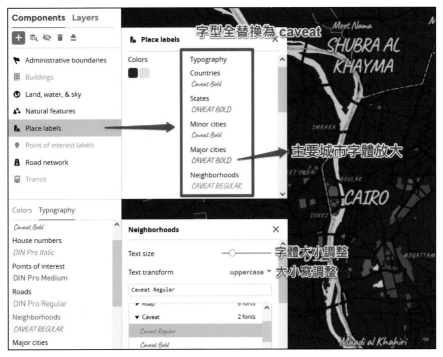

▲ 可嘗試改變圖層的字型、字體等

放大，Text transform 的項目可以調整英文字是否全部大寫、第一個字母大寫其餘小寫，或是全部小寫。讀者這邊可調整自己喜歡的格式。

Step 3：調整道路的文字字型

　　為了讓「道路路名」看起來更有異國風味，我們點擊 Road network 道路地理組件圖層，並在 Language 語言設定調成「Local」，這樣道路文字顯示會自動變成該國家的母語（阿拉伯文），然後我們再把一些道路關閉顯示，如：比較小條的次要道路（Minor roads）、建設中的道路（Roads under construction）。道路的字型字體也要記得轉換（從下方的選項欄）。

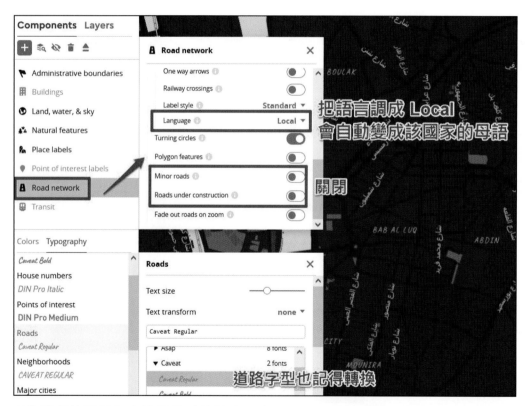

▲ 調整路名的語言為在地語言（並關閉一些不重要的細部圖層，例如：Minor roads 與 Roads under construction）

Step 4：調整土地主色及填滿圖樣

　　如果我們覺得土地的色調不夠精彩，也可以來自行調整一下，先到 Layers 頁面，點擊過濾篩選的漏斗圖示，在 Filter by layer name 那邊輸入「land」，與 land 有關的圖層就會跑出來了，我們點擊 landuse 土地使用圖層來調整。

▲ 過濾篩選圖層，來進入調整 landuse 圖層的頁籤

　　先對顏色選項進行解鎖（點擊 Override 改爲手動控制模式），顏色控制條件那邊有數個選項，由上而下依序爲：park（公園綠地）、cemetery（墓地）、glacier（冰川）、pitch（運動場地）、sand（沙地）、Fallback value（其餘備用值／空值），讀者可以自由調整成喜歡的顏色。

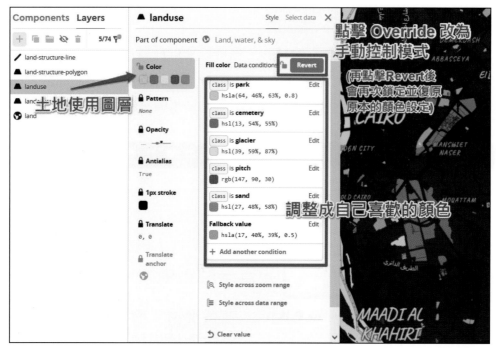

▲ 解鎖後，調整土地使用的顏色

Step 5：複製圖層

　　接著，我們再來複製一個圖層出來配色，記得要先解除圖層篩選條件後，才可以進行複製。

▲ 先解除圖層篩選條件後，才可以進行複製喔！

　　接下來，從左方的圖層區往下滾動，從「Land & water」母圖層找到「land」子圖層後，選定該圖層再點擊上方的「複製」，此時會自動生成一個「land copy」的圖層，被複製出來的圖層，其屬於解放的狀態，調整上更為彈性（不會被地理組件 component 綁定），還可以上下拖拉移動，改變顯示順序。提醒讀者，在上方的圖層，其顯示順序也會在地圖的上面（通常會是文字標註、地名、道路等內容），在左側排序較下方的圖層，其顯示順序則是在地圖的下面（偏向底圖與底層），我們可以透過拖曳圖層順序來適當調整地圖的顯示結果。

▲ 複製一個 land 的圖層出來配色

Step 6：上傳圖片並填滿圖樣

　　在「land copy」圖層，點擊 Pattern 可以調整圖層的填滿樣式，點擊「Add or remove images（增加或移除圖示）」選項後，可以用「Upload Images」，上傳自己的圖示檔（.svg 檔案），選擇本書附加的檔案「cat_b.svg」。上傳成功後會通知並顯示你自己上傳的 svg，畫面右下角也會跳出通知上傳成功的訊息，有時候訊息太多的時候，找個空白的地方，隨便點一下左鍵，這些通知自己就會不見了！

▲ 點擊填滿樣式（Pattern）的選項後，再點擊「Add or remove images（增加或移除圖示）」，然後上傳（Upload image）貓咪圖案的 svg 檔

▲ 上傳成功的通知

Step 7：改變圖案不透明度

在 Opacity 可以調整圖案填滿的不透明度，這邊建議填入 0.1，因為貓咪 svg 檔有自帶藍色的底色，所以必須要讓其透明一些，然後再回到原始的 land 圖層，把底色調整一下使畫面和諧一點！（建議色碼 #72331d）

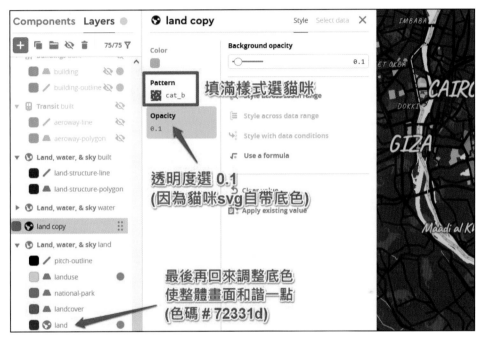

▲ 調整圖案填滿透明度及底色顏色，成功後地圖會出現很多貓咪的圖樣

Step 8：調整街道顯示及顏色（一般道路）

在街道圖層的介紹與調整段落，我們將介紹在不同尺度縮放下，其該如何調整並呈現。首先對 3 個相關圖層的 color 都調整成手動控制模式（解鎖），分別是「road-street、road-street-case、road-street-low」。其中觀察一下 road-street 圖層（一般道路）原先設定有 2 種顏色。

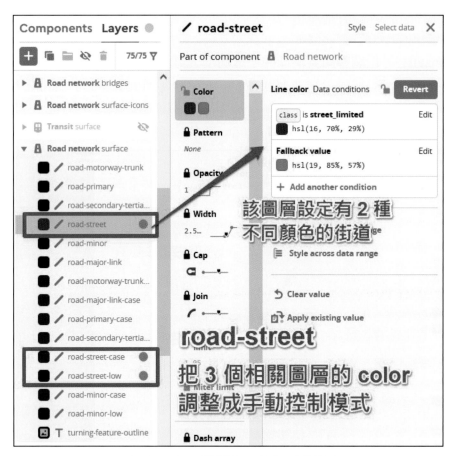

▲ 把這 3 個圖層顏色調整為手動模式

　　隨著 zoom 的階層不同，我們可藉由不透明度來調控哪些時候要來呈現我們的物件，如該圖層顯示（現在 zoom = 14.3 ），在地圖縮放尺度小於 14 時，該圖層不顯示（不透明度為 0），而 zoom 大於 14 時，該圖層才會顯示（不透明度為 1）。

▲ 由透明度來調控物件的顯示與否

Step 9：調整街道顯示及顏色（細節道路）

　　我們再到 road-street-low 的圖層（細節道路）檢視，當我們 zoom 在 12.6 的時候，會發現比較細節的道路就顯示出來了，因為該圖層預設為在地圖縮放尺度小於 14 時，該圖層才會顯示（不透明度為 1）。也就是前面介紹的這兩個圖層的關係彼此是互補的，遠離地表時顯示另一個細節較少的、貼近地表時顯示細節比較多的圖層！

▲ road-street-low 的圖層在比較貼近地表的時候才會顯示

Step 10：調整街道顯示及顏色（道路外框）

　　最後看到 road-street-case 圖層（道路外框），case 指的是「外殼」的意思，在這邊就是道路的邊框線，我們將顏色調整成綠色，就會看到該邊框線的存在。

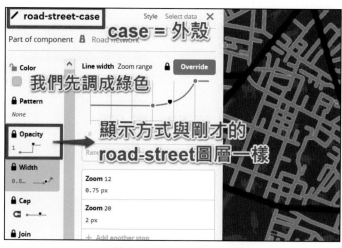

▲ 道路邊框線的物件圖層

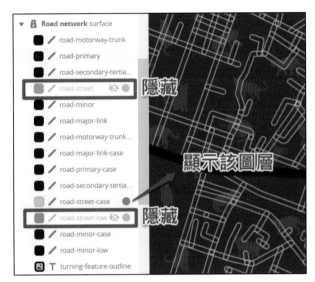

▲ 把另外兩個道路圖層隱藏顯示會更清楚看到邊框線

後續爲了要調整顯示比較細節的道路，我們來調整 road-street-low 圖層，首先在綁定條件下，在執行任何動作前請先記得解鎖，接下來則對不透明度的條件選擇「Clear value（全部清除）」。

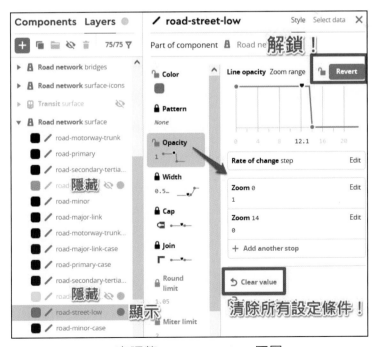

▲ 來調整 road-street-low 圖層

　　再來針對同個圖層，透過 Color 區的設定，把顏色調整淡一些（先 Clear value 後，選擇色碼 #aa735a 、顏色透明度 90%），不透明度（Opacity）調整為 1，也就是即使我們貼近地表檢視，也會顯示出街道圖層，不會受限與我們俯瞰地圖的高度。

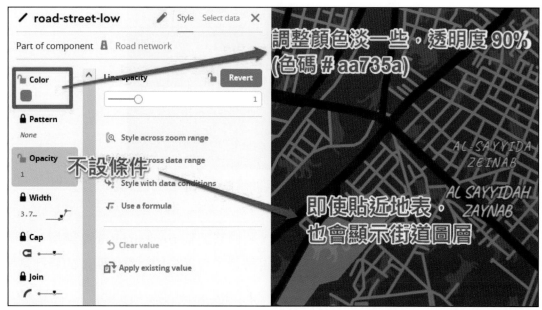

▲ 對於 Color 和 Opacity 皆不設定條件（利用 Clear value 的功能），然後把街道顏色調淡一些，把不透明度 Opacity 設定為 1

Step 11：調整道路寬度

　　再來試試看道路寬度的粗細調整（同樣針對 road-street-low 圖層），我們檢視其 Width，會發現預設在不同的 zoom 層級下，有不同的線條寬度顯示；記得要覆蓋預設值的話，要點選 Override。

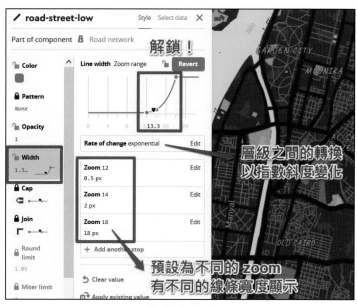

▲ 調整道路寬度顯示

　　Overwrite 解鎖後，點擊「Zoom = 12 」該項條件的「edit」，在分界點 12 的層級時，把寬度設為 0.3 px，讓整體畫面呈現更細一些，調整完成後按 Done 即表示完成。（如果點擊左下方的 Delete stop 就是刪除這個分界點）。

▲ 把道路寬度調整更細一些

Step 12：複製圖層以及改變圖層順序

調整到這邊，好像貓咪圖樣的感覺太輕，所以我們再複製一個貓咪圖樣的圖層，產生一個「land copy1」圖層，然後把這個圖層拖曳到圖層順序的上面，以加重畫面濾色使用（讓貓咪更明顯），不透明度隨讀者喜好調整。

最後把次要聚落地名隱藏（settlement-subdivision-label 圖層），讓畫面文字不要太多（再次提醒，因圖層眾多，可透過篩選器可更快找到此圖層）。

▲ 調整畫面、保持整潔、加重濾色

Step 13：輸出地圖圖片檔

本實作的最後一個步驟，我們要將地圖輸出成高解析圖片檔保存，點擊右上方的 Print（列印輸出），左方會呼叫出輸出的設定畫面，我們可以從上方把「英寸（in）」切換為「公分（cm）」，另外可設定圖片的尺寸、格式（png、jpg 檔）、解析度（dpi）。Expand 的功能可以協助放大檢視輸出的地圖內容，最後點擊 Export 即可輸出存檔。

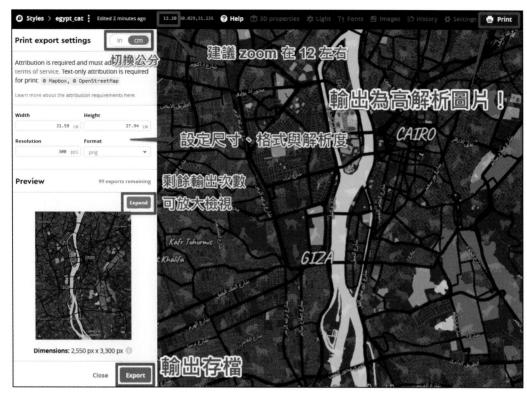

▲ 輸出本練習的圖片存檔

 Tips

提醒一下，本工具免費額度為 1 個月有 100 次高解析輸出（次月 1 號會恢復免費次數）；建議整體地圖縮放尺度 zoom 在 12 左右，讀者也可自行找個喜歡的地方與尺度、調整到滿意的感覺後，再存出自製的風格地圖圖片檔！

▌6.5 實作：上山下海都沒問題的地形圖製作

實戰資訊

實作任務說明

本段落介紹 Mapbox 較特殊的數值高程圖層（dem）使用，透過其提供的地形資料與各種視覺化操作，製作豐富的山海地貌的地形地圖。練習中有利用到 Mapbox 部落格一些新圖層的擷取方式，蠻鼓勵讀者在製作地圖前，可以先找找看有沒有什麼新玩意可以來嘗鮮，偶爾可以獲得意想不到的東西喔！

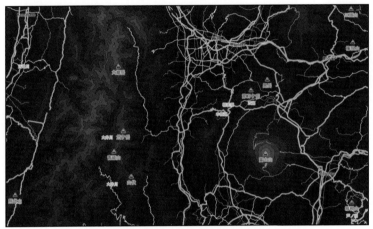

▲ 以等高線製作山岳高度的宏觀地形圖

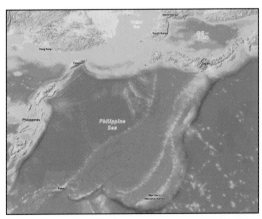

▲ 以等深線製作海洋深度的宏觀地形圖

使用資料集

- 無（本單元直接使用 Mapbox 內建資料集）

Step 1：開啟 Outdoors 範本地圖

　　從 Mapbox Studio 首頁進入到地圖編輯器，選擇「New Style」後，使用 Outdoors 戶外模式作為啟動並進入客製化編輯（Custimize Outdoors）。接著我們重新命名專案為「terrain_cool」，把用不到的地理組件刪除，保留「Land, water, & sky」、「Natural features」、「Place labels」、「Road network」等組件即可。把地圖畫面移到日本東京附近（Tokyo），可從地圖由上方的搜尋欄輸入「富士山」或「東京」皆可定位到本案實作畫面的附近，本實作先從富士山周邊的山脈進行操作。

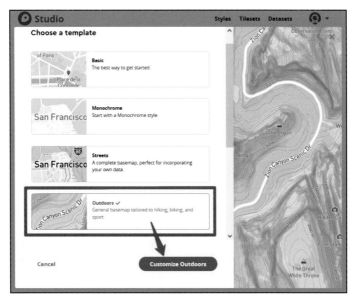

▲ 選擇戶外模式為範本開始進行編輯

▲ 重新命名專案，並只留下本實作的重要地理組件即可

Step 2：新增等高線資料視覺化

　　在地理組件頁面，點擊增加組件（加號圖示），選擇「Data visualization（資料視覺化）」，該組件為 Mapbox 較特殊的組成元素之一，其可針對既有的圖磚圖層（map tiles），或是自行上傳的資料集（上傳資料的同時會自動轉換成圖磚圖層的格式），將其依照我們設定的條件進行地理資料視覺化。

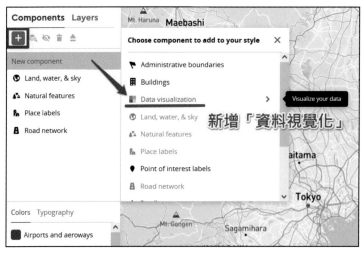

▲ 將圖層資料進行「資料視覺化」

　　成功新增「資料視覺化」的地理組件後，我們點擊 Data 來追加資料來源（Source），此時我們有兩種方式可以來選擇，一是從「你的來源（Your sources）」去直接選擇，這邊選單上會優先呈現「目前有使用的圖層（Active sources）」，下面則是「目前沒用到的圖層（Unused sources）」；二是從「用 ID 直接輸入來增加增加（Add source by ID）」，因為每一組圖磚圖層都會有一組專屬的 ID，所以也可用此方式。我們在此用直接選擇添加，點擊 Mapbox Terrain V2 圖層，選擇「contour（等高線）」。

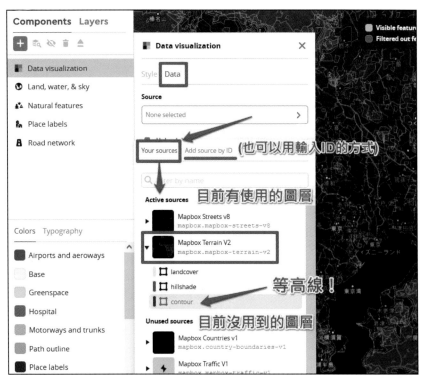

▲ 選擇要資料視覺化的資料來源

　　再來選擇資料後，點擊「選擇資料的視覺化型態（Select data visualization type）」。本工具有提供多種型態供用戶選擇，有「面量圖」、「點樣式視覺化圖」、「線樣式視覺化圖」、「3D 延伸立體圖」、「點資料熱度圖」、「符號視覺化圖（適合文字標籤使用）」等類型；當你要選擇的時候，它會自動辨認你的資料內容，推薦建議使用的類型（Recommanded），我們在此步驟選擇面量圖（Choropleth）。

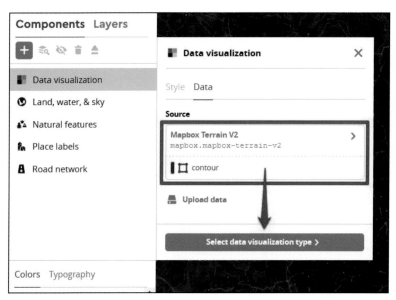

▲ 選擇要對此資料進行何種資料視覺化的類型

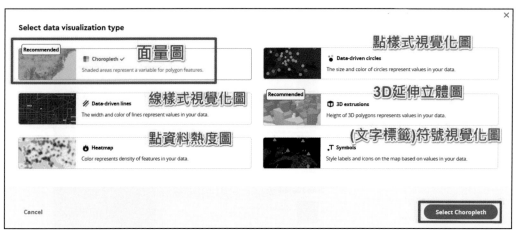

▲ Mapbox 有豐富的資料視覺化型態

Step 3：配置等高線視覺參數

此步驟我們來配置面量圖的 Style，可透過 Color 選項可以調整顏色，並由指定的欄位屬性的值，以其作為設定條件，調整要呈現的顏色，我們在此指定欄位為「ele（高度）」。在 Data type（資料類型）的右方可調整數值分級方式，Continuous（連續性分級）較適合一般連續性的數值，屬於線性分布；Bucketed（分組分級）是以百分位排序方式進行群集後再分級，可避免極端值；Discrete（離散分級）可強調差

異化的分級，讓級距之間更加明顯。本練習以連續性分級為優先，使整體顏色分層較為連續與平順。

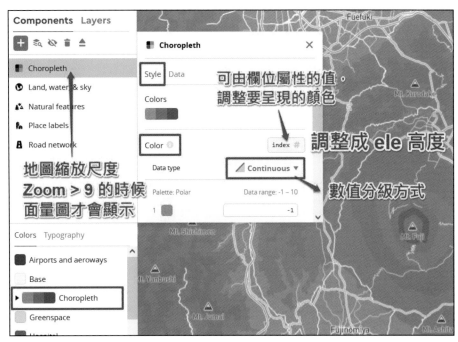

▲ 用高度值作為依據，對地理面量圖進行上色

 Tips

另外提醒，該等高線呈現的面量圖，只有在地圖縮放尺度 zoom 大於 9 的時候才會顯示（要貼近地表），此受限於各類圖層的最佳顯示尺度，Mapbox 為避免畫面物件過多，並使瀏覽體驗較佳，原生條件即有該些限制。

　　對於顏色的調整，我們點擊左下方的 Colors，在「Choropleth」選項，可呼叫顏色調色盤並選擇我們喜歡的色系，筆者在此選擇「Temperate」。然後回到面量圖的選項控制，點擊「+ Add stop」，由此直接增加階層數為 7 層，數值部分該工具會自動幫我們配好（也可自行調整）。

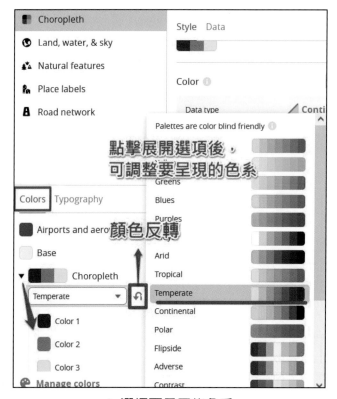

▲ 選擇面量圖的色系

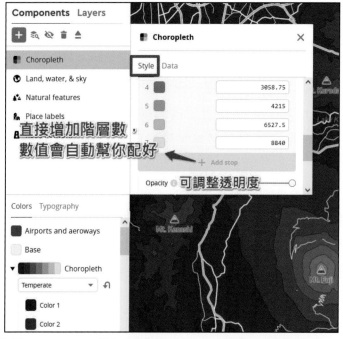

▲ 點選 Add Stop 可增加面量圖的呈現階層數（最多可到 7 階）

　　在 Choropleth 視窗的選項下方，可以選擇是否顯示邊框（Stroke）、顏色配置（暗色或亮色系）、線條寬度；文字標籤（Labels）則可顯示圖層的欄位內容，我們在這裡選擇標註「等高線的高度（ele）」，顏色選擇白色。到這邊算是完成了基本的等高線圖層的調整！

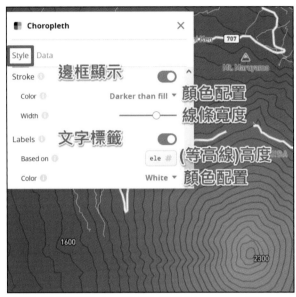

▲ 可調整邊線、文字標籤等細節設定（請讀者增加 Stroke 與 Labels 的配置即可看到等高線）

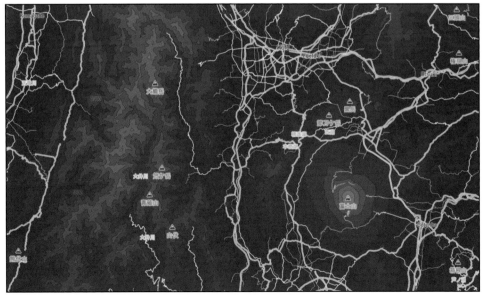

▲ 完成地形等高線繪圖！

Step 4：加入細節較為強烈的 Terrain 圖層

　　嘗試完基本的等高線後，再來我們要加入細節較為強烈的 Terrain 地形圖層，Mapbox Studio 有一些特殊圖層，在追加圖層那邊未必能直接看到，而是要輸入特定的 ID 才能呼叫出來。那到底 Mapbox 有多少豐富的資源呢？我們可以從圖層的文件說明來檢視，可從 Docs 的「GETTING STARTED」的「Our map data」去一一了解。（詳細內容可見網址：https://docs.mapbox.com/help/getting-started/mapbox-data/#mapbox-terrain-rgb）

　　其中有關地形圖層，有兩個較為重要的：

1. 「Terrain-DEM」其細節較為平滑，可於大範圍整體地貌呈現使用，其圖磚圖層的 ID 為「mapbox.mapbox-terrain-dem-v1」。

2. 「Terrain-RGB」其細節屬於較為強烈，可在近距離呈現時看出粗糙感，其圖磚圖層 ID 為「mapbox.terrain-rgb」。

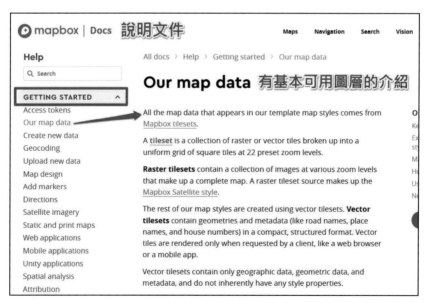

▲ 說明文件內的基本可用圖層介紹

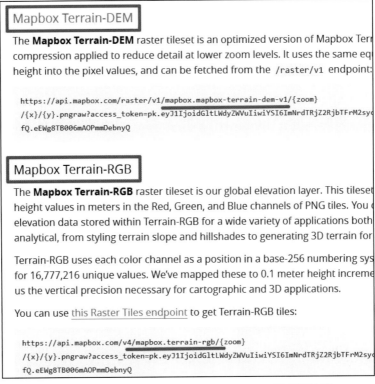

▲ 地形圖層的專屬 ID（DEM 及 RGB 兩種風格）

　　我們到圖層頁籤，點擊加入新圖層，選擇資料來源（Source），在選項添加那邊點擊「用 ID 直接輸入來增加增加（Add source by ID）」，分別貼上剛才兩組地形圖磚圖層 ID 並按 Find，即可點擊加入他們！

▲ 用貼上 ID 的方式分別加入剛才介紹的兩個地形圖層

Step 5：配置 terrain-dem-v1 圖層

再來選擇圖層「「mapbox.mapbox-terrain-dem-v1」並改名為「terrain-dem-v1」，在 Style 那邊可以對其進行陰影的顏色調整（Shadow color）、亮色面（山坡向光面）的顏色調整（Highlight color）、整體視覺的強調色（Accent color）、地形強烈程度（Intensity）、光照角度（Illumination direction）、光照的錨點控制（Illumination anchor）。我們先在強調色設定一個偏向暗綠色的（色碼 #099556）。

▲ terrain-dem-v1 圖層的顏色調整

Step 6：配置 terrain-rgb 圖層

再來選擇圖層「mapbox-terrain-rgb」並改名「terrain-rgb」，這次來把三個可以調整的顏色都進行上色，陰影選擇暗綠色、亮色系選淺綠色、強調色選擇青色，地形強烈程度調整到最強（數值 1）、光照角度則是跟前者一樣輸入 300 度。光照的錨點控制只有在畫面移動與選轉視角時會有些微變化，一般非應用程式開發者，

或是要對地圖互動光影有特別要求者，照一般預設設定即可。

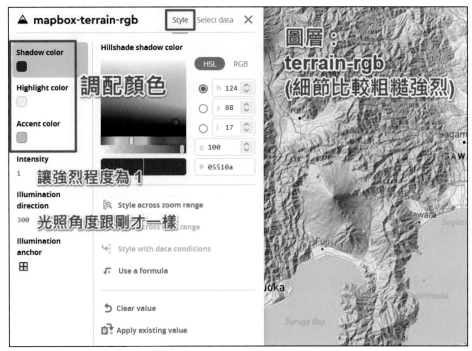

▲ terrain-rgb 圖層的顏色調整

Step 7：加入海域等深線圖層

　　除了等高線以外，我們也來加入等深線（bathymetry），讓海洋的深度也能有高低起伏的效果；其實等深線圖層在 Mapbox 說明文件也沒有介紹，那讀者是否好奇筆者是怎麼知道這個資源的？筆者是從 Mapbox blog 的新知文章意外搜尋到的，有時候有部分的圖層可能屬於實驗階段，或是較新的物件，會在該官方的部落格進行介紹，善用文章資源可以讓你的地圖更加豐富喔！

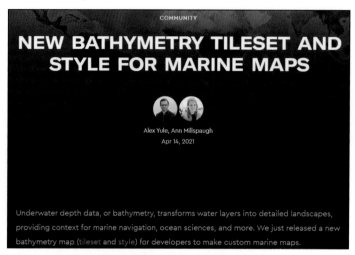

▲ 介紹「等深線」圖層的文章

（網址：https://www.mapbox.com/blog/new-bathymetry-tileset-and-style-for-marine-maps）

　　我們來站在巨人的肩膀上，借用並擷取別人已經調整好的海域，在部落格的文章中有一段「copying this example map style」，點擊這個連結後會導引到該範本的 Mapbox 地圖，然後再點擊右下角的「Copy」，即會複製一份到你的 Mapbox Studio 專案。

▲ 導引到等深線的地圖範本

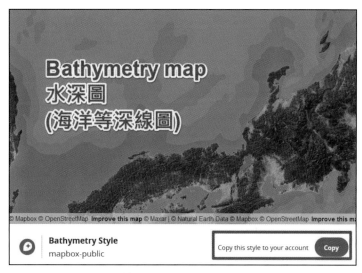

▲ 海洋等深線圖，又名「水深圖」

在複製過來的地圖專案上（名稱應為「Bathymetry Style」），於圖層頁籤選擇 water-depth 圖層，然後切換到該圖層的「切換到 Select data（資料選擇模式）」，從 Source 來源選擇去檢視這個圖層的專屬 ID，並記住它（mapbox-public.bathymetry）。

▲ 記住這個水深圖層的 ID

回到我們自己的地圖專案，於圖層頁籤選擇增加圖層，Source 來源選擇用 ID 方式加入新圖層，輸入剛才水深圖層的專屬 ID 並按下 Find，即可把該圖層加入。

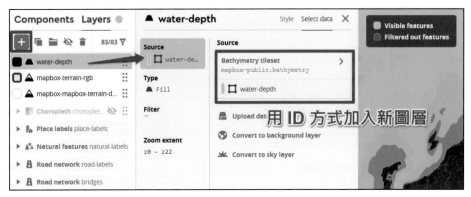

▲ 回到自己的地圖專案，追加水深圖層

Step 8：複製別人已調整好的 Style 格式

再來我們來學習「如何複製別人已調整好的條件格式」，在剛才複製過來的來源地圖專案上，點擊它的水深圖層（water-depth），在 Style 的 Color 可檢視它的顏色條件格式，然後點擊右下方的 JSON 格式（符號為「</>」），直接複製這些文字。

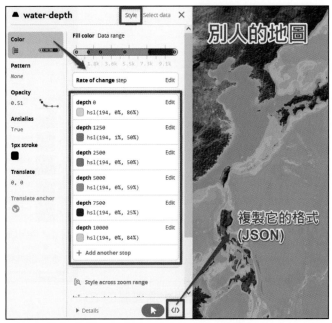

▲ 到剛才複製的地圖專案，檢視別人調整好的 JSON 格式

▲ 複製這份格式

　　然後回到我們的地圖專案，在剛才新追加的水深圖層，一樣在 Style 的 Color 選項，切換到 JSON 格式調控介面並貼上剛剛複製的文字，此刻就會發現我們的水深圖層已經套上這個樣式了。

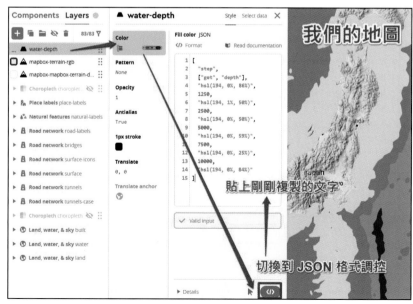

▲ 把複製的樣式，貼到自己地圖專案的水深圖層

　　對圖層進行微調，把水深圖層拖曳到下方（建議在倒數第 2 層），並把透明度數值調整為 0.5；然後把「Land,water & sky」的 water 群組隱藏後、再單獨開啟「water」單一圖層，也把其透明度數值調整為 0.5，此刻水深樣式就會是灰色與藍色的疊加，形成不同顏色的樣式，讀者也可試著自行調控不同的數值並觀察其變化。

▲ 調整水深圖層透明度為 0.5

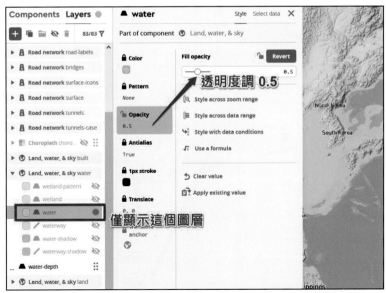

▲ 單獨開啟「water」單一圖層，並將透明度調整為 0.5

Step 9：調整自然地形的地名文字與語言

　　再來調整圖層的顯示與順序，國家及地圖圖層僅顯示「country-label」，把一般地圖都隱藏；然後依序調整與地形相關圖層的呈現順序（也只有這些圖層能被拖曳移動，因為他們皆屬於額外加入的圖層，並未被預設的地理組件所綁定），我們讓「terrain-rgb」、「terrain-dem-v1」圖層在等高線文字標籤及面量圖的上方。

▲ 調整圖層呈現順序

　　回到地理組件頁面，選擇「Natural features」組件來調整顯示的自然地名的語言，在 Language 語言調為 Local（顯示在地語言），Label style 可以選擇顯示文字與圖示（或僅顯示其中一個），Label density 可調整顯示的密度。然後在下方的「Typography」字型的部分，在 POI 興趣點（Point of interest）可調整文字大小並選擇字型（但因為本實作希望顯示日文文字及中文字，故預設字型在這邊無法發揮作用，除非讀者有自備 .ttf 或 .otf 格式的日文或中文字型檔上傳）。

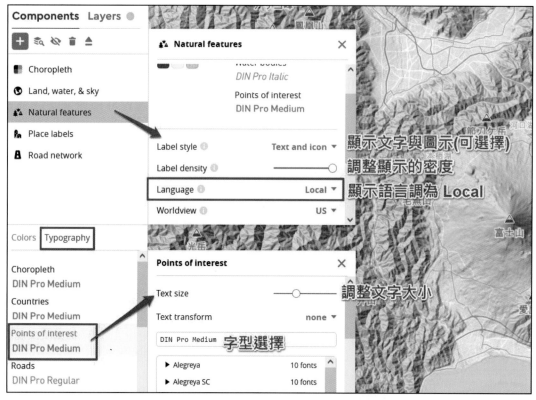

▲ 調整自然地形地名的顯示語言

Step 10：調整水域地名的文字標籤

再次切換到圖層頁籤，選擇 water-point-label （水域地名的文字標籤）圖層，解鎖調為手動控制模式（Override），調整文字的邊框顏色（Halo color）與粗度（Halo width），我們設定為白色，透明度數值 100，粗度調為 1.5 px；設定完畢之後，可 zoom-out 觀察水域標籤的改變。

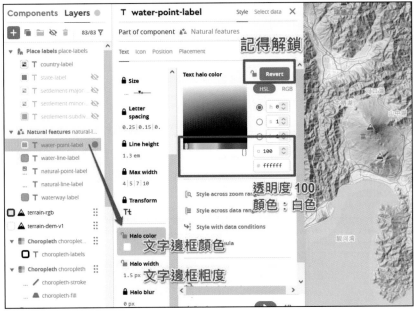

▲ 調整海域的文字邊框顏色

　　然後，選擇 natural-point-label （自然地名的文字標籤）圖層，其控制山岳、森林等自然地名的文字標籤，我們也比照上面的設定來處理；設定完畢之後，可 zoom-out 觀察山岳名稱標籤的改變。

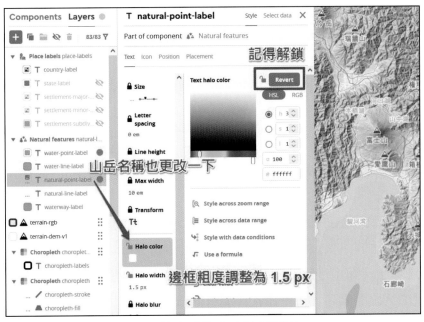

▲ 調整山岳的文字邊框顏色

Step 11：微調圖層上色的條件數值

　　因為原本的海域等深圖範本，是以全世界為範圍進行深度的設定，假設我們想要近海海域的層次更明顯一些，所以我們要來快速調整原本的條件數值。選擇「water-depth」並複製一份出來額外調整（避免調錯時可快速刪除，或是拿來與原版的設定比對較為方便，原始圖層可先設定為隱藏），複製出來的圖層為「water-depth copy」，選擇 Color 並切換到 JSON 格式，在該格式下，我們直接對「藍色的文字」（即海深線的數值）進行調整。

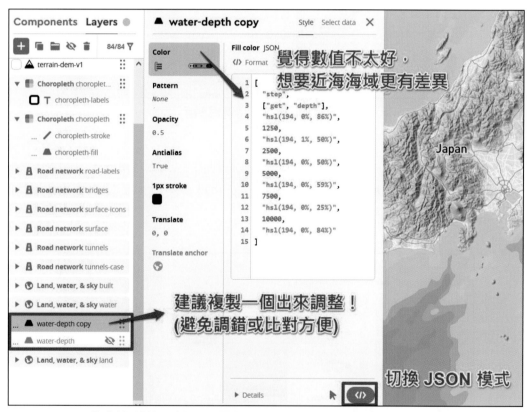

▲ 複製海域等深線的圖層並切換到 JSON 格式進行顏色的調整

　　我們把藍色文字依序調整為 500、1500、3000、5000、7000，然後可以讓顏色第一組為「hsl（194, 0%, 85%）」，後續幾組僅調整最後的 % 程度，如本實作從85% 漸降到 10%，藉由一邊遞降、一邊可直接看地圖顏色的差異並逐步調整，如果能習慣用此方式調整顏色，可稍微提升調整的效率！

▲ 邊調整邊看地圖顏色變化，調整出屬於讀者自己滿意的色調

Step 12：輸出圖片檔

　　最後來把地圖輸出成高解析圖片檔保存，按住「Ctrl 鍵」加「滑鼠左鍵」拖曳移動，可將整幅地圖傾斜角度顯示、也可旋轉視角，並把地圖中心移到西太平洋地區（菲律賓海），zoom 介於 4 到 5 之間；調整到滿意的輸出圖面後，點擊右上方的出圖 Print（列印輸出），在左側的設定畫面，我們寬度調整為 28 公分、高度為 22 公分（略大於橫向 A4 紙張規格），解析度設定為 300 dpi（高解析度），即可輸出圖片，完成自然地形圖的圖片製作。

▲ 調整視角與角度後，輸出圖片保存

6.6　實作：3D 陸海空通通都給你的地形圖製作

🍵 實戰資訊

實作任務說明

本段落承接上一個實作，將地圖進行 3D 化呈現，並同時將陸海空可調整的參數全部用上，並嘗試在某一高度視角時呈現等高線的立體色溫圖，最後介紹線上發布共享網址的方法，讓讀者們可以輕鬆分享自己創造的地圖！

▲ 3D 地形圖配上迷幻的天空色彩

▲ 等高線套疊 3D 地形圖的呈現

使用資料集

▪ 無（延續前一個實作資料）

Step 1：複製前一階段成果

　　我們延續上一個實作的地形圖專案（如讀者想要單純保留上個專案的結果，也可額外複製一份專案出來實作，回到 Mapbox Studio 清單頁即可進行地圖複製，複製專案後，會自動命名新專案名稱為「（被複製的專案名字）-copy」，複製後記得再進去更改名稱）。也可直接延續前一個專案內容繼續製作，筆者操作時無額外複製專案。

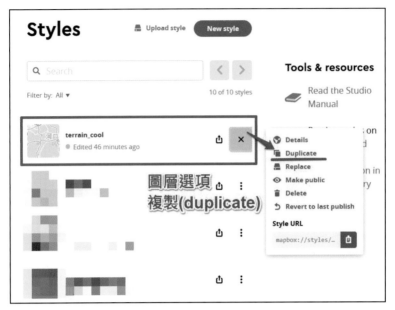

▲ 複製專案後，會自動命名新專案名稱為「（被複製的專案名字）-copy」

Step 2：依 zoom 的階層調整地形圖強烈程度

　　先到地理組件頁籤，先隱藏「terrain-rgb」圖層，來調整「terrain-dem-v1」圖層，點擊 Intensity 的 Style across zoom range，設定讓地形圖的強烈程度，能隨著 zoom 階層的不同而變動。

▲ 設定強烈程度讓其隨 zoom 而變化

　　在設定介面上，上方的 Hillshade 可圖示化你現在的調整結果，如現在是一平行線，表示都不會有變化；下方則表示 Zoom = 0 時，其強烈程度為 0.8、 Zoom = 22

時，其強烈程度亦為 0.8。提示下面有個選項是「clear value」，該功能可清除所有設定，當你覺得調整得太混亂的時候，可以清除全部重來。

　　我們可點擊每一組設定條件的 Edit 來進行編輯調整，如果想要增加更多條件則可點擊「+ Add another stop（增加另一個斷點）」來做更多不同的變化。

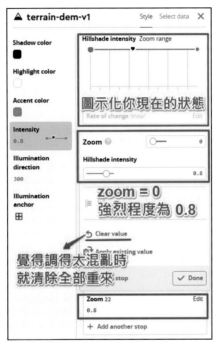

▲ 檢視跨尺度變動的設定條件介面

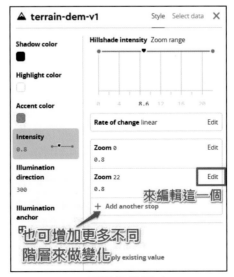

▲ 編輯條件設定

　　我們來編輯第二個條件，設定 Zoom 為 9，讓 Hillshade intensity 為 0.2，此即表示「當 zoom > 9 的時候，其強烈程度會維持 0.2 」，而「zoom 從 0 到 9 之間，其強烈程度會從 0.8 降至 0.2」，從上方的圖示化界面的折線改變，即可解釋我們調整的變化，其中的折線上的「黑點」就是顯示你現在地圖 zoom 的層級，方便讀者快速檢視。

　　會把強烈程度降低，是希望我們檢視地圖，在貼近地表的時候，其地形圖的強烈起伏可以不用這麼明顯，畫面的視覺主角應放在等高線的面量圖的顏色上。

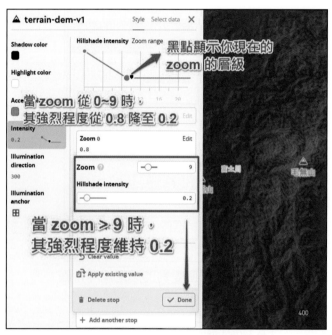

▲ 設定不同的條件變化（可搭配滑鼠滾輪觀察上方 Hillshade 黑點移動）

Step 3：重新配置等高線的面量圖階層

　　而我們畫面在看富士山周邊的時候（可從右上方的地圖搜尋欄輸入「富士山」會搜尋到「日本靜岡縣……」等地址，隨意選一個即可定位到富士山附近），會發現好像整體顏色差異並不明顯，這是因為預設的階層的差異，是用全世界的高山來做相對數值的劃分與調整；但因為富士山整體高度不算太高，如果要呈現其與周邊的差異的話，筆者建議可以把「高程（ele）」標準稍微降低，使等高線的色差能在日本的山區顯示得更明顯。

接著來重新配置面量圖階層的顏色，在地理組件頁面選擇 Choropleth（面量圖），顏色調整依序填入 -410、400、800、1400、2000、2800、8840，而最矮的那一層的顏色，因為其包含水平面（及海面），我們把他的顏色透明度調 0，使整體視覺好看一些，完成後即完成基本的高程面量圖。

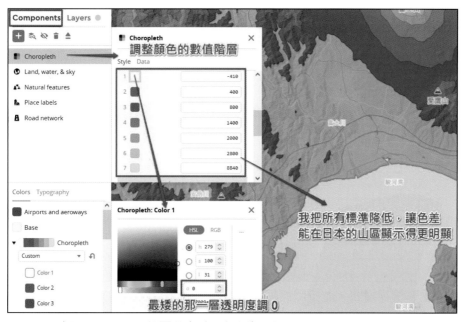

▲ 重新配置面量圖階層的顏色（並將最矮的那一層改為透明度 0）

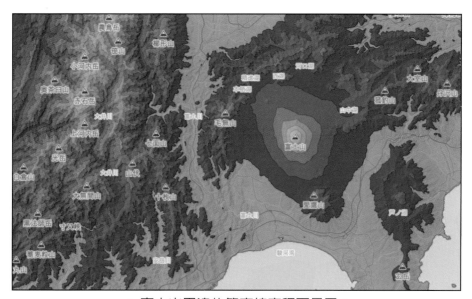

▲ 富士山周邊的等高線高程面量圖！

Step 4：開啟 3D 地形模式

在畫面上方工具列的「3D properties」，選擇「Terrain」選項並點選「Enable 3D terrain（開啟 3D 地形檢視）」，「Exaggeration」可將高程放大到 7，按住 Ctrl 鍵加滑鼠左鍵拖曳移動，則可調整俯瞰的 3D 角度。

▲ 開啟 3D 地形檢視模式，並按照此圖修改參數（新版介面的 3D 選項會出現在左上側）

 Tips

注意一下，新版介面的 3D 選項會出現在左上側，並非本書截圖的正上方。因本軟體為線上工具軟體，故有時候介面版本會有稍微更動，讀者如果找不到本書所介紹的功能位置，麻煩可再稍微用力檢視看看，通常好用的功能與工具是會延續下去的，至於按鈕位置的更動，通常是因為考量讓用戶使用的更便利而更改。

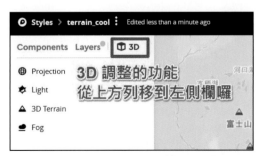

▲ 在 2021 年底的時候，mapbox 有稍微改版，將 3D 選項按鈕移至左側選項欄的上方，功能內容無更改，僅位置換了一下，特此提醒讀者！

Step 5：設置天空顏色

在前一步驟 3D 角度拉平的時候，會發現天空現在沒有顏色（透明的），這時可從地理組件（Component）頁籤的「Land, water, & sky」去進行設定，把 Sky 選項開啟，下方的 type 調整為「Gradient（顏色漸層）」（另外還有「Atmosphere」可以調整，有早上、中午、傍晚及晚上等時間的天空建議顏色）。而顏色漸層的類別（Color scheme）有「Single color（單一顏色）」、「Monochrome（單一漸層）」、「Analogous（相似色配色法）」、「Split complementary（分割互補色配色法）」。另外選項 Reverse gradient 可以反轉顏色順序。

▲ 少了天空的顏色

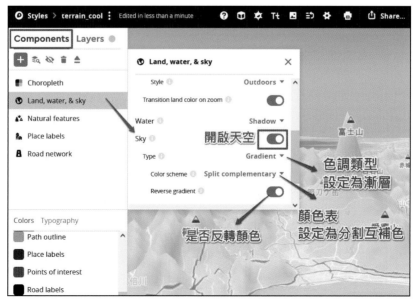

▲ 開啟天空並設定顏色

最重要的天空主色，可由左下方的 Colors 區域控制，點擊「Manage colors」加入天空的主色調，配合前述的漸層類別的變化，可以組合出多種迷幻色彩，讀者有興趣都可以一一點擊嘗試看看。

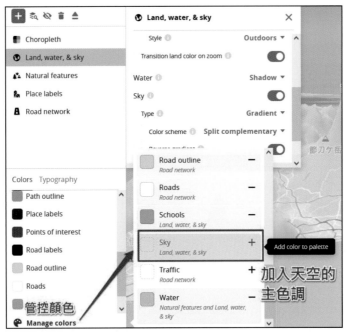

▲ 天空主色調的調整

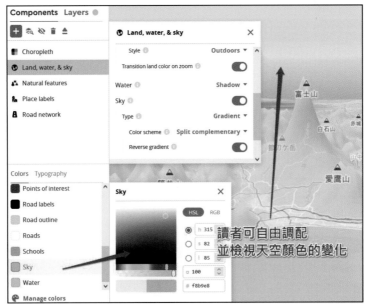

▲ 如本實作以粉色系天空（色碼 #f8b9e8），配合分割互補色去調整漸層

Step 6：添加薄霧模式

　　除了天空顏色以外，如果我們想在視角的遠處（近似地平線的地方）加上薄霧的效果，一樣在工具列的「3D properties」，選擇 Fog 選項並「Enable Fog（開啟霧）」，在 Range 的 Near 和 Far 分別可以調整在近景、遠景下，薄霧的影響範圍，本實作輸入數值 0.5、15；Horizon blend 為霧的顏色從水平線向上與天空混色的混合程度，我們輸入 0.05；最下面為霧的顏色與透明度調整，我們透明度值輸入 70，顏色選擇淡黃色（色碼 #fafa75）。

▲ 薄霧模式的顏色與混合程度調整

　　讀者對於薄霧遠近影響與混色的測試，可建議依序輸入「1（Near）、20（Far）、0（混合程度）」，再來換「20、1、0」，然後一樣的數值下，對混合程度進行 0 至 1 的調正，這樣應可以更清楚這三項數值分別控制的要素。

▲ 天空漸層與薄霧混合的迷幻樣式產生！

Step 7：衛星圖套疊

　　前面談了這麼多，如果讀者想要有個簡單、真實的衛星影像來製作高度地圖，該怎麼做呢？筆者這邊來教學一個最實用的技巧！首先把地圖拉回到台灣的山脈，再次調整一下圖層順序，並隱藏一些暫時用不到的圖層。讓地名文字標籤的圖層在上方，再來是地形圖的高程地圖（rgb、dem-v1），然後才是等高線的面量圖，最下方則可保留道路相關圖層。

▲ 調整圖層順序並隱藏用不到的圖層

在圖層頁籤追加新圖層，從 Source 那邊選擇 your sources，通常會在「Unused sources（目前沒用到的資料圖層）」，選擇「Mapbox Satellite（衛星影像）」。成功加入後，會在最上方多一個圖層，也因為它在最上面，所以會直接套疊到下方的 dem 相關的高程地圖，擬真程度 100 分！

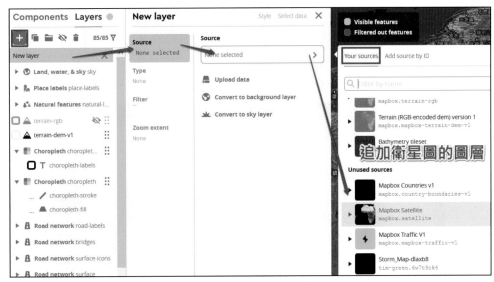

▲ 追加衛星圖的圖層

▲ 雙北地區的衛星影像與高程地圖套疊成果

Step 8：發布與線上預覽

最後也是 Mapbox Studio 最重要的功能之一，把你客製化後的風格地圖，進行線上發布，以共享網址的方式給別人瀏覽，或是允許第三方軟體套用（如：QGIS、Tableau、Kepler.gl 等各類的軟體）。首先我們點擊右上方的「Share...（分享發布）」，然後會跳出草稿模式與產品模式的視窗（Draft / Production），我們在「草稿模式」下，可測試複製以下兩個網址（Preview only 及 Website embed），以瀏覽器無痕視窗檢視，看看整體效果如何。

▲ 分享發布前的兩種模式選擇（草稿模式）

其中 Developer resources 是指給開發者使用的資源選擇，下面有提供 Web、iOS、Android、Unity、Third party（第三方使用）之類的不同選項，如讀者非開發 App 的工程師，一般常用的是「套用到第三方使用」，這邊要注意的是，草稿模式下的整合連結網址（Integration URL），目前是沒有作用的，也就是介接會失敗，需正式轉成「產品模式」。

Step 9：下載 mapbox JSON 格式專案檔

請讀者點選最下方的 Download，即可下載 mapbox 專用的 JSON 格式專案檔（包含地圖樣式格式、用戶上傳的 svg 檔、TTF 字型檔等內容），該檔案可自行儲

存備份及分享給其他人，下次開啟新的地圖專案檔時，可直接上傳該份 JSON 資料，即可重現這份檔案所調整的參數結果。

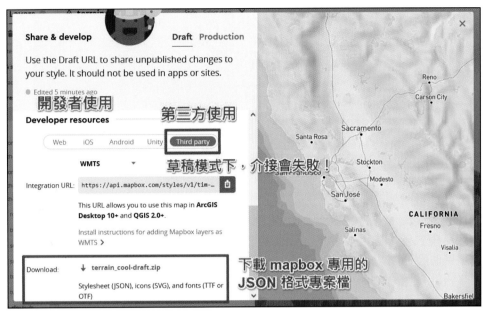

▲ 點最下方的 Download 可下載整份資料的 JSON 地圖專案檔

Step 10：介接 mapbox 公開地圖

　　如果要正式提供公開地圖服務，可切換到標準「產品模式（Production）」下，選擇第三方使用，使用型態有：「WMTS（網路地圖圖磚服務）」、「ArcGIS on-line（線上地理資訊平台）」、「CARTO（線上地理資訊平台）」、「Tableau（資料視覺化軟體）」、「Fulcrum（Java 套件庫應用於地圖開發工具）」多種模式供選擇，我們在此選用 WMTS，其在一般地理資訊軟體內屬於較通用的型態，然後複製它的 Integration URL。

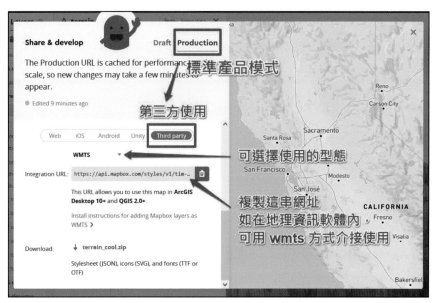

▲ 轉為產品模式後，選用 WMT（若讀者想嘗試介接此地圖，可複製此 api 網址並嘗試導入到其他服務中）

　　最後設定調整完成後，點擊右上方的 Publish，會有一個檢視視窗讓用戶了解地圖發布前（左）與發布後（右）的改變（發布前的狀態其實就是我們一開始讀進來的戶外範本而已）。發布檔可以選擇另存新的檔案，或是覆蓋原有的發布檔，我們直接選擇 Publish 就好（因為是第一次發布），幾分鐘後就會成功發布！

▲ 正式發布該地圖專案檔！

Tips

如果讀者熟悉 QGIS 軟體的 wmts 介接的話，可以直接把該 api 網址直接呼叫進去作為 QGIS 的底圖檢視。詳細操作可參考中央研究院 QGIS 資源網文章—「在 QGIS 軟體中加入台灣百年歷史地圖」，在網址部分直接更改為我們 mapbox 專案的網址即可。（http://gis.rchss.sinica.edu.tw/qgis/?p=2569）

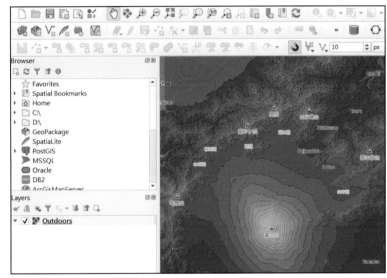

▲ 從 QGIS 軟體載入發布的 api 網址

▌6.7　實作：颱風點位路徑視覺化

實戰資訊

實作任務說明

本段落主要目的在於教會讀者自行繪製資料或上傳既有資料，並練習把之前下載的地圖專案檔（json 檔）重現之前的地圖樣式；大家可以輕鬆隨意練習，色調與樣式隨你喜歡的樣式即可，本次以颱風點位資料為範本，將其進行簡易的資料視覺化（讀者可按照本段落的實作流程，隨興玩玩看 Mapbox 的相關功能）。

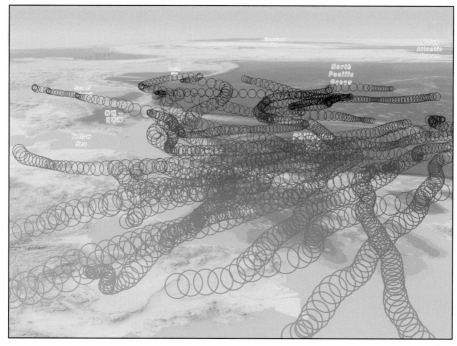

▲ 颱風點位路徑的資料視覺化

使用資料集

- IBTrACS_typhoon2017.csv（颱風資料集）
- terrain_cool-draft.zip（筆者已經完成的 json 成果包）

Step 1：自行繪製資料

　　如果想要自己繪製一些簡易的點線面標註在地圖上，一同與 mapbox 的底圖一起呈現給別人看，該怎麼做呢？先從 Mapbox Studio 首頁選擇右上方的 Datasets，這邊就是資料集的繪製或上傳保存的地方；接著選擇「New dataset」增加新的資料集，再點擊「Blank dataset」由空白的資料集開始創造與繪製，然後幫這個新創的資料集命名（我們先叫它 typhoon_test1），點擊 Create 創造！

▲ Datasets 為本工具儲存與保管用戶自行繪製（或上傳）資料的地方

▲ 自行繪製增添新的資料，從空白資料集開始！

　　通常第一次進入的話，會有一個快速的導覽，大致上功能有「自行繪製、上傳資料、編輯屬性、輸出為 tileset（圖磚檔）」，最後完成的資料集變成一幅幅的圖磚檔（圖層）後才能由 mapbox studio 的地圖樣式編輯器（style editor）來讀取。（如果沒看到下圖的介紹導覽的話，沒關係，筆者已經截圖給你看了！）

▲ 資料集功能的快速介紹

　　首先我們點擊左側欄上方的「線資料」，這樣就可以來繪製線的物件，再對地圖點擊左鍵繪製，本實作隨意繪製一條類似漩渦的線條（讀者可任意自由繪製即可），完成的時候可點擊左鍵兩下或點擊右鍵結束編輯。

　　同時左邊也會顯示編輯資訊，可見圖的範例：筆者繪製的線條長度有 2 千公里左右、由 19 個折點組成；標靶的圖示可協助我們縮放到該物件的位置、而垃圾桶的圖示可用來刪除物件。

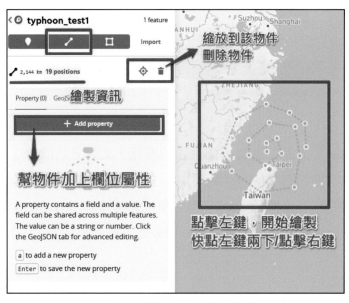

▲ 可隨意繪製一些線條物件

Step 2：建立線條屬性

完成第一條線條後，點擊「+ Add property」幫物件加上欄位屬性，我們幫物件加上兩個欄位名稱，像是「name」表示名稱、「uuid」表示編號，然後賦予這些欄位值（value），舉例：它名稱為 eddy、編號為 1，「" / #」分號與井字號圖示表示這個數字是文字型態（string）或是數字型態（number）。這邊讀者都可以隨意測試看看。

▲ 幫自行繪製的物件加上欄位與值的內容

Step 3：繪製面物件

此步驟可再繪製 4 個面物件（點選 Draw a Polygon），加上原本的線物件，共計有 5 個物件，最後完成後按右上方的儲存（Save）與發布（Export），儲存之前畫面也會提醒用戶這次的編輯異動個數。

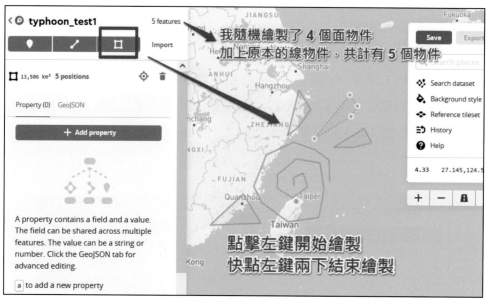

▲ 再多繪製一些面物件

▲ Save 後，畫面會提醒這次編輯異動的物件個數

　　右側欄位有數項功能，像是可協助我們找尋物件（Search dataset），也可以用物件的屬性內容去過濾篩選，其他比較重要的功能有歷史步驟紀錄（History），也是幫助讀者復原上一步的好幫手。

▲ 檢視剛剛繪製的物件

Step 4：發布圖磚

　　接下來，我們將進行圖磚（tileset）的發布，發布後該工具會把這批資料集（dataset），轉變為向量式圖磚，以利後續地圖編輯讀取與使用，筆者將其命名為「typhoon_test1」，然後按 Export，發布成功後，右下方會有一個提醒通知，會產生一組圖磚唯一碼，方便其他地圖專案找尋與套用，可以點擊複製它並保存起來（或是等要用到的時候再去圖磚檔案找也可以），後續就可以方便取用。注意免費的用戶，一個月有 20 次上傳的限制，且檔案總量要在 300 mb 以下，其他相關規則可詳下方的連結網址介紹。

▲ 把資料集（dataset）發布為向量式圖磚（tileset，即地圖工具可讀取的圖層）

▲ 發布成功後會跳出提醒通知與該組圖磚的唯一碼

Step 5：自己上傳資料（dataset）

　　再來我們測試另一種檔案上傳的功能，如果我們已經有自己的資料集，該怎麼匯入與顯示呢？一樣我們先回到 Mapbox Studio 首頁並選擇右上方的 Datasets，選擇「New dataset」增加新的資料集，這次選擇「Upload」從自己電腦的資料夾內選擇上傳的檔案。

　　我們以「IBTrACS_typhoon2017.csv」西太平洋區域的 2017 年颱風路徑檔案為例（可將檔案直接拖曳進去讀取）。點擊 confirm 確認後，幫此資料集取一個名字，我們沿用 csv 檔案的名稱「IBTrACS_typhoon2017」，再點擊 Create 創造檔案。

▲ 從 Datasets 點擊新增資料集

▲ 上傳颱風路徑資料

▲ 創建新資料集並命名

　　檢視上傳的颱風資料，滑鼠點選到任意一個點位，可查看到資料的內容共有 5 個欄位，分別為時間（年份）、海洋區域、颱風名稱、時間、風速；在數值欄位那邊有「" / #」分號與井字號圖示，分號圖示會顯示「The current type is a string（現在是文字型態）」，井字號圖示則會顯示「Make this value a number（切換該值為數字格式）」，我們可用此功能調整資料型態（提醒一下，因為本資料集內容個數很多，一個個調整太慢了，後續本實作將教學另一個方法能更快固定數字型態的方法）。接著一樣將上傳的資料進行儲存後再輸出，並命名為「typhoon2017」。（圖磚唯一碼的 ID 產出後我們可以不用立刻複製，這次可先暫時忽略它）

▲ 檢視颱風路徑的點位資料欄位

▲ 我們命名該圖磚（tileset）名稱為「typhoon2017」

Step 6：檢視可用的圖磚檔（tileset）

回到 Mapbox Studio 首頁並選擇右上方的 Tilesets，下面會顯示各種可用的圖磚（tileset）圖層檔，我們從 Filter by Custom tilesets 的選項，篩選並快速檢視屬於「我們自己的圖磚集」（非 mapbox 預設的圖磚集），像是我們剛才創造的「typhoon2017」。

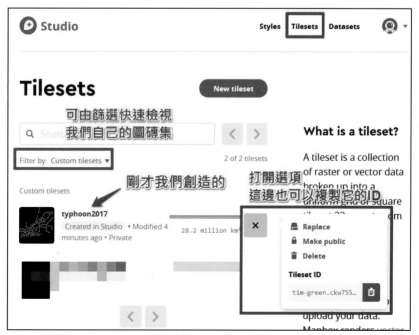

▲ 檢視現有可用的圖磚檔案

Tips

每一個圖磚檔右側的選項，可以對其進行「Replace（資料來源替換取代）、Make public（將其設定為公開）、Delete（刪除）」或是檢視其圖磚唯一碼 ID。

Step 7：上傳過去完成的 JSON 專案檔

　　這邊請讀者回憶一下，前一個實作我們最後有下載一份地圖專案檔（zip 檔），其檔案名稱應為「terrain_cool-（某英文數字組成的亂碼）.zip」（如果讀者取別的名稱的話，這邊就會顯示你取的名稱），先將其解壓縮後會得到字型圖片檔資料夾、一份 json 格式檔與一份 txt 說明文件。

　　然後回到 Mapbox Studio 首頁的 Styles，我們來試著上傳那份 json 檔，選擇「Upload style」並從我們電腦位置選擇該 JSON 檔案上傳；上傳成功後，可以快速重現該份 json 檔案的圖層設定與樣式，建議可幫該份新的地圖專案檔重新命名（筆者這邊命名為「terrain_cool_again」），避免跟之前專案檔重複名稱混淆。

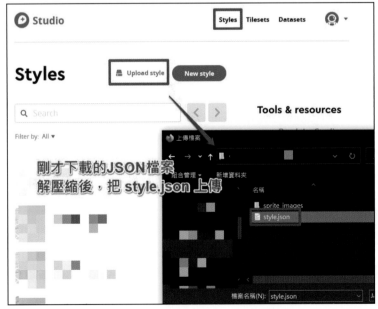

▲ 上傳地圖專案檔的 json 檔案

▲ 這樣就可以快速重現該份 json 檔案的圖層設定與樣式

Step 8：上傳過去完成的 JSON 專案檔

　　接下來，再把自己稍早繪製的圖磚檔匯入，到 Layers 的頁面增加新圖層，來源
選擇「typhoon_test1」，加入後會發現整塊變成面狀（預設呈現），因為這個圖層
我們有繪製線條與多邊形，mapbox 無法自己決定優先以什麼方式來呈現這些物件，
我們點擊該圖層後「切換到 Select data （資料選擇模式）」，在 type 那邊選擇 line
它就會變成用線條來呈現了。

▲ 加入剛才自己畫的資料

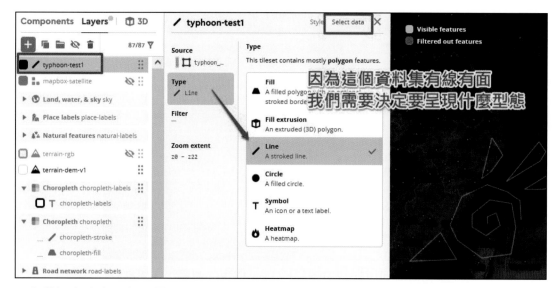

▲ 由我們來決定這個圖層要呈現什麼型態（Line 線條或 Fill 面狀等），點選完畢之後也可自行修改該圖層樣式

Step 9：資料視覺化

最後一個步驟，我們來練習上傳既有的資料集，首先我們從 Components 頁籤加入「資料視覺化（Data visualization）」，在 Data 的資料來源可以從圖磚來選既有的圖層，也可以重新上傳資料集。筆者雖然前述有教學大家上傳自己的 csv 檔生成颱風路徑點位的圖磚檔（右下方的 typhoon2017），但該圖磚檔有一個小缺點，就是「風速」欄位會被系統判斷成是「文字型態」，導致在做後續視覺化的調整時，它無法像「數字型態」能被自然的區分出由小到大；所以這邊推薦用「自行上傳資料（Upload data）」，在後續作業上就不會遇到類似的情形！

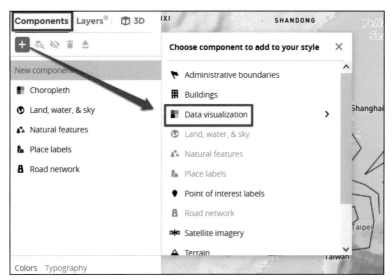

▲ 由 Components 頁面加入「資料視覺化」

▲ 推薦自行上傳資料（同樣使用本單元提供的 Typhoon csv 格式練習資料）

▲ 從自己的電腦上傳資料颱風路徑資料

　　我們上傳成功後，系統會自動把 csv 資料自動變成一份圖磚檔並自動命名，如本範例即命名為「IBTrACS_typhoon2017-（一串英文數字組合）」，選擇它作為資料視覺化的主角，然後再選擇「點樣式視覺化圖（Data-driven circles）」，把颱風路徑的點資料進行視覺化呈現。

▲ 剛剛上傳成功的圖層

▲ 選擇點樣式視覺化圖（Data-driven circles）

Step 10：配置資料視覺化的視覺呈現

　　新增加的圖層，可由 style 進行各種視覺化調整，筆者以風速（STORM_SPEED）來調整圓圈大小，以經度（LON）來調整圓圈的顏色，越靠東邊則顏色越偏藍紫色，越靠西邊顏色越篇淺黃色；左下方的調整選項可以快速選擇顏色，整體調整方式類似前一個實作的地形等高線視覺化，讀者可隨自己的喜好進行調整。

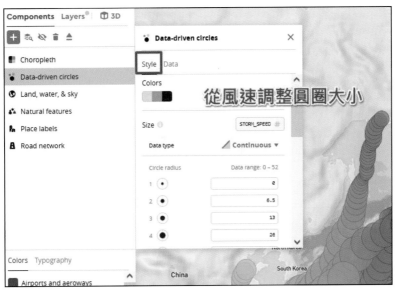

▲ 從風速調整圓圈大小

▲ 以經度來調整顏色

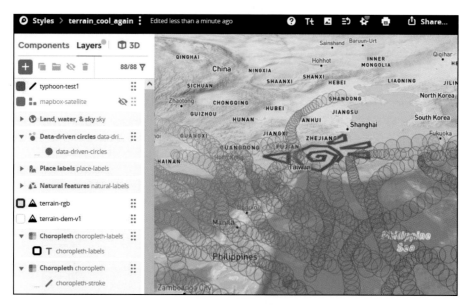

▲ 讀者可自行調整成自己喜歡的顏色與格式

　　最後整幅地圖就有我們自行繪製的奇怪漩渦圖案、上傳的颱風路徑點位資料，到此本單元的練習已經完成，讀者可隨興調整格式後即完成本次實作；本實作目的

在於讓讀者了解如何在 Mapbox 繪製資料、上傳資料，以更彈性且充分的利用 map-box 的底圖製作地圖；透過本實作介紹的技巧，也可應用於繪製商家營業數據點位、建築基地開發位址、旅行過的國家或是山岳攀爬路線等等，只要你能繪製的，通通放上來進行視覺化後並進行更多用途吧！

用 **Tableau** 設計動態互動地圖

▌ **7.1** 認識 Tableau 軟體

　　本單元想介紹給讀者的工具是 Tableau，全球頂尖的商業分析工具！雖然 Tableau 最有名的部分在於商業數據分析，但其對於地理資料視覺化以及地圖製作的功能也相當強大！希望讀者透過本單元的介紹，能夠更認識這套工具，並動手做出有趣的地圖視覺化，分析數據當中的地理空間與時間的關係。

　　Tableau 軟體發展多年，已成為許多企業指定使用的資料視覺化工具，Tableau 從北美的商業分析市場起身，2004 年於美國西雅圖成立，十年後在納斯達克上市，成為軟體界的翹楚。Tableau 近期甚至連續九年（2013 ～ 2021）被 Gartner 商業諮詢公司，報導為全球領先分析工具（Gartner's Magic Quadrant for Analytics, https://en.wikipedia.org/wiki/Magic_Quadrant），此為深具公信力的全球評鑑報告。

▲ 全球最重要的評鑑指標之一，Tableau 連續九年均為領導軟體

（來源：https://www.tableau.com/zh-tw/reports/gartner）

　　Tableau 不僅強化傳統軟體（例如：Excel）的大數據＆視覺化能力，更提供友善、好上手的介面，讓使用者能夠快速進行分析，有效導出洞見，也成爲全球許多企業指定使用的資料視覺化工具，在亞洲或是台灣的市占率也越來越高（同樣是領導工具的 PowerBI 僅支援 Windows 作業系統，而 Tableau 則支援 Windows／Mac 雙系統）。

　　特別值得一提的是 Tableau 的動態圖表快速生成功能，相較於其他軟體，Tableau 能夠像是熟悉的夥伴一般，提供更多視覺化輔助，即使是新手也能夠過智慧化功能自動生成報表，設計也非常漂亮，隨著工具熟悉度的提升，彈指之間，創作出超專業視覺分析圖表。

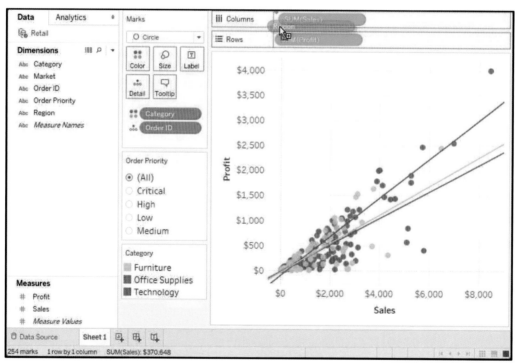

▲ Tableau 軟體的操作介面與視覺圖表呈現功能，非常好上手

一、關於 Tableau 的地圖系統

　　Tableau 擁有強大的地圖功能支援，除了可透過 GPS 資訊進行視覺化繪製之外，還內建了全球國家名稱，以及部分的地名資料庫等等，也可自行擴充上傳自己的經緯度資訊。

Tips

Tableau 除了可使用自己的地圖圖資之外，還可以整合第三方圖資像是 mapbox、Google Map 等等，也可以使用自己的地圖背景圖片（jpg / png 等格式）。

二、Tableau 地理資訊欄位解讀支援

關於地理資訊欄位的解讀能力，Tableau 除了支持經緯度座標的標記之外，也可載入像是 GeoJSON、Shapefile 等類型的格式，此外也可讀取像是地名、機場等等屬性資料，主要支援：全球機場代碼、城市、國家、地區、領地、州、省的字串對應，並同時支援部分國家的郵政編碼和二級行政區（縣同級別地區）名稱。

▼ Tableau 官方提供的地理資訊欄位辨識標準

（來源：https://help.tableau.com/current/pro/desktop/zh-tw/maps_geographicroles.htm）

地理角色	適用範圍	地理角色判斷依據 / 資料來源
機場	全球	國際航空運輸協會（IATA）或國際民航組織（ICAO）機場代碼。
區號	（美國）	美國電話區號；僅限數字。
CBSA/MSA	（美國）	由美國行政管理和預算局定義的美國核心基礎統計區域（CBSA），包括大都市統計區域（MSA）。可識別 CBSA/MSA 代碼和名稱。
城市	全球	全世界人口達到或超過 15,000 人的城市。名稱使用英語（英國英語和美國英語）、法語、德語、西班牙語、巴西葡萄牙語、日語、朝鮮語和中文（簡體中文和繁體中文）顯示。
國會選區	（美國）	美國國會選區。
國家 / 地區	全球	全世界的國家、地區和領地。名稱使用英語（英國英語和美國英語）、法語、德語、西班牙語、巴西葡萄牙語、日語、朝鮮語和中文（簡體中文和繁體中文）顯示。Tableau 還可識別 FIPS 10、ISO 3166-1 alpha 2 以及 ISO 3166-1 alpha 3。名稱使用多種格式，包括長名稱、短名稱，以及各種縮寫。
County	全球	所選國家 / 地區的二級行政區域。例如，美國的郡 / 縣、法國的 départements、德國的 kriese 等。 注意：二級行政區域定義因國家 / 地區而異。在 Tableau 中，所有二級行政區域都使用「郡 / 縣」地理角色進行編碼。

地理角色	適用範圍	地理角色判斷依據 / 資料來源
NUTS	（美國）	NUTS（地域統計單位命名法）1-3 級代碼。支持代碼和名稱，包括同義詞。
緯度	全球	以十進制度數為單位的緯度。只能用於數字字段。
經度	全球	以十進制度數為單位的經度。只能用於數字字段。
州 / 省 / 市 / 自治區	全球	全世界範圍的州 / 省 / 市 / 自治區，以及其他一級行政區域。名稱使用英語（英國英語和美國英語）、法語、德語、西班牙語、巴西葡萄牙語、日語、朝鮮語和中文（簡體中文和繁體中文）顯示。注意：某些名稱只能使用其本地形式。
郵政編碼	全球	所選國家 / 地區的郵政編碼。例如，美國的五位郵政編碼、澳大利亞的四位郵政編碼、德國的五位郵政編碼等。

其中針對台灣的部分，官方資料也有說明可判讀的相關文字，包括：機場、城市、縣市、洲、郵遞區號。

▼ Tableau 對臺灣的地理資訊欄位支援類型

（來源：https://www.tableau.com/zh-tw/mapdata）

Tableau 地理資訊類別	補充說明
機場	機場名稱
城市	城市名稱
郡	地區、縣轄市、鄉鎮市區
州 / 省	省、直轄市、縣、市
郵遞區號	郵遞區號數字

 Tips

Tableau 主要對美國地區的資訊擁有最完整的支援，像是美國的地區代碼、美國核心基礎統計區域（CBSA）、都市統計區域（MSA）、國會選區和郵政編碼等等都可以辨識。

三、Tableau 可以連結的空間資料庫類型

除了基本的地理欄位的認識之外，Tableau 同樣提供強大的地理空間資料庫連結的支援，主要提供以下四種資料庫的連結機制：

▼ Tableau 主要支援的空間資料庫

（來源：https://help.tableau.com/current/pro/desktop/zh-tw/maps_spatial_sql.htm）

項目	網址	說明
Microsoft SQL Server	https://www.microsoft.com/zh-tw/sql-server	微軟推出的知名資料庫軟體。
PostgreSQL + PostGIS	https://postgis.net/	PostGIS 延伸 PostgreSQL 的關聯式資料庫設計，增加了空間類型資料的儲存機制。
Pivotal Greenplum + PostGIS	https://pivotal.io/pivotal-greenplum	大數據資料庫，提供 Petabyte 量級的資料批次模式的分析，強項是效能與生產力。
Oracle	https://help.tableau.com/current/pro/desktop/zh-tw/examples_oracle.htm	同樣為全球知名的資料庫系統。

舉例來說，我們可以透過 Tableau 直接傳送 SQL 指令，讓資料庫來執行，像是以下的語法，就可以將 SQL 指令推送到原始的 Microsoft SQL Server，並進行資料庫空間欄位比對任務。

計算欄位公式
RAWSQL_SPATIAL("Select %1.STIntersection(%2.STBuffer(200))",[school_geom], [park_geom])
公式說明：選擇公園環域 200 範圍之內的學校，其中 %1 表示是 [school_geom]，而 %2 表示是 [school_geom] 的參數

由於 SQL 實戰涉及到資料庫系統的概念，本書先不在此著墨，僅摘要說明概念，有興趣的讀者，也可以到此網址延伸學習（https://help.tableau.com/current/pro/desktop/zh-cn/maps_spatial_sql.htm）。

▌7.2　Tableau 下載、安裝、介面導覽

　　本段落主要介紹 Tableau 工具安裝及資料導入方法，其安裝流程並不困難，讀者可參考本篇的教學步驟進行。此外，本篇 Tableau 相關的教學介紹主要以「Tableau Public」軟體為主，其可免費操作，功能也非常完整。

 Tips

由於 Tableau 軟體會不斷更新，本書撰寫過程，筆者使用的作業系統是「MacOS 12.1」+「Tableau Public 2021.3.1」版本，讀者操作的版本可能會與筆者不同，如果操作上有任何問題，都歡迎發信給筆者（foxfirejack@gmail.com）。

一、下載與安裝 Tableau Public

　　讀者可前往 Tableau Public 網站（https://public.tableau.com/en-us/s/download），填入自己的 Mail，後續即可收到安裝的指示。

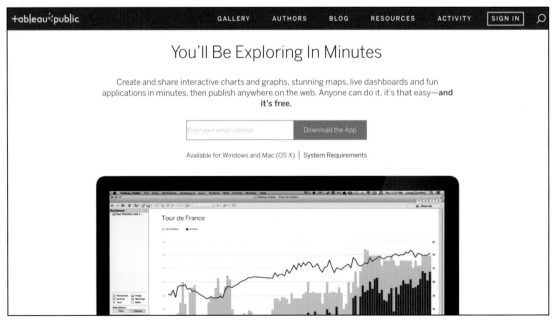

▲ 前往官網下載 Tableau Public 最新版本

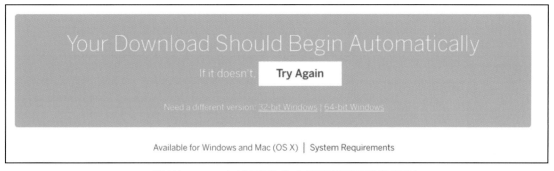

▲ 送出 email 之後應該會自動開啟下載的連結

▲ 雙擊軟體 icon 後，即可開啟安裝程序

▲ 可到應用程式清單，看到 Tableau Public 的 icon 進行開啟

二、操作介面導覽

▲ 開啟 Tableau Public 之後，會看到的歡迎畫面

　　在上圖中有四大區塊，以下是各自的區塊功用說明：

1. Connect 資料連結區：可以選擇我們要連結的資料來源，像是檔案、資料庫等等
2. Open 最近開啟檔案區：會列出我們近期編輯的檔案
3. Discover 教學探索區：有許多教學影片與素材資源可瀏覽
4. Upgrade 軟體升級區：提醒可進行付費來取得更多的功能區

　　其中的「資料連結區」特別補充說明，Tableau 系列軟體的一大特色是可相容非常多種類的資源來源，Public 可連結的格式相對比較少，但是如果是付費版本的 Tableau Desktop 則有相當多的選擇。

▲ Tableau Public 可連結的資料來源，包括一般的檔案與少部分的資料庫來源

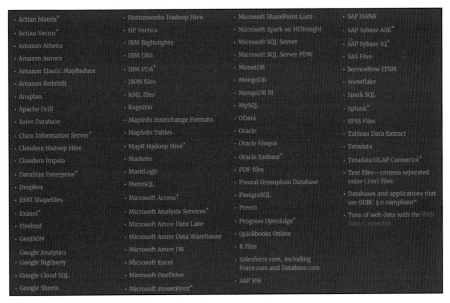

▲ 如果是付費版本的 Tableau 則有非常多資料來源可選擇

（來源：https://www.tableau.com/products/desktop#data-sources-professional）

　　本書的練習範例，原則上是先以最基本的檔案類型資料進行介紹（CSV、Excel 格式），讀者如果企業／商業上有更進階需求，可再參照網路上的資源進行連結。

三、地圖介面導覽

　　以下主要介紹地理資料類型的視覺化，主要搭配地圖視覺進行呈現，地理資訊可以說很多的故事，常常搭配 GIS（地理資訊系統）這個概念爲起點，透過經緯度或是全球地名關鍵字來呈現其空間關係。以下是 Tableau 地圖工作相關的環境，主要包括以下六大區塊：

1. 數據窗格（Data Pane）
2. 標誌卡（The Marks Card）
3. 視覺操作工具列（The View Toolbar）
4. 地圖選單（The Map Menu）
5. 欄與列（The Columns and Rows Shelves）
6. 地圖畫布（The Map Visualization）

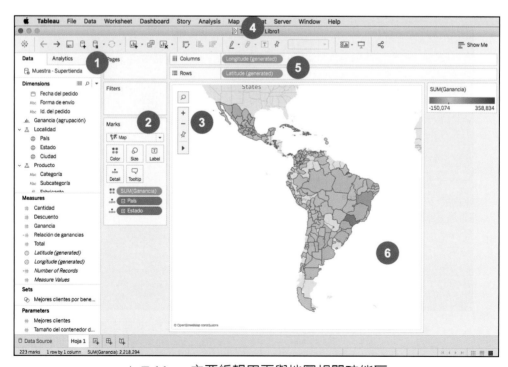

▲ Tableau 主要編輯界面與地圖相關功能區

（來源：https://onlinehelp.tableau.com/current/pro/desktop/en-us/maps_workspace.html）

1. 數據窗格（Data Pane）

　　數據窗格列出地圖所需的維度（dimensions）和度量（measures），其中地區（例如：國家／地區，州和城市名稱）應該屬於維度值，而緯度和經度則為度量值，不過在某些特殊應用情境之下，緯度和經度也可能作為維度使用，另外，地理空間的欄位，在左邊會顯示地球作為符號。

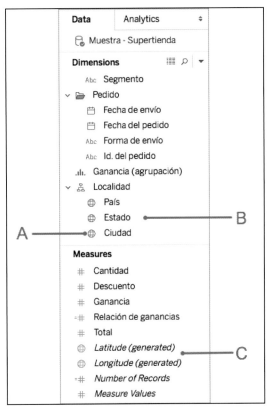

▲ 地理資料的數據窗格（A 表示此為地理欄位，B 為欄位名稱，C 則是 Tableau 自動從資料來源判別地理空間而取得的經緯度）

（來源：https://onlinehelp.tableau.com/current/pro/desktop/en-us/maps_workspace.html）

2. 標誌卡（The Marks Card）

　　標誌卡主要用來設計地圖呈現的視覺細節，可以拖拉地理位置到細節功能（Detail）來增加更多的資料顆粒，也可以將相關欄位拖拉到顏色、大小、標記等等欄位來增加視覺細節，也可以改變地理呈現的型態。

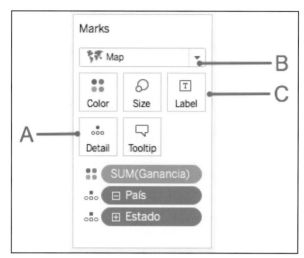

▲ 標誌卡功能（A 可增加地理位置顆粒功能，B 可切換地圖型態，C 列則可改變顏色、
大小、標籤等等）

（來源：https://onlinehelp.tableau.com/current/pro/desktop/en-us/maps_workspace.html）

3. 視覺操作工具列（The View Toolbar）

視覺操作工具列，讓我們有許多探索地圖的方式，以下為本區域相關功能：

A：搜尋地圖中的地點

B：做地圖的 Zoom-in 與 Zoom-out

C：固定在某個 zoom-in 階層開關

D：用框選的方式，鎖定一個要放大的區域

E：可透過此按鈕來做地圖位置的拖拉

F：用此區域的圈選工具，選擇想要的資料點位

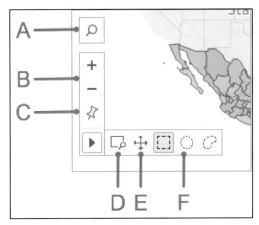

▲ 地圖控制項相關功能

（來源：https://onlinehelp.tableau.com/current/pro/desktop/en-us/maps_workspace.html）

4. 地圖選單（The Map Menu）

　　地圖選單有許多子功能可以取用，如下整理：

- Map > Background Maps 來設定背景地圖的服務（可以設定 Mapbox / WMS Server 主機）來源。

- Map > Background Images 來增加一張靜態底圖。

- Map > Geocoding 來手動匯入地理位置資訊。

- Map > Edit Locations 來編輯資料集當中的位置資料來對應 Tableau 內建名稱。

- Map > Map Layers 來客製化背景地圖的類型，像是新增、修改或是增加一些美國的資料圖層。

- Map > Map Options 來開啟地圖控制項，像是可做移動地圖、圈選資料、Zoom-in、Zoom-out 等等。

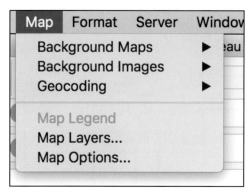

▲ Tableau 地圖選單

5. 欄與列（The Columns and Rows Shelves）

在編輯地理視覺化圖表時，欄與列主要用來放經度與緯度資訊，其中經度放在欄的位置，緯度則放在列的位置。

▲ 經緯度與欄列對應

（來源：https://onlinehelp.tableau.com/current/pro/desktop/en-us/maps_workspace.html）

6. 地圖畫布（The Map Visualization）

這是主要畫布區域，會隨著上面的設定而動態改變顯示內容，另外地圖上的每個資料節點，都可以透過懸停來取得更多 tooltip 提示資訊，也可在標誌卡區域設定提示資訊的內容。

▌7.3　實作：Youbike 城市租借站地圖

📢 實戰資訊

實作任務說明

本段落先以最基本的功能實作練習為主，使用的是新北市的 YouBike 資料集，我們會將所有的站點視覺化，並根據其目前的可借車位數量，對應呈現其大小與顏色。

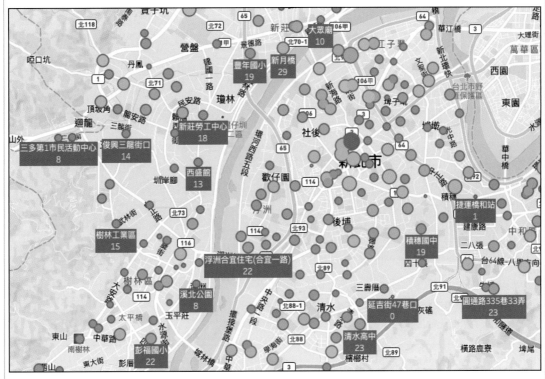

▲ 本段落實作之 Youbike 城市租借站地圖

使用資料集

dataset_youbike.csv

Step1：連結 CSV/Excel 檔案

1. 請先下載檔案並輸入進 Tableau 當中

　　我們可開始第一次的資料連結流程，共有兩種連結方式，可以直接點選畫面左邊的按鈕（To a File），如果是 csv 檔案，左方要點選 Text file 來進行載入，或是更方便的話也可直接將檔案拖曳到軟體當中。

▲ 兩種引入資料的方式：(1) 直接開啟檔案；(2) 拖拉檔案進去

2. 進行資料瀏覽

　　將檔案拖曳到軟體之後，會自動切換到資料顯示的畫面：

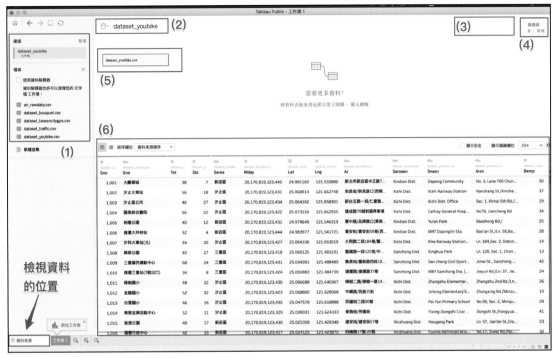

▲ Tableau 資料載入後之檢視畫面

　　資料檢視畫面，主要有幾個區域：

(1) 資料來源：顯示資料來源與檔案頁籤

(2) 檔案名稱：顯示檔案名稱，可在此調整

(3) 資料連線方式：可設定「Live」與「Extract」兩種資料抽取方式（ps. 只有付費版本有此功能）

(4) 資料過濾方式：可在此設定資料過濾器，可設定僅採用部分資料

(5) 檔案欄位屬性設定：可細部設定檔案讀取或整合方式

(6) 資料顯示區域：資料表顯示區，下面有相關功能說明

3.資料過濾器（Filter）

　　如果沒有想要使用全部的資料集，我們可以使用畫面右上方的資料過濾器功能來過濾資料，例如「只選定特定日期」、「只選定特定縣市」、「只選定特定資料範圍」等等的過濾情境，這樣的好處在於我們可以在開始分析之前就將不需要的資料去掉。

▲ 透過資料過濾器的導入，去掉不需要分析的資料

Step2：資料檢視與調整

資料來源都設定好之後，接下來我們可以開始檢視資料內容，導入畫面的右下主要區塊就是資料列區域，當中包括了像是：欄位名稱、欄位屬性（Tableau 自動偵測的）、資料數量、資料內容等等資訊，也可切換排序方法或是檢視詮釋資料（Metadata）。

# sno	Abc sna	# tot	# sbi	Abc sarea	# mday	# lat	# lng	Abc ar	Abc sareaen
1,001	大鵬華城	39	19	新店區	20,170,800,000,000...	24.991160	121.533980	新北市新店區中正路7...	Xindian Dist.
1,002	汐止火車站	56	3	汐止區	20,170,800,000,000...	25.068914	121.662748	南昌街/新昌路口(西側...	Xizhi Dist.
1,003	汐止區公所	46	22	汐止區	20,170,800,000,000...	25.064162	121.658301	新台五路一段/仁愛路...	Xizhi Dist.
1,004	國泰綜合醫院	56	41	汐止區	20,170,800,000,000...	25.073150	121.662555	建成路78號對面停車場	Xizhi Dist.
1,005	裕隆公園	40	20	新店區	20,170,800,000,000...	24.979649	121.546319	寶中路/品牌路口(東南...	Xindian Dist.
1,006	捷運大坪林站	32	0	新店區	20,170,800,000,000...	24.983977	121.541721	寶安街/寶安街58巷(西...	Xindian Dist.
1,007	汐科火車站(北)	34	22	汐止區	20,170,800,000,000...	25.064106	121.653019	大同路二段184巷/龍...	Xizhi Dist.
1,008	興華公園	40	17	三重區	20,170,800,000,000...	25.060125	121.483101	重陽路一段120巷/中...	Sanchong Dis：
1,009	三重國民運動中心	68	47	三重區	20,170,800,000,000...	25.054391	121.488489	集美街/重新路四段18...	Sanchong Dis：
1,010	捷運三重站(3號出口)	34	0	三重區	20,170,800,000,000...	25.055883	121.484739	捷運路/捷運路37巷	Sanchong Dis：
1,011	樟樹國小	48	34	汐止區	20,170,800,000,000...	25.066688	121.640367	樟樹二路/樟樹一路14...	Xizhi Dist.
1,012	金龍國小	52	20	汐止區	20,170,800,000,000...	25.068800	121.628908	中興路/民族六街	Xizhi Dist.

切換資料、Metadata瀏覽、排序方式　　　Tableau 會自動偵測欄位屬性　　　資料數量

Sort fields Data source order　　Show aliases　Show hidden fields　392 → rows

▲ 資料檢視的畫面，有點類似 Excel 的資料列表呈現方式

資料排序

我們在檢視資料時，常常會希望能夠透過「排序（Sorting）」的方式檢視資料特徵，Tableau 提供了一個很方便的排序按鈕，只要點選該按鈕，就可以轉換「升冪」或是「降冪」的排序方式。

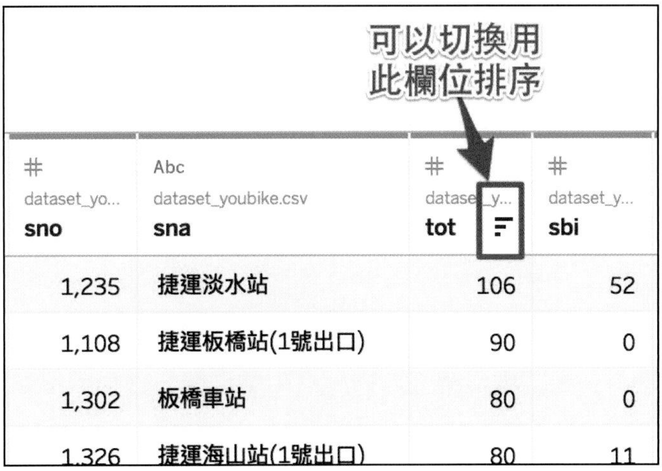

▲ Tableau 的好用欄位排序功能

Step3：改變欄位屬性

Tableau 會自動根據欄位裡面的內容判斷其屬性，分配為數字、字串、日期、地理位置等等格式，很聰明但有時候會誤判，當 Tableau 判斷錯誤時，我們可以點選欄位上面的綠色小 icon，就可以將該欄位改變為另一種資料屬性，請按照下圖的指示，修改兩個欄位為正確的屬性。

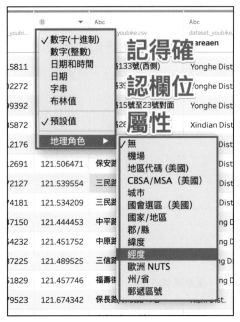

▲ Tableau 提供多種的欄位屬性切換，其中地理屬性還有細部類別可以選擇

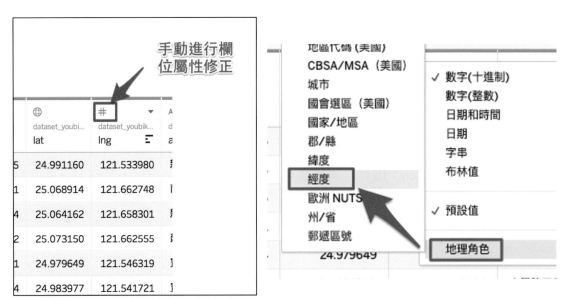

▲ 經緯度資訊很容易被判斷成數字類型欄位，但正確應該是地理資訊才對，應手動進行修正，本圖的 lng 應設定為經度格式

Abc dataset_youbike.csv sna	# dataset_y... tot	# dataset_y... sbi	Abc dataset_youbike.... sarea	🕒 ▾ dataset_youbike.csv mday ☰	
大鵬華城	38.0000	7	新店區	2017/8/19 下午12:34...	數字(十進制)
汐止火車站	56.0000	18	汐止區	2017/8/19 下午12:34...	數字(整數)
汐止區公所	46.0000	27	汐止區	2017/8/19 下午12:34...	✓ 日期和時間
國泰綜合醫院	56.0000	22	汐止區	2017/8/19 下午12:34...	日期
裕隆公園	40.0000	12	新店區	2017/8/19 下午12:34...	字串
捷運大坪林站	32.0000	4	新店區	2017/8/19 下午12:34...	布林值
汐科火車站(北)	34.0000	20	汐止區	2017/8/19 下午12:34...	預設值
興華公園	40.0000	27	三重區	2017/8/19 下午12:34...	

▲ 本資料集其中的日期格式因為用字串表示，像是「20170819123445」其實代表的是 2017 年 8 月 9 日 12:34 分，可透過屬性調整讓 Tableau 了解其為日期（Date）屬性

Step4：修改欄位名稱

　　用程式產出的資料集，大多避免使用中文，較不會有國際化語言編碼的問題，但是當我們進行數據分析作業時，如果能夠直接閱讀其欄位正式名稱，而非欄位簡碼，對分析直覺上會有幫助，我們可於 Tableau 調整其顯示的欄位名稱。

▲ 只要雙擊欄位代碼，即可編輯其顯示名稱，在進行分析作業時會比較有感覺，右邊為設定完的結果

Step 5：進入工作表 & 認識製作環境

我們來做第一張視覺化圖吧！開始的方法很簡單，就從左下角的「工作表」頁籤開始，Tableau 軟體通常也會貼心提醒可從這裡開始，點開後就會進入編輯畫面。

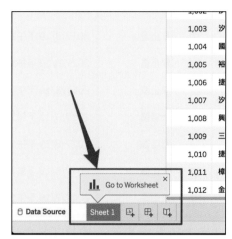

▲ 點選下方的 Sheet 1 會從資料檢視切換到視覺化的模式

接下來就會進入編輯的畫面，可先參照下圖的示意位置：

▲ Tableau 相關編輯區域

以下是相關區域的功能整理表：

編號	名稱	用途
(1)	數據與分析視窗	主要負責顯示相關資料欄位的區域，共分成維度（Dimensions）與度量（Measures），Tableau 會自動根據資料屬性放到對應位置，不過也可以再透過手動調整。值得一提的是可以在此切換『分析（Analytics）』頁籤，做一些數據統計功能。
(2)	工作列	如名稱的意思，就是相關功能按鈕放置的位置。
(3)	行＆列 功能區	設定資料的『行』『列』呈現邏輯的地方。
(4)	頁面設定卡	可在此設定將某個維度或是度量的結果拆分為多個畫面的功能區。
(5)	過濾設定卡	可以在此指定要包括或是排除的數據。
(6)	標記設定卡	用來設定畫面顯示資訊的參數區，像是顏色、大小、提示文字等等。
(7)	工作畫布區	主要視覺圖表呈現的位置。
(8)	SHOW ME	Tableau 的獨特智慧視覺化引擎，可自動產生合適的圖。
(9)	資料來源與頁籤	可切換資料來源與目前編輯成果的區域，也可開立圖表、儀表板、故事頁籤。

Step 6：認識「維度」與「量值」

　　Tableau 會自動識別「維度」與「量值」兩類型欄位。一般來說，如果該欄位的內容為數字，會自動被放置到度量（Measures）區域，且通常會自動使用加總（SUM）的方式呈現數據。而如果該欄位的內容被歸在維度（Dimensions）區塊的話，代表 Tableau 視其為一個類別字串，顯示時也會用類別的方式呈現。

　　然而，雖然 Tableau 區分維度與度量功能非常聰明，但偶爾還是會有出錯的時候，例如：「編號」這種欄位就可能被歸在度量（因為是數字），但其實數字背後的意思是分類的概念，我們感興趣的其實是這個員工編號後面有趣的事情，這時我們可以再手動進行切換，拖拉到維度的區塊。

Tips

在 Tableau 的自動識別邏輯中，「經緯度」欄位常常被誤判，雖然是數字，但應該手動重新設定為地理資訊維度屬性，不該用數字的邏輯來統計它。

▲ 將「經度」與「緯度」欄位拖拉到灰色線以上，轉為維度欄位（淺灰色線以上是維度型欄位、淺灰色線以下是量值型欄位）

Step 7：透過「經緯度」與「顯示」功能製作第一張地圖

　　Tableau 獨特的「顯示（Show Me）」，它可以自動根據資料屬性，只要條件滿足的話，就自動生成各種視覺圖表。下方也會提示告知如果要做出這張視覺圖，大概需要怎樣的維度與度量資訊，讀者可自行嘗試看看。

　　在此階段，請讀者優先反白左方的「經度」與「緯度」欄位（透過 Ctrl 或是 Command 就可以多選欄位），並開啟右上角的「顯示」按鈕，會發現有地圖的符號反白顯示出來。

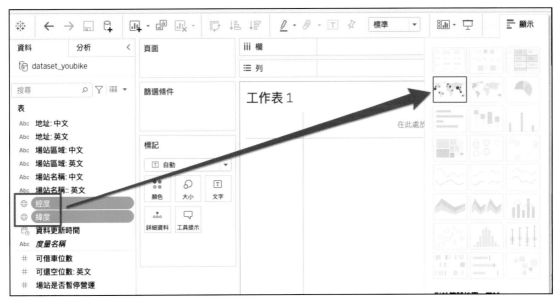

▲ 透過 SHOW ME 可自動識別目前資料欄位合適生成之視覺圖表

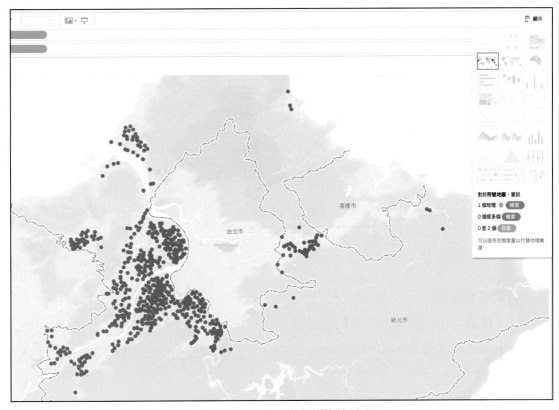

▲ 點擊所生成的基礎點狀地圖

Tips

這裡分享一個地圖的重要熱鍵：「Shift」，可以直接切換拖拉模式，搭配滾輪可以快速在畫面上移動，並切換地圖顯示的層級。

Step 8：透過「標記功能」增加顏色與大小資訊

Tableau 標記設定區主要用來改變相關視覺的形狀、顏色、大小、標籤等等，可以說是 Tableau 軟體的調色盤工具！下圖是相關按鈕的功能對應。

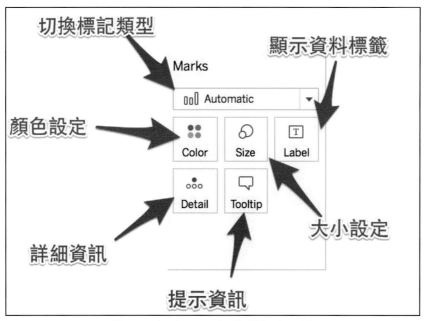

▲ 標記設定（Marks）的幾個主要選項

如果想要讓點位呈現做出區分（例如車位數越多的點位越大，顏色越深等等），可以將「量值」（灰色線以下）的欄位拖拉到「顏色（Color）」與「大小（Size）」的標記上面，非常直覺，這也是 Tableau 的核心設計優勢。

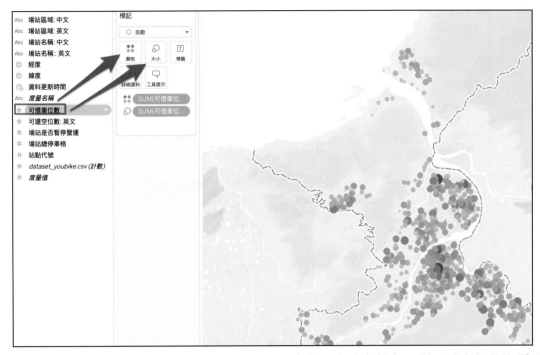

▲ 將「可借車位數」拖拉上去後，點狀資料點產生了大小與顏色區別，讀者如果沒看到
這些欄位，可能因為在前面步驟尚未執行改名為中文

Step 9：修改顏色與大小

前一步驟的操作，主要目的是讓軟體知道視覺上需要依賴哪一個資訊做出變化，
事實上我們還可以點進去編輯看看，大小的調整比較單純，顏色的部分則可以調整
透明度、漸層的風格等等。

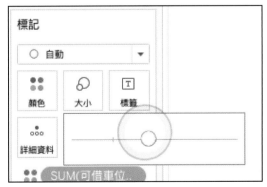

▲ 點選「大小」可改變點狀的相對大小比例

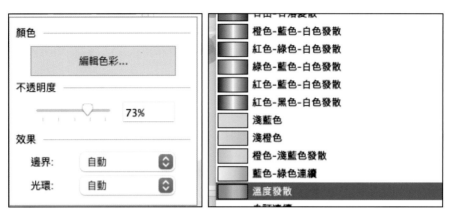

▲ 點選「顏色」後，第一層可改變像是透明度等設定，再進去還可以切換色彩變化的風格

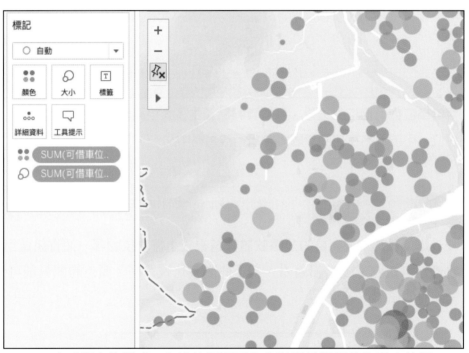

▲ 完成設定的樣式，左邊的標記區也會對應呈現目前的設定效果

Step10：增加站點名稱資訊

接下來，我們可以來加入站點的標籤，作法很簡單，只要把想要呈現的文字（可以是維度或是量值皆可）拖拉到「標籤」即可；不過如果標籤過於密集，Tableau 會自動隱藏部分標籤，此時只要透過滑鼠滾輪上下滾動不同的呈現階層，就可以看到更多標籤文字了。

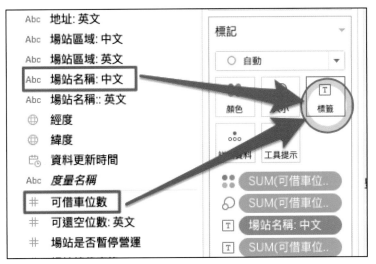

▲ 拖拉「場站名稱」與「可借車位數」到「標籤」

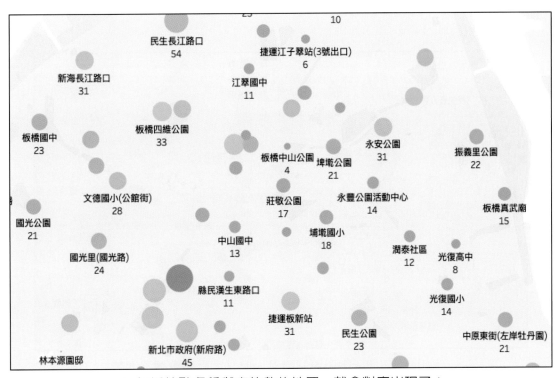

▲ 包括站點名稱與車位數的地圖，就會對應出現了！

Step 11：改變地圖風格

因為 youBike 的地理呈現層級，比較適合搭配有馬路的地圖形式查看，我們可以在 Tableau 改變一下地圖的風格，Tableau 預設的風格共有六種，我們手動可以切換為「街道」風格看看。

▲ 請切換為「街道」風格看看

▲ 新的地圖效果（街道資訊變多，但文字反而變得不清楚）

Step 12：更換標籤格式

前一步驟讓我們在此地圖上設定了比較多資訊，故此階段我們來幫標籤增加底

色，首先請先把半透明度移除掉（會比較清楚），接下來只要隨意點一個標籤右鍵，選擇「設定格式」後，就會開啟左方的格式修改面板。

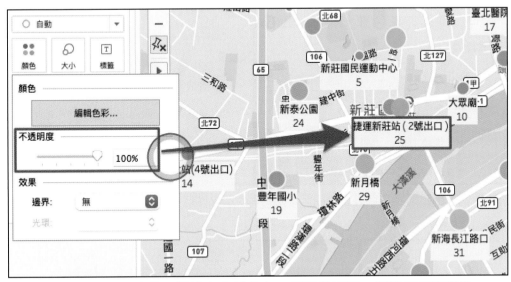

▲ 移除不透明度後，標籤本身就會有一個灰色背景，但還是不夠清楚

▲ 點選「設定格式」開啟格式設定面板

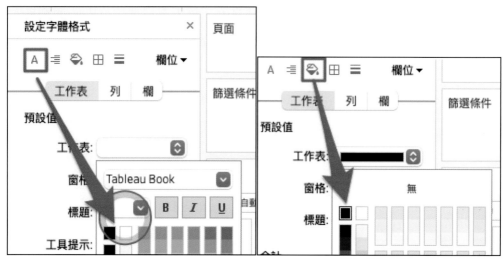

▲ 請先於第一個區域將文字設定為白色，然後再切換到油漆桶將「工作表」背景設定為黑色

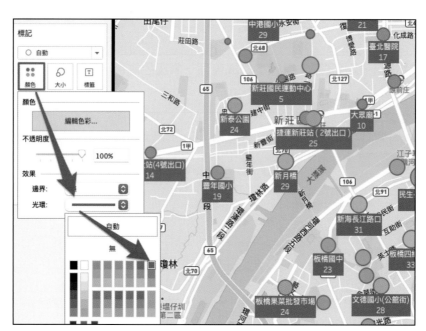

▲ 最後一個步驟，請再點選標籤的顏色，就可以自由設定標籤顏色了！

Step 13：上傳工作簿到 Tableau Public 雲端

　　如果使用的是 Tableau Public 軟體，只要按下熱鍵「Ctrl + S」或是蘋果作業系統的「Command + S」就可存檔。或是我們也可按下畫面左上方的磁碟符號來進行儲存。

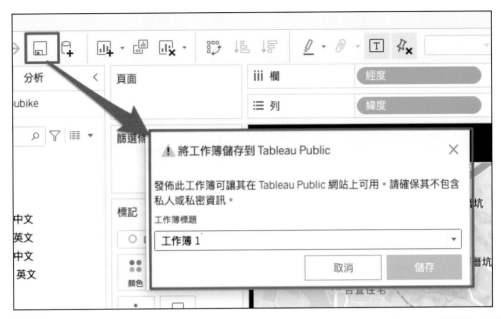

▲ 按下左上角的磁碟片，就會進行儲存（Public 版本會上傳到雲端），記得取個好名字

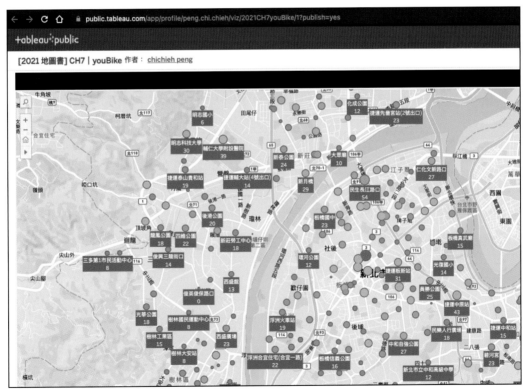

▲ 上傳完成的畫面，會自動開啟瀏覽器

Step 14：分享作品給別人

　　Tableau 可以將上傳的作品，分享給別人線上瀏覽，只要在 Tableau Public 雲端環境，取得分享的網址即可，在同個畫面還可以取得網頁的嵌入碼，可與網站程式碼進行整合喔！

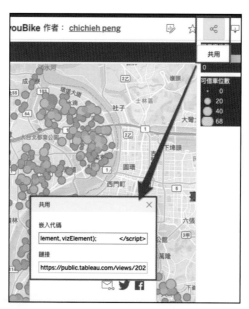

▲ 在雲端環境點選「共用」，會跳出視窗，可取得嵌入碼，或是給他人的超連結

 Tips

本書帶領讀者操作的 Tableau Public 軟體，是全免費可使用的，但其必須將資料上傳到雲端上，所以可能會有資料隱私性的議題，如果是機敏資料（企業或是組織內部資料），則不建議透過 Tableau Public 進行操作喔！

▌**7.4　實作：COVID-19 全球疫情動畫地圖**

實戰資訊

實作任務說明

前一個實作我們做的是台灣尺度地圖，第二個實作我們來試試看全球尺度的地圖吧！本段落我們實作的是 COVID-19 的全球疫情地圖，可以透過泡泡大小、顏色深淺來觀察該國疫情狀況，並且帶領讀者在本圖加入動畫，讓其可以動起來，效果非常好！（如果資料集本身有時間欄位的話，用 Tableau 做動態地圖非常容易）

▲ 用 Tableau 實作全球尺度疫情動畫地圖

使用資料集

COVID-19 Activity_20210828.csv

Step1：載入資料

　　開啟 Tableau 軟體後，把資料抓到編輯區，由於是 csv 格式檔案，會自動進行載入（如果使用類似 Excel 的多頁籤資料，還需要人工指定要用哪個頁籤）。

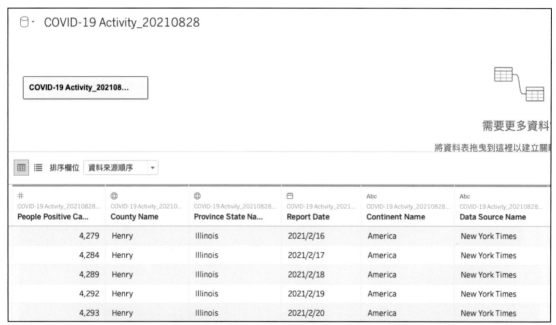

▲ 資料集載入畫面（此為 2021/8/28 的 COVID-19 疫情資料）

　　在 Tableau 當中，我們可以先觀察資料集有哪些地理欄位可以使用（本單元最前面有整理了「Tableau 地理資訊欄位解讀支援」的段落，可以了解其識別原因）；本資料集提供了多種的地理欄位可以使用，其中光是國家尺度就有「Alpha 2 code」、「Alpha 3 code」、「Country Short Name」等欄位，因「Country Short Name」的辨識程度較好（是可識別的英文字串），所以本單元主要會使用該欄位進行練習，其他欄位定義則可參考資料集之相關說明。

Step2：進入工作表，生成初始地圖

　　實作方法很容易，請直接點擊兩下「Country Short Name」欄位，即可生成初始的數據地圖，目前每個點點都相同顏色，大小也一樣，我們可以後續配置。

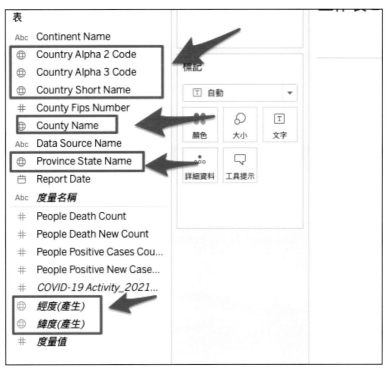

▲ 本資料集有許多地理欄位可供使用

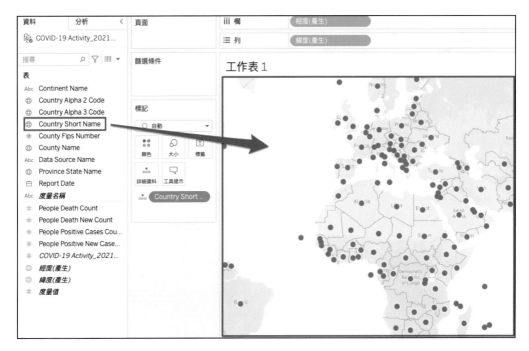

▲ 直接點擊兩下「Country Short Name」欄位，即可生成初始的地圖（因 Tableau 可依據資料集的名稱，跑出對應的地理位置點位）

Step3：透過「地圖層」設定地圖風格

本段落我們試試更改地圖風格為深色，可透過 Tableau 內建機制即可快速完成。請開啟上方選單的「地圖」項目，選擇「地圖層」，並設定左邊的背景樣式為「深色」。

▲ 修改為『深色』的地圖樣式

 Tips

Tableau 地圖圖層有很多選項，可供作為顯示模式的調整，像是地圖風格、相關地理資訊圖層的疊加等等，可以透過「選單」>「地圖」>「地圖層」來開啟。Tableau 有許多有趣的地理圖層可供疊加在目前的畫面上，下表整理了相關圖層資訊。

▼ Tableau 地理圖層資訊

Layer Name	Description
基本 Base	區分水域跟陸域的地理圖層
土地覆蓋 Land Cover	顯示自然保護區與公園的資訊
海岸線 Coastlines	顯示海岸線資訊
街道與高速公路 Streets and Highways	標記公路、高速公路，與城市街道一同顯示，也會顯示相關名稱
特別顯示國家、地區邊界 Light Country/Region Borders	顯示國家、地區邊界
特別顯示國家、地區名稱 Light Country/Region Names	顯示國家、地區名稱
國家、地區邊界 Country/Region Borders	用深灰色標記國家、地區邊界
國家、地區名稱 Country/Region Names	用深灰色標記國家、地區名稱
標記州別、省邊界 Light State/Province Borders	用淺灰色標記州別、省邊界
標記州別、省名稱 Light State/Province Names	用淺灰色標記州別、省名稱
州別、省邊界 State/Province	特別標記州別、省邊界
州別、省名稱 State/Province Names	特別標記州別、省名稱

Step4：進行配色

　　完成基礎地圖後，接下來是配置版面的部分，本練習希望能夠透過「確診人數」欄位（People Positive Cases Count），來配置嚴重程度，所以採用「黃色」、「紅色」的漸層來進行設定，作為新冠肺炎狀況的色彩示意（ps. 讀者可自由配置喜愛的顏色設定）。

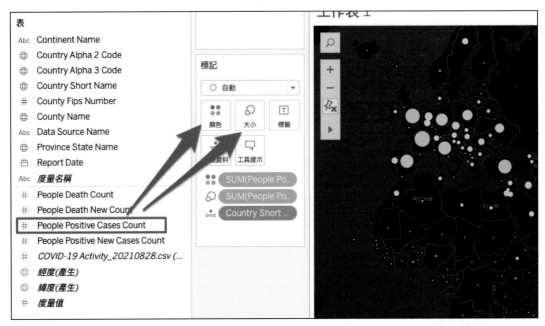

▲ 進行地圖配色設計，使用的是「People Positive Cases Count」欄位

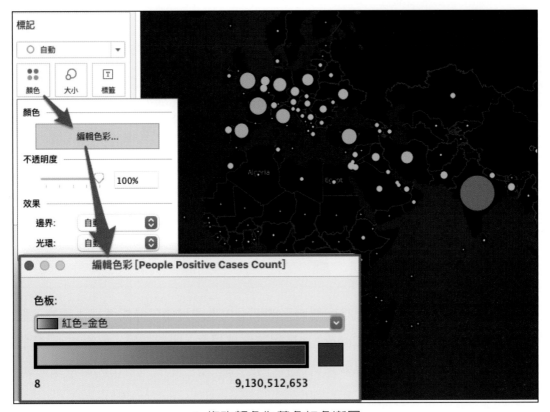

▲ 修改顏色為黃色紅色漸層

Step5：設定雙軸的光暈感

目前地圖看起來已經有一些樣子了！此步驟我們想要練習疊加「光暈」效果，可透過「雙軸」（Dual Axis）技巧來達成，此部分作法比較特別，請讀者直接複製一個「緯度（產生）」的欄位，到原本欄位的右方，就會出現兩張地圖，此為雙軸效果的前置作業。

 Tips

欄位可直接點選 Ctrl 或是 Command（Mac）來進行拖拉複製。

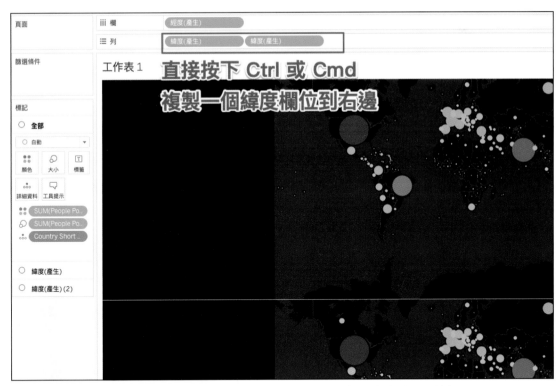

▲ 複製一個「緯度（產生）」的欄位，畫面會多出一張地圖

接下來，我們將右邊的欄位設定為「雙軸」，這時兩個圖層會在視覺上合併為一個（ps. 目前視覺上還看不出有什麼差別）。

▲ 設定為「雙軸」的效果

Step6：設定第二圖層的視覺樣式

接下來，可點選左方的不同圖層，獨立配置各自使用的欄位、顏色、圓圈大小等等參數，我們在此階段，可透過兩個同心圓軸的顏色&半透明度設定，搭配做出光暈感，並區分出「死亡數」與「感染數」的大小比例。

這裡的操作重點，在於我們要做出「雙圓圈」圖的視覺型態，並嘗試觀察看看「死亡數」與「感染數」的圓圈大小比例，如果兩個圓圈的大小接近，代表本國的死亡數與感染數「比例」上較為接近，但如果兩個圓圈的大小差比較多，代表這個國家雖然很多人感染，但死亡人數則相對比較少一些。

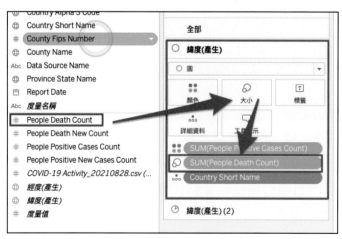

▲ 拉開第一個緯度圖層，並將 People Death Count 拖拉到「大小」與「顏色」，來取代原本使用的欄位

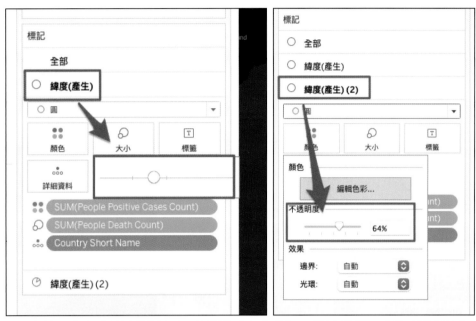

▲ 左圖設定第一個圖層的圓圈縮小（呈現死亡人數），而右圖第二個圓圈則設定為半透明（ps. 請讀者自行調配兩個圓圈大小比例，也提醒兩張圖標記是設定在不同圖層）

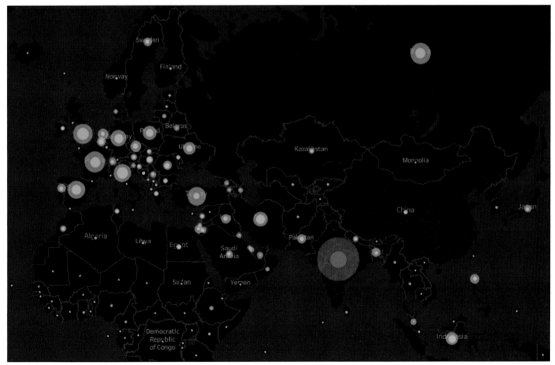

▲ 設定完成的雙圓圈效果（外層：感染比例；內層：死亡比例），可觀察各國的相對差距（ps. 觀察比例而非絕對值，因死亡人數遠小於感染人數）

Step7：顯示地區標籤

　　此部分很簡單，我們來讓地圖顯示地區的標籤吧，請把「Country Short Name」欄位拖拉到「標籤」，對應的資訊會顯示在圖上，即完成初步的地圖；這裡要注意只需要放到其中一個圖層就好了，不然會同時顯示兩個標籤，並不好看。

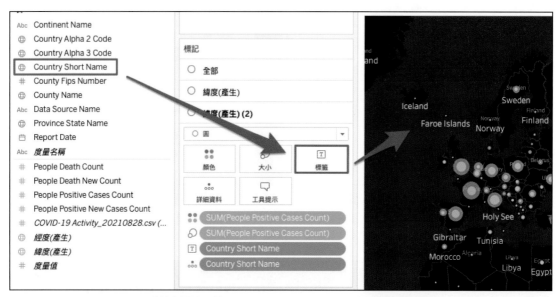

▲ 幫地圖加「Country Short Name」的文字標籤

Step8：關閉 Tableau 軟體動畫效果

　　接下來，我們來讓地圖動起來，這裡會用到的是 Tableau 的頁面（Page）功能，不過因為 Page 功能較吃電腦效能，有些人電腦無法順利運作，所以我們可能會需要將 Tableau 的軟體動畫效果關閉；只要選擇「格式」>「動畫」，並切換為「關」即可（ps. 此並非必要操作，有些人電腦可能是可以不用關閉的）。

▲ 關閉 Tableau 全軟體工作簿動畫，可以給予更多計算資源給 Page 動畫

Step9：透過 Pages 轉為動態地圖

接下來，就來正式設定 Pages 動畫吧，只要資料集有一個時間的欄位，就可使用 Tableau 提供的貼心的動畫製作功能（介面上稱之為「頁面」），透過此功能可以彈指之間建立 Tableau 圖表頁面動畫。

製作的方式很簡單，只要把時間欄位（Report Date）拖拉到「頁面」的區塊，就差不多完成了，不過「頁面」區塊預設是用「年」為單位做動畫的切分，所以我

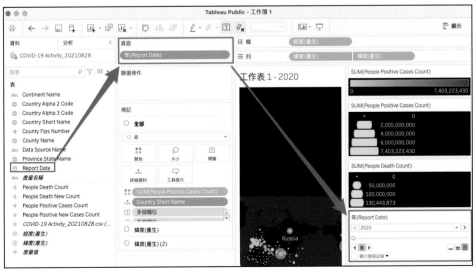

▲ 頁面動畫配置的方式，將時間欄位拖拉上去後，右邊會出現動畫播放器

們需要做一些調整，讀者可自行選擇想要切換的時間單位，例如「天」、「週」、「月」等不同時間單位，觀察其動畫呈現的效果差異。

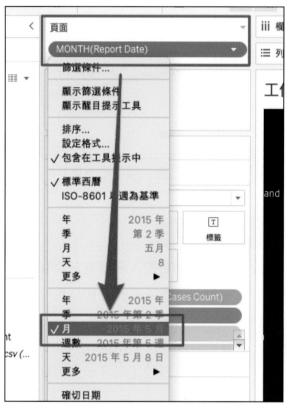

▲ 將動畫切換為「月」的單位（ps. 要用比較下面的月單位，因為下面區塊的時間欄位屬於「連續」型的時間格式）

　　接下來，在畫面右邊就會出現動畫的控制窗格，可以直接切換到時間軸的任何一天，或是更改速度等等；由於預設 Pages 會使用最小的時間單位（以這個資料集來說是「Day」），如果用天爲單位來播放動畫，變化的感覺會比較不明顯，這時可以考慮更改動畫速度爲最快（最右邊的按鈕），或是縮小時間單位（例如：從 Day 改爲 Week 或是 Month 等等），這樣動畫變化的感覺將會更明顯。

▲ 此為 Tableau 內建的動畫播放的控制功能，可播放、暫停、設定速度、設定從特定日期開始等等

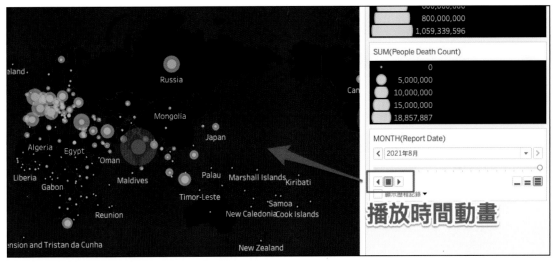

▲ 播放時間動畫（Page）後，左邊的泡泡會從最初的小泡泡越來越大，表示各國感染人數與死亡人數的變化

Ste10：修改顏色刻度值

　　然而，目前的地圖，只有少數國家的顏色特別明顯（例如：印度、巴西、美國）顯示紅色，其他地區相對數字都實在太小（因為這些國家的感染案例人數相對其他國家多少許多），導致數據集類別有「極端值」的狀況（導致其他數字都相對太小），為了優化視覺呈現，我們可以手動調整數據刻度與顏色對應關係。

　　做法上，是透過點選「顏色」的進階設定來手動設定 Start 與 End 的刻度，這裡要補充說明：因為該刻度會自動抓 Page 動畫切分單位的最小值與最大值，而這裡的數值是月累積值，而我們使用的欄位本身也是累積值（People Positive Cases Count），所以數字會變得很大，因為做了兩次累積，讀者可參考圖片的刻度進行設定，也可根據 Pages 動畫的時間單位動態調整。

▲ 可透過進階功能，手動修改數字的顏色刻度，調整開始與結束的數據刻度

▲ 調整完畢後即可完成本實作，會發現更多國家的顏色變成紅色了，更好觀察出相對的感染人數多的國家（減少了被極端值拉走的狀況）

7.5　實作：都市車禍熱區圖

本篇實戰相關資訊

實作任務說明

本段落實作的是熱區圖（Heatmap），主要透過 Tableau 的「密度」功能製作而成，並搭配車禍事故資料，找出都市事故熱區，並練習標籤備註與大標題設定的技巧。

▲ 實作出的車禍熱區地圖

使用資料集

109_taipei_traffic_accident.csv（臺北市 109 年道路交通事故斑點圖）

Step1：載入資料

　　請先本練習資料做載入，並先查看一下相關資料欄位，請將「109_taipei_traffic_accident.csv」拖拉到軟體當中。

Abc 109_taipei_traffic_accident.csv 發生時間	# 109_taipei_traffic_accident.csv 處理別	Abc 109_taipei_traffic_accident.csv 肇事地點	# 109_taipei_traffic_accident.csv X	# 109_taipei_traffic_accident.csv Y
"2020/1/4-17:10"	2	"大同區南京西路217號"	121.5110423	25.0538358
"2020/1/6-08:03"	2	"大同區重慶北路3段296巷與重慶北路3段口"	121.5137698	25.0734976
"2020/1/9-20:30"	3	"大同區忠孝西路1段與塔城街口"	121.5101532	25.0482500
"2020/1/11-02:32"	2	"大同區延平北路3段95號"	121.5109215	25.0677378
"2020/10/21-13:00"	3	"中正區愛國西路26號（測試案件）"	121.5111847	25.0353303
"2020/2/27-10:30"	3	"大同區市民大道1段與承德路1段口"	121.5166526	25.0488295

▲ csv 資料載入後的畫面

　　後續的步驟，我們將製作 Tableau 密度圖（Density），是近年新版軟體中的新功能的選項，讓使用者可以把資料點的「密度程度」視覺化，要注意的是這張圖主要呈現的是「密度」而非「量化的強度」，所以資料列欄位數值大小並不影響其呈現，最主要真正會影響呈現的是「資料在地圖上的密度」。

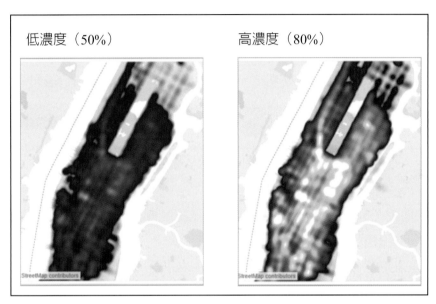

▲ Tableau 可根據資料點密度建立密度熱度圖

（來源：https://help.tableau.com/current/pro/desktop/zh-tw/maps_howto_heatmap.htm）

Step2：轉換為地圖型態

　　載入資料後，就可以進入工作表開始編輯，直接使用 X（經度）Y（緯度）欄位就可以轉為地圖；不過記得要先手動轉換其欄位格式。

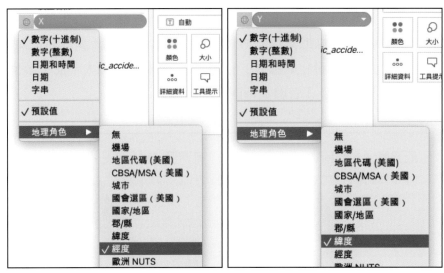

▲ 記得手動轉換 XY 欄位屬性

一開始地圖上只會有一個點，這是因為經緯度欄位都自動被聚合了，我們可以透過反勾選「匯總屬性度量」的功能，將其解開來。

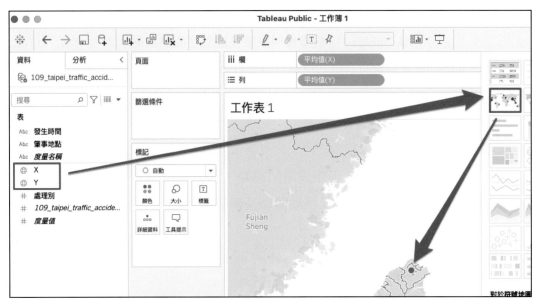

▲ 轉換為地圖，但剛開始只會有一個度量點

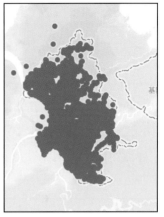

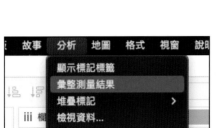

▲ 反勾選「匯總屬性度量」，台北事故點位出現了

Step3：轉換為密度地圖

　　出現地圖點之後，轉換爲密度型態的方法很容易，只要將地圖切換到「密度」的模式即可。

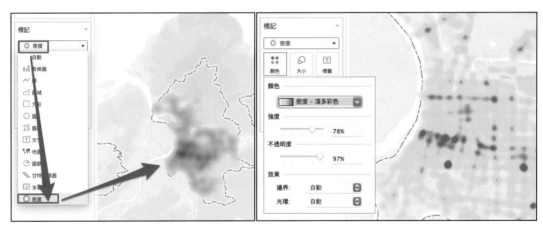

▲ 完成「密度」模式的切換，密度圖可調整顏色、強度、大小等，讀者可自行嘗試看看

Step4：切換為「街道」模式

　　預設的地圖其實比較適合廣域尺度，如果讀者想要查看市區的地圖的話，可以嘗試看看切換爲「街道」尺度的地圖，效果蠻不錯的。

▲ 建議可於上方選單，切換為「街道」的模式，效果蠻不錯的

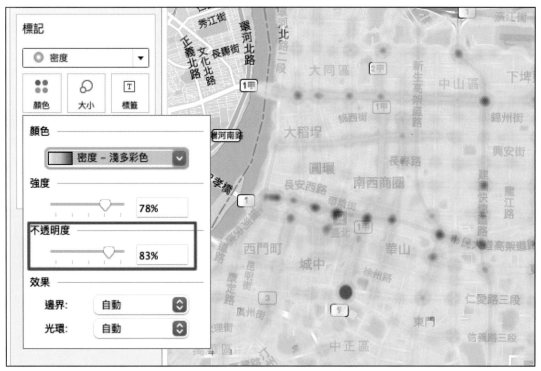

▲ 搭配街道地圖與不透明度的設定，可以更近距離看到哪些地段是事故熱區

Step5：增加動態篩選器

　　Tableau 有提供好用的篩選器功能，也非常容易建置，請將「處理別」欄位拖拉到「維度」的區域（灰色線以上）後，將其放置到「篩選器」的區域，並可直接延伸使用「顯示篩選條件」功能，開啟過濾器動態選單。

▲ 轉換「處理別」的欄位型態為字串，並拖拉到灰色線以上

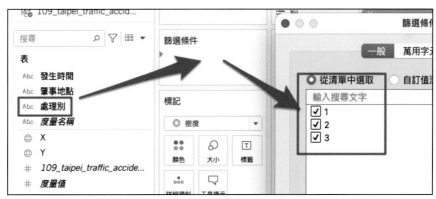

▲ 透過「處理別」欄位建立篩選器，並勾選全部的選項

▲ 透過「顯示篩選條件」開啟動態過濾器選單，並勾選 1（表示只查看人員當場或 24 小時內死亡之交通事故之熱區）

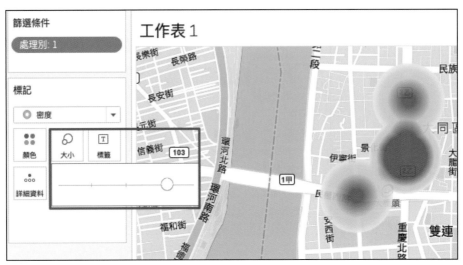

▲ 點位不清楚的話可增強顏色，或是放大點位大小

Step6：增加客製化註解

　　如果想要在地圖上增加一些文字註解，則可透過「新增註解」的功能，新增出更清楚的資訊標記，可針對本練習案例的特定地區，透過「新增註解」>「點」的視覺加工技巧，人工增加註解備註。

▲ 在特定地區，新增「標記」類型的註解

▲ 編輯註解內容

新增完標記之後，也可進一步改變其顯示格式，透過左方的選單可修改像是背景顏色、框格的樣式等等。

▲ 如果不喜歡預設樣式的話，也可右鍵「設定格式」來編輯

▲ 作者設定的兩個註解文字與格式參考

Step7：用「區域註解」增加大標題

　　備註（Marker）共有三種類型，前一步驟使用的是「點」註解，等於可任意增加在任何的位置，而「標記」則必須設定在資料點上面，而「區域」則會直接建立一個區塊，但沒有特別的線條出現，所以可使用將其用之作為一個標題文字的物件使用。

▲ 註解的三種類型（標記、點、區域），在此步驟我們使用的是「區域」註解（在空白處點選即可選取）

▲ 用「區域」註解適合用來建立大標題，讀者可自行配置其視覺相關參數與格式

▲ 完成的畫面（作者有增添一些對於大標題的格式設定，讀者可自行設定看看喔！）

7.6　實作：台北捷運衛星地圖

🖋 **實戰資訊**

實作任務說明

本段落實作的是地理圖層組合實作（點資料 + 線資料的疊合），練習案例是台北捷運的資料視覺化。

▲ 本單元實作的捷運地圖（包括捷運路線與捷運站）

使用資料集

- _MRT_route_1100406 資料夾（台北捷運路線）
- _MRT_station_mapdata202004200321 資料夾（捷運車站）

Step1：載入地理點與線資料

　　第一步驟，我們分別將捷運車站與捷運路線的檔案拖拉到 Tableau 畫面中，注意我們雖然是拖拉 .shp 檔案，但請維持整個資料夾的相關檔案結構，這是 shapefile 特殊格式的使用方式，其他檔案也屬於相關的屬性。

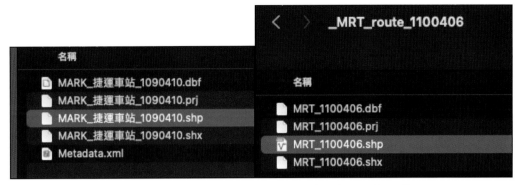

▲ 請將兩個資料夾的 shp 檔案拖到軟體中，進行載入

▲ 於軟體中，將第二個載入的資料也拖到工作區

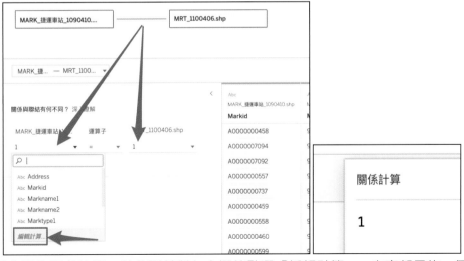

▲ 點選中間的橘色線條，並分別針對左右欄位點選「編輯計算」，內容都只放一個「1」

Step2：合併兩個地理類型資料，建立圖層

雖然都是地理資料，但其中一個是屬於「點狀」的資料，另一個則是「線狀」資料，第一步驟很簡單，請先進入到工作表的畫面中，將兩個圖層產生出來。

▲ 點兩下「幾何」就可產生地圖

▲ 再將第二個幾何圖層拖到畫面中，建立第二個標記圖層

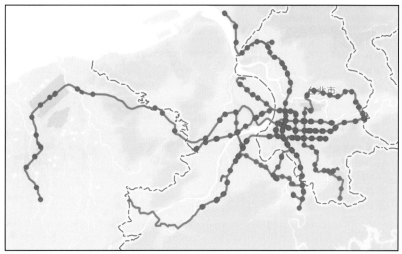

▲ Zoom-in 到台北與桃園一帶，可以看到點與線圖層都出現了

Step3：將捷運路線上顏色

　　由於我們這裡只有先使用台北捷運的資料，所以此階段也只會將台北捷運路線進行上色。拖拉不同的捷運路線欄位到顏色，可將各個路線上不同的顏色。

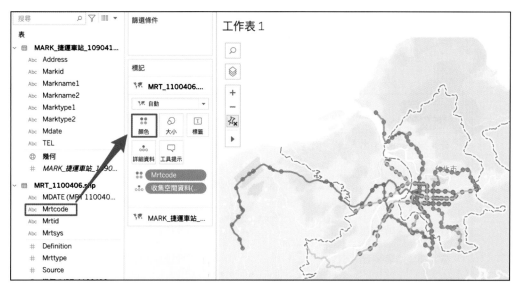

▲ 拖拉到對應的圖層（要注意：不要放到捷運站的圖層了，要放在捷運路線圖層）

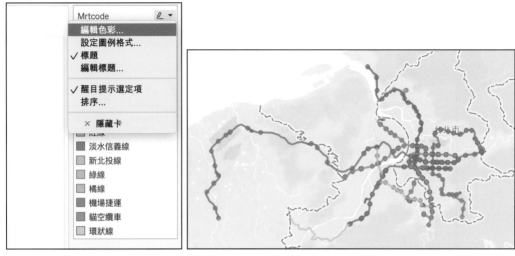

▲ 可透過右方的編輯區，點選「編輯色彩」來修改每個路線的對應顏色

Step4：萬用字元過濾

　　由於本單元的點資料集，除了捷運站點資料之外，也包括出口的資料，我們需要透過過濾器的方式，透過條件過濾的方式，僅留下捷運站名稱資料；因此，我們需要解析一下原始資料的樣貌，看有沒有什麼合適規則可以拿來使用。我們發現，捷運站的欄位都有底線，例如「北捷昆陽站_BL21」，而出入口則沒有，若要執行包括特殊字元的過濾，就可以透過萬用字元的方式達成。

MARK_捷運車站_1090410.shp **Markname1**	MARK_捷運車站_1090410.shp **Markname2**
臺北捷運昆陽站-出入口2	北捷昆陽站-出入口2
臺北捷運昆陽站_BL21	北捷昆陽站_BL21
臺北捷運昆陽站-出入口4	北捷昆陽站-出入口4
臺北捷運昆陽站-出入口3	北捷昆陽站-出入口3
臺北捷運南港站-出入口1	北捷南港站-出入口1
臺北捷運南港站-出入口2	北捷南港站-出入口2

▲ 解析一下原始資料，我們想要的內容的規則是什麼呢？是有包括底線的內容

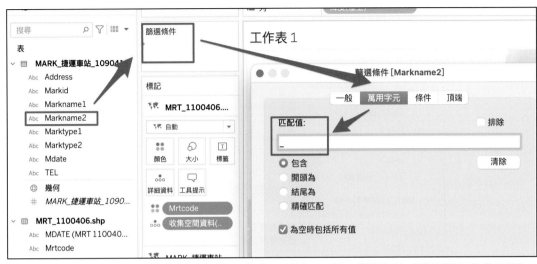

▲ 萬用字元的過濾設定，透過「_」的字元進行匹配，僅留下包括這個字串的類別

▲ 完成後，會發現每個捷運站只剩下一個點了

Step5：建立捷運站資訊

我們來加入捷運站標籤，由於原本的欄位文字都有一個「北捷」的字串，有點重複，我們可以使用字串處理函式將其移除掉。

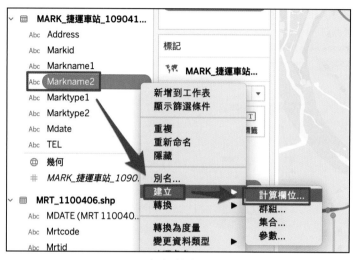

▲ 建立導出欄位

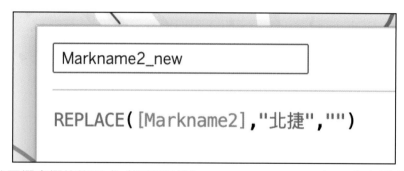

▲ 可參考此圖撰寫欄位的函式（欄位取名為 Markname2_update），之中透過 Replace 可以將該字串移除掉

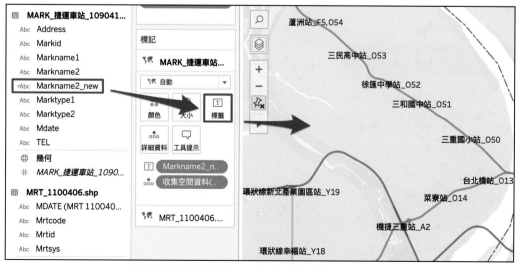

▲ 拖拉該欄位到標籤，就完成捷運名稱的顯示了

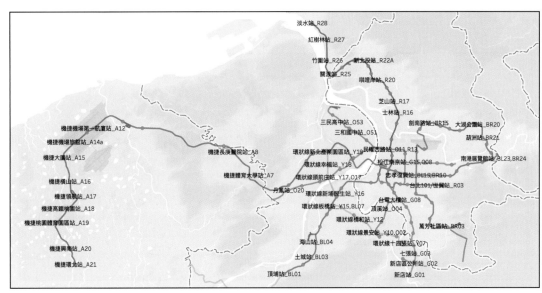

▲ 階段完成的成果

Step6：變化地圖底圖

　　我們可以來做看看衛星風格的地圖，只要透過上方的「地圖」選單，就可快速切換！

Step7：進行路線與捷運站視覺調整

　　本實作到此其實已經差不多完成，不過也可讓捷運路線再更粗一些，讓捷運站

點更大，或是更換底圖等等，做出更不同風格的捷運地圖。

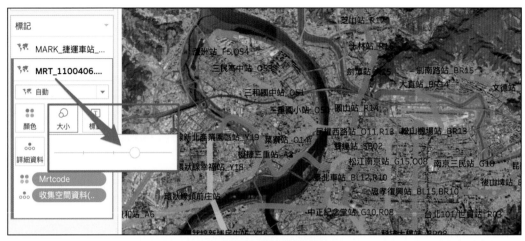

▲ 將捷運路線加粗

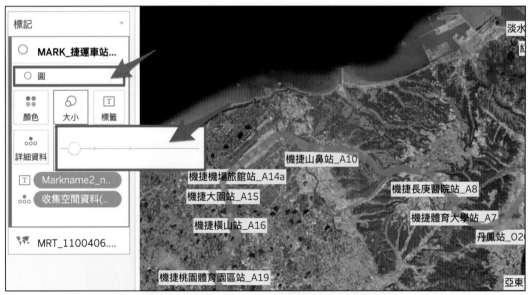

▲ 將捷運站圖層，拖拉為「上方的圖層」，並修改形狀與大小等

Step8：新增線條光環

　　由於捷運站目前跟地圖顏色有點接近，不太清楚，我們可以再幫捷運路線增加光暈，讓其視覺上更清楚。只要在捷運路線圖層，點選「顏色」>「光環」，即可設定白色的光環效果。

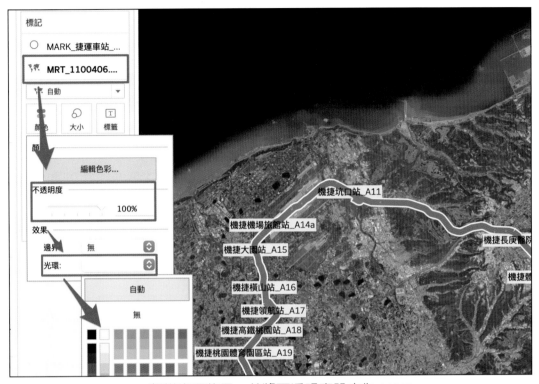

▲ 新增光環效果,並將不透明度設定為 100%

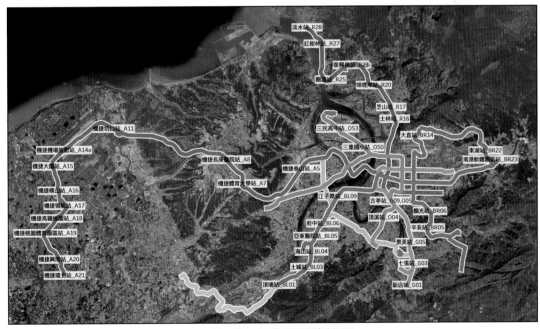

▲ 完成大台北捷運路線圖

▌**7.7　實作：日本與台灣航空圖**

🥣 **實戰資訊**

實作任務說明

本實作將帶領讀者結合 Mapbox 服務的客製化地圖功能，透過 Tableau 加上 Mapbox 的整合，地圖可以呈現出更多不同風貌；此外，本實作也會讓讀者操作 Tableau 的空間函式功能（Spatial Function），一步步建立航線地圖作品。

ps. Mapbox 是全球開放地圖資料，提供許多服務進行介接使用，本書第六單元有介紹。

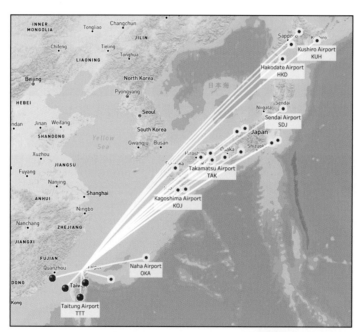

▲ 運用 Tableau 的空間函式 + Mapbox + 國旗圖標製作的地圖

使用資料集

- airports.dat.txt
- routes.dat.txt

Step 1：載入兩包資料並進行連結

　　請先將兩包資料丟入 Tableau 當中（airports.dat.txt）與（routes.dat.txt），並透過連結的方式建立連線，由於預設並不一定會順利能透過共同欄位建立連線，通常需要搭配自行手動設定的方式完成，兩包資料能夠分別透過 IATA（International Air Transport Association）編號欄位以及目的地機場（Destination airport）欄位建立連結關係。

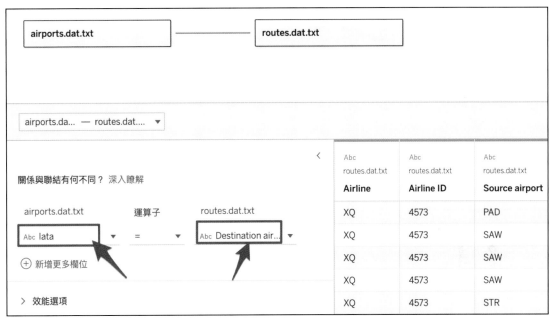

▲ 透過共同欄位（IATA 編號）將兩包資料進行連結

Step 2：建立基礎地圖

　　請直接透過 IATA 點位資料建立基礎地圖，點兩下或是直接選擇泡泡地圖來生成。

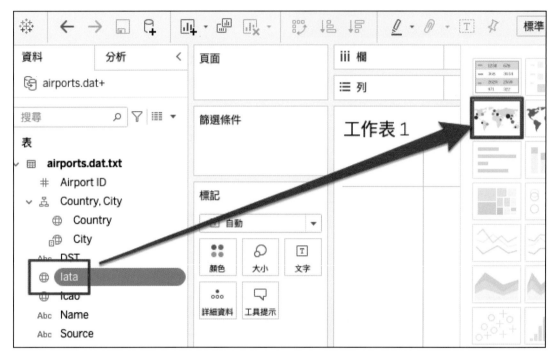

▲ 透過 IATA 欄位，建立全球機場點位地圖

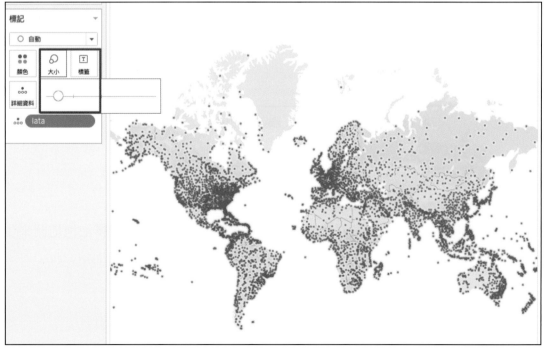

▲ 因為點位較多，建議可以縮小點位的大小

Step3：複製 Mapbox 樣式

　　本步驟我們將會針對 Mapbox 的樣式進行複製（可使用本書 CH6 所製作的海底地形圖，或是讀者自行建立的其他 Mapbox 底圖皆可），可直接前往 Mapbox Studio 頁面（https://studio.mapbox.com/）來選取樣式，首先必須將該 Styles 進行公開，所以需要點選「Make Public」的按鈕，即可將該樣式公開。

 Tips

若讀者在此時尚未有任何的 Mapbox 底圖，也不會影響本案例的實作，還是可以做出類似的效果，只是地圖長相不同而已。

▲ 點選 Mapbox Style 的分享按鈕（若讀者尚未實作 Mapbox，可跳過這個步驟）

（網址：https://studio.mapbox.com/）

　　接下來，請在該樣式右方點選「Share Style」的按鈕，並滾動到下方選擇「Third Party」的選項，將 Integration URL 的語法複製下來。

Tips

讀者也可直接使用筆者的 Mapbox Public Style Integration URL（或是您也可以任意在 Mapbox 新增樣式）：https://api.mapbox.com/styles/v1/divaka/ckwsux-4qh3cdl15o8rcjvg2tr.html?title=true&access_token=pk.eyJ1IjoiZGl2YWthIiwiY-SI6ImNqMG5xOHU5YjAwZmgyeHFxZnBmYTVhdmUifQ.HHaSiKG_2pF7C9x-Vx6q3bQ#5.4/21.994569/121.125899/0

因 Token 時常會異動，建議前往本書網站，取得此 Public URL Token
https://sites.google.com/view/datamap

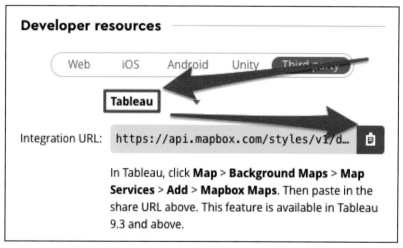

▲ 切換到「Third Party」>「Tableau」之後按下複製按鈕

Step 4：回到 Tableau 選擇串接 Mapbox 地圖

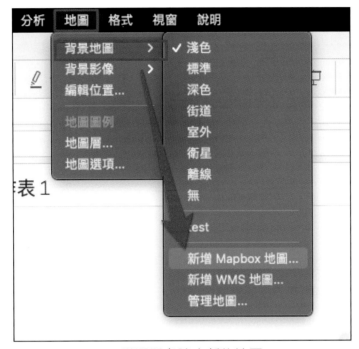

▲ 從選單處建立新的地圖

▲ 替樣式取一個名字，並貼上 Embedded Code

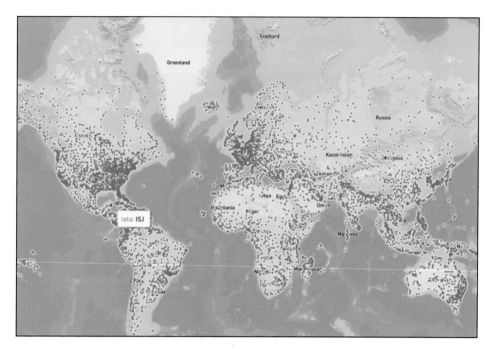

▲ 送出後，即可順利完成地圖樣式更新（套用 Mapbox 所提供的背景圖資）

Step 5：透過空間函式，建立航班路線

　　此步驟將會實作 Tableau 的空間函式，在標準的 GIS（地理資訊系統）應用中，地圖不只是一個視覺化載具，也是許多決策的依據。在 Tableau 當中，我們可以透過空間函數進行一些簡單的視覺標記與距離計算，可以參考空間函數列表的整理（表格的中文為官方翻譯，如有看不太懂的文字，也可參考原文之解釋：https://help.tableau.com/current/pro/desktop/en-us/functions_functions_spatial.htm）。

▼ Tableau 空間函數的列表（來源：Tableau 官方網站）

（來源：https://help.tableau.com/current/pro/desktop/zh-tw/functions_functions_spatial.htm）

函數	語法	定義
MakeLine	MakeLine (geometry1, geometry2)	在兩個點之間生成線條標記，對於構建起點 - 終點地圖非常有用。
MakePoint	MakePoint（緯度，經度）	將緯度和經度列中的數據轉換為空間對象。
MakePoint	MakePoint（X 座標，Y 座標，SRID）	將投影的地理座標中的數據轉換為空間對象。SRID 是一個空間參照標識符，它使用 ESPG 參照系代碼來指定座標系。如果未指定 SRID，則會假定 WGS84，並將參數視為緯度 / 經度（以度為單位）。此函數只能使用活動連接創建，並且在將數據源轉換為數據提取時將繼續工作。
Distance	Distance（幾何圖形 1，幾何圖形 2，"單位"）	以指定單位返回兩個點之間的距離測量值。支持的單位名稱：米（"meters"、"metres"、"m"）、千米（"kilometers"、"kilometres"、"km"）、英里（"miles" 或 "miles"）、英尺（"feet"、"ft"）。此函數只能使用活動連接創建，並且在將數據源轉換為數據提取時將繼續工作。
Buffer	Buffer（空間資料點，距離，單位）	根據指定的資料點以及設定的距離單位，生成環域範圍，輔助視覺辨識（Tableau 2020.1 版本以後的新功能）。

接下來將透過空間函式實作航班路線圖，本步驟將會生成「台灣到全球國家的航線」地圖；為了建立 Tableau 中的空間點位，我們需要透過 MakePoint 空間函式將點位進行轉換，請建立一個新的計算欄位後，透過 Latitude 與 Longitude 兩個欄位進行組合。

公式	MakePoint([Latitude],[Longitude])
公式說明	可將指定的經緯度轉換為空間點位

▲ 建立公式的地方

▲ 透過 MakePoint 將經緯度轉換為空間對象，送出後會生成「airport_point」的人工新欄位

Step 6：建立機場間的航線資料

前一個步驟我們成功建立了 Tableau 的空間點位，此步驟則會生成「台灣到全球國家的航線」軌跡，透過 MakeLine 函式的實作，可透過桃園機場的經緯度參數，傳入計算欄位中，建立桃園機場與其他空間點位（機場位置）的連線關係，作法同樣是建立一個新的計算欄位，可取名為「all_routes」並輸入對應的計算公式。

公式	MAKELINE([airport_point],MAKEPOINT(25.0600242,121.2645732))
公式說明	建立桃園機場（25.0600242,121.2645732）點位到全球目的地機場的路線。

▲ 建立航線的計算欄位截圖

Step 7：為了避免效能問題，預先進行資料過濾

　　由於繪製全部線條相當吃 Tableau 效能，如果不過濾資料將可能導致軟體緩慢，所以需請讀者先對資料進行過濾，只留下 Country 等於 Taiwan 與 Japan 的資料，來繪製後續的台灣桃園機場與日本的航線地圖。

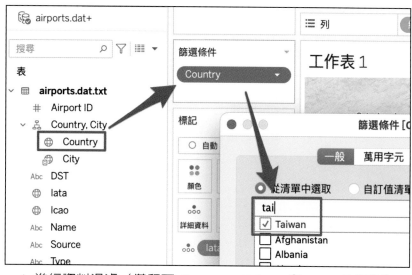

▲ 進行資料過濾（僅留下 Country = Taiwan 與 Japan 之資料）

Step 9：建立路徑連線

此時只需要點選 all_routes 欄位兩下，就會建立連線。

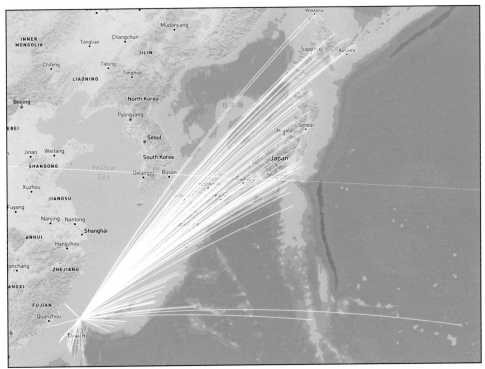

▲ 點兩下即可生成台灣桃園機場與日本所有的機場連線

Step 10：新增機場點位標記圖層

在 Tableua 後來更新的版本中（從 2021.1 月版本後才有的），我們可以透過「新增標記圖層」的新功能，在既有的地圖上，增加機場地理圖層資訊，讓圖表更豐富；作法很簡單，只要拖拉 IATA 欄位到畫面中，選擇「新增標記層」後，即可生成對應的點位資訊。

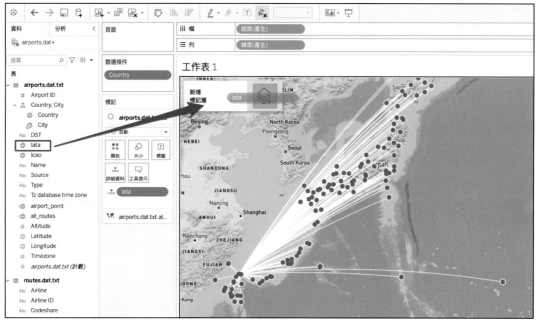

▲ 透過 IATA 欄位，建立機場資訊

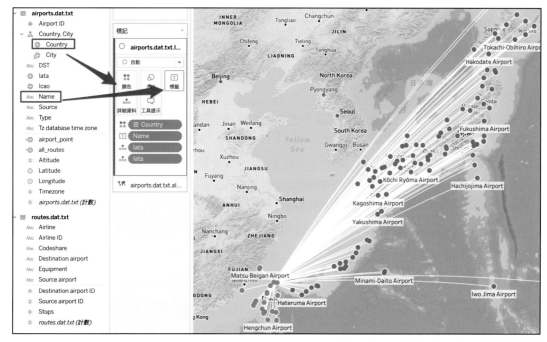

▲ 透過 Country 上色與透過 Name 增加標籤

Step 11：過濾機場來源

　　由於現在的線條較多（因為我們保留了全部台灣與日本的機場之間連線），接下來可以用臺灣目前有的國際機場來做過濾：桃園國際機場（TPE）、高雄國際航空站（KHH）、臺中國際機場（RMQ or TXG）及臺北松山機場（TSA），如此就可以做出「桃園機場 TPE 對日本與台灣的機場的連線地圖」（因為之前的 Makeline 函式是以桃園機場為核心點位）。

▲ 透過 Source Airport 過濾來源為台灣的機場（勾選各機場代碼）

Step 12：擴充 Tableau 客製化圖標資料庫

　　前一個步驟其實我們已經差不多算是製作完成了，不過本段落再延伸最後的一個技巧，想跟讀者分享 Tableau 「更換客製化圖標」的功能，即 Tableau 可以針對圖上的每個類別更換客製化圖標呢！英文版將此技巧稱之為 Custom Shapes，意思是指我們除了可以使用 Tableau 內建的圖標（Shapes）之外，也可以任意使用自己想要使用的任意 png 圖片，本步驟將帶領讀者實作如果將各機場顯示圖片置換成國旗樣式。

　　雖然 Tableau 預設的圖標資料庫，並沒有各國的國旗，但我們可以透過手動

的方式（技巧名稱為：Custom Shapes：https://www.tableau.com/drive/custom-shapes），增添各國國旗的符號進入 Tableau 軟體中，非常好用的技巧！

　　在進行本段落之前，要請讀者先下載各國的國旗，可直接透過 Google 搜尋關鍵字「Flags iconset」應該可以找到非常多，或是直接進入網頁下載，又或者是使用本書隨著資料集附加提供的素材（_img/197373-countrys-flags）。

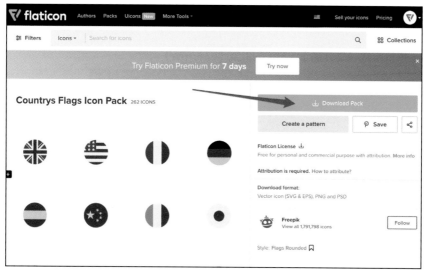

▲ 線上下載國旗的圖標組（讀者若要延伸使用此圖標，記得留意其版權使用資訊）

（來源：https://www.flaticon.com/packs/countrys-flags）

▲ 主要會使用到的是「png」資料夾

接下來，要請讀者幫忙找找看 Tableau 所安裝的圖標位置，如果是 Mac 作業系統，通常會在「文件底下 > My Tableau Repositive > Shapes（名稱也可能是：我的 Tableau 存放庫 > 圖形）」當中，而 Windows 則是通常位於 Libraries > Documents 底下，但是每台電腦偶爾會因為版本而有安裝資料夾的差異；找到之後，請將本書提供的國旗素材放入其中，可開一個 flags 資料夾丟進去。

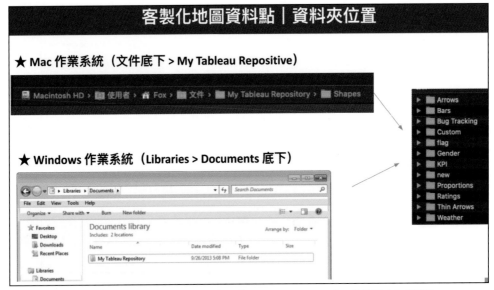

▲ Tableau 擴充客製化圖標（Custom Shapes）的資料夾位置

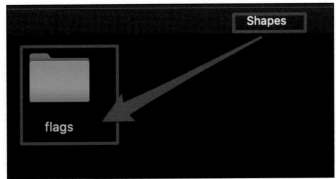

▲ 要請讀者在 Shapes 資料夾新增一個 Flags 資料夾，並把上面下載的國旗檔案放進去

Step 13：更換客製化圖標

雖然已經完成客製化圖標的安裝，但我們還需要在 Tableau 軟體中請它重新載

入一次，請於「標記」區點選「圖形」的按鈕，在跳出的「編輯圖形」視窗中，點選「重載形狀」的按鈕，更新圖表。

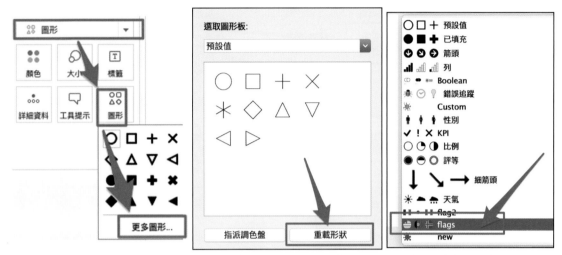

▲ 需點選「重載形狀」才會更新圖標，接下來就可以選擇該資料夾的圖標了

　　接下來，將需要客製化圖標的欄位拖拉到「圖形」，表示我們希望該欄位的不同內容呈現不同的圖像。

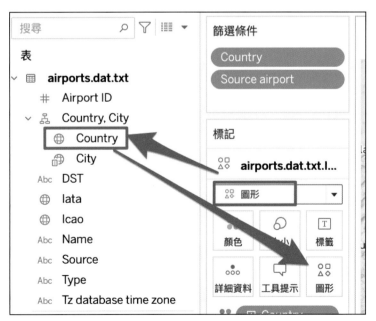

▲ 接下來，請將機場點位圖層改為「形狀」，並將「Country」欄位拖拉到「圖型」，表示我們希望不同國家呈現不同圖形（預設圖型非國旗，我們需要手動做對應）

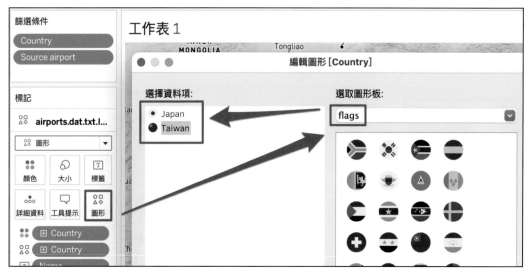

▲ 從右上方切換到國旗資料夾後，手動完成類別與國旗圖樣的對應（ps. 若有無法對應的，則可選擇其他符號替代之）

Step 14：移除預設的顏色效果

　　剛設定國旗後，會發現畫面都沒有變化，這是因為原本的機場圖層有設定顏色的原因，只要將原本的「顏色」設定移除掉之後，就可以看到機場都變成原本的國旗樣式了！

▲ 移除掉原本的 LATA 圖層之顏色設定

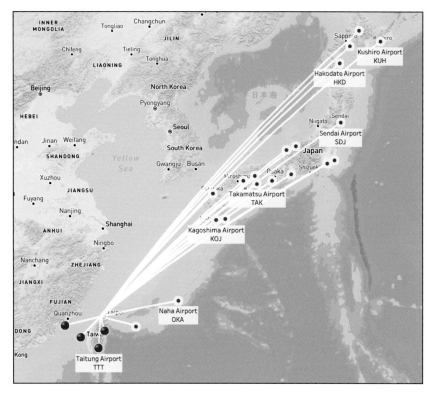

▲ 用國旗代表機場的地圖呈現樣式，畫面變得更豐富了！

用 Kepler.gl 製作華麗大數據地圖

▌ 8.1 認識 Kepler.gl

以往要製作一幅完整且美觀的地理圖資，需要透過特定的地理資訊軟體，如：由 ESRI 公司出版的 ArcGIS，或是開源軟體 QGIS（Quantum GIS），但這些工具除了需要安裝於個人電腦、較占電腦資源外，且需要對地理資訊科學有一定概念方能較快上手，整體學習成本亦較大。然而，近年各種視覺化開源工具盛行，大多可支援各類程式語言進行操作，尤其地圖相關資料應用也越來越廣泛，為了使一般使用者可快速上手，無須透過撰寫程式使用，Uber 視覺化團隊開發了一套基於網頁的應用程式（web-based application）—— Kepler.gl，其為一款可串接多種來源的數據，並以高效能運算與呈現的地理視覺化工具，在地理資料探索、大尺度的地理空間規模呈現及與用戶的互動操作上，皆具備相當優秀的功能。

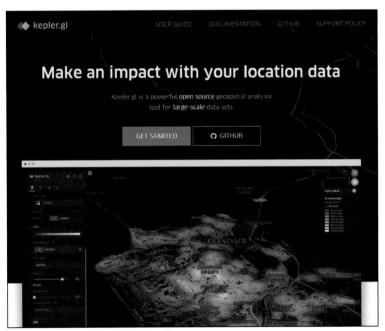

▲ Kepler.gl 官方網站首頁，開啟了地理大數據視覺化的更多可能性

一、地理大數據的視覺化

　　Kepler.gl 能視覺化之地理資料類型相當豐富，從點、線、面各種地理型態的資料，皆有適合自己資料樣態的模型，甚至如果資料具備時間維度，則可延伸拉出時間軸，將時空間資料更完整且彈性的視覺化。另外在圖像的運算能力上，對於資料的空間聚合（spatial aggregation）或熱度圖（Heat map）呈現，亦能隨瀏覽者的俯視高度與角度，即時 3D 動態改變；且因該工具的視覺化呈現是透過網頁瀏覽器，對於使用者來說非常方便！然而在呈現效能、瀏覽速度部分則會與使用者電腦顯示卡等級相關，不過讀者們也無須太擔心，若使用一般文書用的電腦軟體，呈現數十萬筆資料都還是相當順暢的，但如果運算量更大的話，如果想要瀏覽更順暢，則會建議使用者的電腦硬體需要有獨立顯卡等設備。

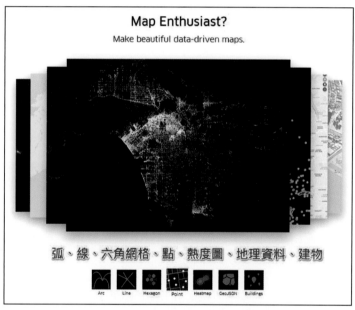

▲ Kepler.gl 地理視覺化類型相當多元

二、簡潔快速的讀取資料及共享

　　Kepler.gl 可讀取已清理完成之地理資料（如：csv、json、Geojson 檔案），只要資料表格內容具備「地理特徵」相關欄位即可讀入與呈現，透過拖曳與該工具建立好的選項，讓使用者更快速地呈現圖資的重點。完成後的地圖可透過網址快速進行共享，資料內容則是存在使用者自己的 DropBox 雲端空間或 Carto 地理資訊平台

（但未來或許可能會提供更多元儲存方式），編輯完成的結果，則可產出 json 格式或 html 檔案來備存。

▲ Kepler.gl 的 input 畫面（可載入像是 csv, json 等資料）

三、多元化的生態系（Ecosystem）

Kepler.gl 屬於開源套件（open source），核心系統架構是以 Mapbox GL 及 Deck.gl 兩套技術為基礎，可渲染數百萬筆的資料，對資料進行即時運算與呈現；Kepler.gl 在擴充應用上可與許多工具整合，例如：支援 Python 程式、Jupyter 或 Visual Studio Code 等編譯器，亦可在 Tableau 軟體展示；不過本書主要著重於其操作基礎之介紹，關於涉及程式語言部分較為進階，如讀者欲撰寫程式對其進行操作，或是想要與自行開發的網頁應用程式進行整合，可再詳閱官方 git 文件說明（https://github.com/keplergl/kepler.gl）。

四、更多的視覺化範本

官網首頁下方也有介紹許多可操作的示範資料，各位讀者在進入本書練習之前，不妨可以先點擊示範資料進去裡面，感受一下該工具對於資料視覺化的強大之處！

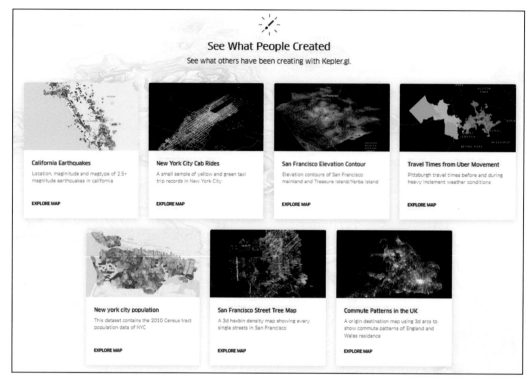

▲ Kepler.gl 的各種地理型態示範資料，可點擊進去操作試玩看看

　　本單元後續所規劃的練習，相信能協助各位讀者更熟悉 Kepler.gl 該開源工具之操作，如果要想嘗試更多其他功能的讀者，可將上面的示範檔案都操作練習一番，並檢視其資料的樣態，了解它所能呈現的地理型態之各種可能性，以便我們未來在各行各業有相關資料時，能自行整理出符合該工具能使用的地理格式，並借助它強大的視覺化功能來進行地理數據的解讀與呈現！

▋ 8.2　介面操作導覽

一、網站首頁

　　以下將會介紹一些 kepler.gl 的基礎操作介面，若讀者有興趣的話也可跟隨步驟指引進行操作；首先進入首頁網址（https://kepler.gl/）後，右上方有一般的教學說明（USER GUIDE）及供程式開發人員使用之相關開發文件（DOCUMENTATION）、

GITHUB 等資訊，官方的英文教學說明文件也相當豐富，推薦讀者可參考。此外要特別注意：kepler.gl 不需註冊即可進入操作，但也無法在該網站儲存編輯之成果，每次操作後使用者需自己將檔案下載留存，或是再與其他整合的雲端平台來記錄；不過讀者習慣該模式後，也可能會喜愛這種輕量化且簡潔的儲存方式！

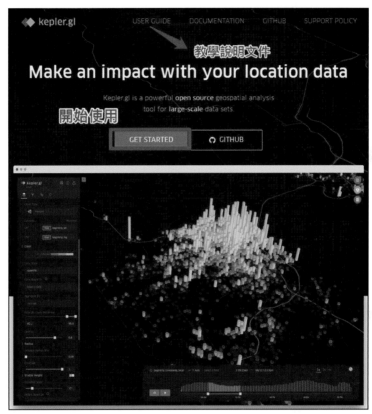

▲ Kepler.gl 網站首頁及開始使用之處

二、開始使用

首先，點擊「開始使用（GET STARTED）」後，即可進入我們的主要編輯畫面，注意，此時網址會轉變成 DEMO 狀態（https://kepler.gl/demo）。其為我們的畫面主頁，剛進入時網站會詢問您是否要加入資料（Add Data），或是使用官方提供的範例資料試驗。我們在此先點選使用範例資料（Try sample data），選擇加州地震資料（California Earthquakes），進行整體框架介紹。

▲ 點擊右上角的「Try Sample Data（範例資料）」，並選取「加州地震資料集」（若無此選項也可選擇其他的案例）

三、操作畫面簡介

　　完成上一段的步驟後，等待一段載入時間後，將會自動被引導到編輯畫面，Kepler.gl 主要可切分成兩大區塊，左側處紅框爲「資料與圖層管理區」，顧名思義就是負責管理資料設定的區塊；而畫面中間綠色框部分爲「地圖畫布（map canvas）」，是核心圖表呈現的區域。

▲ Kepler.gl 主畫面框架（區分左右兩大塊）

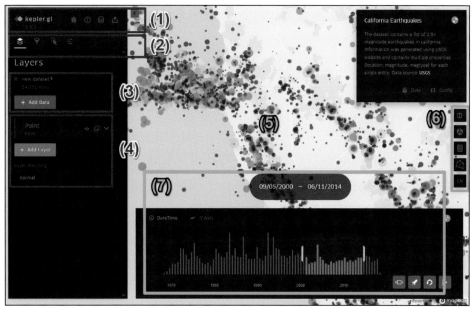

▲ Kepler.gl 主要功能區

1. 資料與圖層管理區（紅色框區域）

(1) Kepler.gl 版本資訊（本範例爲 2.5.4 版），按鈕從左至右之圖示分別爲「錯誤回報（Bug Report）」、「基本功能使用說明（User Guide）」、「雲端儲存（Cloud Storage）」、「檔案輸出及共享（Share）」。

(2) 「主功能頁籤」有四大頁籤選項，從左至右之圖示分別爲「圖層（Layers）」、「篩選工具（Filters）」、「互動選項（Interactions）」、「地圖底圖（Basemap）」。每個選項選擇後，圖片中 (3)、(4) 區塊的功能會隨之改變。

主功能頁籤項目	說明
圖層	本工具最重要的核心功能，其可增加資料集、追加圖層及控管顯示樣式等功能，掌握了整體圖資的命脈。
篩選工具	用於過濾及篩選資料，只顯示符合特定條件下的資料（如：符合特定類別、某數值區間、特定時間下的資料集）。
互動選項	滑鼠移動到地圖上進行點選與互動時，可由此設定資料的顯示內容。
地圖底圖	設定底層地圖的樣式。

(3) 「資料區」：可用 csv、json 或 Geojson 的格式讀入資料來源，並與此區塊管控該份檔案的所有資料。

(4) 「圖層區」：該區塊可增加、編修或移除圖層，並進行視覺化的調整，嘗試不同圖層之疊加效果，可於右側的地圖畫布即時顯示視覺化結果。

2. 地圖畫布區（綠色框區域）

(1) 「地圖畫布（map canvas）」則為資料地理視覺化後呈現的地方，我們可透過此處即時檢視我們調整的成果；滑鼠於畫布上出現手掌圖案時，可按住左鍵進行畫面拖移，配合滑鼠滾輪可將地圖畫面拉近拉遠（zoom in & zoom out）。

(2) 「地圖輔助工具」由上而下的小功能分別為：「切換雙地圖檢視模式（Switch to dual map view）」、「轉換為 3D 地圖檢視模式（3D Map）」、「顯示圖例（show legend）」、「自行在地圖上直接作畫（Draw on map）」、「選單語系切換（Select locale-EN）」；其中值得注意的是，在 3D 地圖檢視模式下，按住鍵盤的 Shift + 滑鼠左鍵可進行畫面的 3D 旋轉，可便利的切換檢視角度。

(3) 「資料呈現篩選工具 — 時間軸」對於具備時間性質之資料，可進行特定時段內的篩選並呈現，我們可從「主功能頁籤」的「篩選工具」呼叫該特殊功能。

　　在大致了解整個畫面的功能後，我們來看一下加州地震資料集，它是屬於點資料，每一個圓圈的大小表示其地震規模的大小；點擊畫面上的圓圈會出現資料卡內容包含其發生日期、經緯度、震源深度（depth）與芮氏地震規模（magnitude）。時間軸工具則可以進行播放或是拖曳，以檢視特定時間內的地震資料，讀者皆可以自行隨意點擊與操作，想回到該範本的原始狀態的話，按下 鍵盤 F5 案件即可自動刷新網頁，所以就儘管大膽快速嘗試吧！

四、Kepler.gl 地理欄位格式說明

　　本工具所能使用的檔案，主要使用 Geojson 格式，其地理欄位的 EPSG 代碼必須為 epsg: 4326（即 WGS84 經緯度），但台灣常見的開放地理資料檔案多半為 shp（shapefile）格式，所以在使用前可能會需要先經過轉檔的步驟。

Tips

Geojson　為標準通用的地理空間數據交換格式，其格式規則與資料型態可參見維基百科的介紹（網址：https://zh.wikipedia.org/wiki/GeoJSON）。

有關 shp 檔案轉檔為 Geojson 格式等內容，可透過 QGIS 地理資訊軟體進行快速轉檔，因其屬於進階軟體的操作細節，讀者想更精深地理資料處理功力的話，可到本書網站（https://sites.google.com/view/datamap）提問或找尋相關的資源，相信能更熟悉 QGIS 功能的話，也能對地理資料視覺化更得心應手！

 Tips

EPSG 是由歐洲石油調查組織　European Petroleum Survey Group　所定義的大地測量參數數據集，通常直接以該組織縮寫 EPSG 簡稱。

▌8.3　實作：洛杉磯建物資產價值地圖（點資料）

▶ 實戰資訊

實作任務說明

本段落將帶領讀者以「點資料型態」呈現「洛杉磯建物資產價值點資料分布圖」，此圖是用圓圈的大小呈現每一處建物資產價值之高低，並以顏色區分該建物的使用類型。

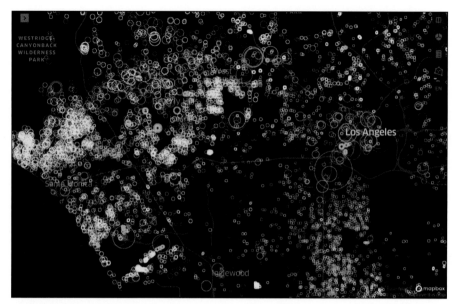

▲ 洛杉磯建物資產價值點資料分布圖（圖中圓圈代表建物資產價值高低）

使用資料集

- la_assessor_parcels.csv（洛杉磯為進行土地及房屋稅徵依據）
- HQTA_PoP.geojson（優質交通節點周邊區域人口資料）

Step 1：修改網址與加入資料

　　這個案例是從頭開始製作，啟動方式有兩種：(1) 將網址直接更改爲 https://kepler.gl/demo，按下 enter 後即進入使用新案例操作的主要畫面；(2) 由 https://kepler.gl/ 首頁點擊「開始使用（GET STARTED）」後亦可自動進入主要畫面（另外偷偷說，「https://」這幾個英文字可以不用輸入，瀏覽器也會自動辨認與跳轉）。

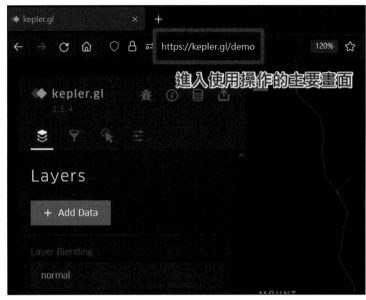

▲ 請先將執行網址輸入 kepler.gl/demo，該網頁即為使用操作的主要畫面

 Tips

這邊要給讀者重要提醒！如果讀者們在操作檔案的過程中，資料集、圖層樣式尚未調整完成，如不小心對網頁進行更新（例如：按下 F5 網頁重新整理快捷鍵），則調整的東西都將會歸零（該工具並沒有暫存功能），故後續會教導大家邊做邊將檔案輸出為 json 檔，以進行備份與存檔。

　　從初始主要畫面開始，點選主畫面左方的的資料區選項：「加入資料（Add Data）」，畫面會有三種選擇。最常使用的為「讀取檔案（Load Files）」，我們可從個人電腦直接點擊左鍵，拖曳要上傳的檔案至該方框內（支援副檔名為 csv、json、Geojson 格式）；但也可視需求使用另外兩種載入方式。

　　我們將練習檔案「la_assessor_parcels.csv」拖曳上傳，進度條達 100% 完成後，該檔案會暫存於該網頁內。

▲ 加入資料畫面，通常第一次使用都是選擇「Load Files」

 Tips

另外兩種匯入資料的方式，為「從網址讀取地圖」（Load Map using URL）及
「從雲端存取空間讀取」（Load from Storage），部分功能為程式開發人員較
常使用，且從雲端存取空間目前僅支援 Dropbox 與 Carto 平台，在此不多做介
紹，最後本單元會再教導讀者如何以網址共享完成的地圖檔案！

Step 2：檢視資料表

　　檔案上傳完成後，將滑鼠移至資料區的檔案右側，會滑出兩個選項「呈現資料
表格（show data table）」及「移除資料（remove dataset）」。點擊左鍵於「呈現
資料表格」，可呼叫該資料集表格，並可檢視其基本樣態，如：資料筆數（本範例
共 284,554 筆）、欄位名稱（usetype、units 等）、欄位型態（時間格式、文字、數

字、布林值等），另外，在每個欄位名稱的右側空白處（圖示的「點擊此處」），
滑鼠移過去後對選項點擊左鍵，可對欄位進行排序、釘選或複製該欄位資料。

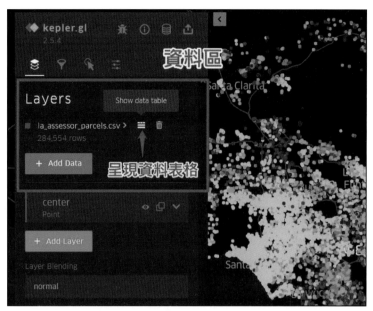

▲ 對該圖示點擊左鍵，即可呼叫資料表格

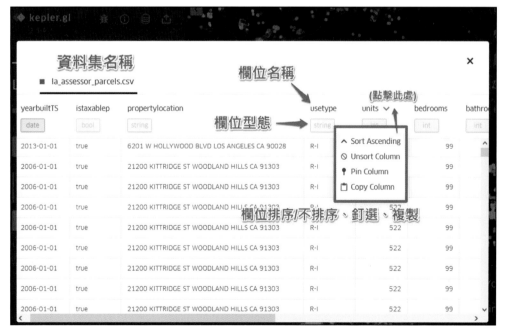

▲ 檢視表格資料的樣態與欄位

Tips

於資料集右側的垃圾桶圖示，如點擊左鍵「移除資料（remove dataset）」，則可移除該資料集。該資料集移除的話，與此資料有關的圖層會全部隨之移除，點擊前務必再次確認。

▲ 這個按鈕將會移除資料！請三思而後行！

Step 3：追加其他資料

當我們要追加其他資料時，對「+ Add Data」點擊左鍵即可再加入其他資料進來，點擊後會再次呼叫「加入資料畫面」，將練習檔案「優質交通節點周邊區域人口資料（HQTA_PoP.geojson）」拖曳上傳，之後我們便會有兩份資料集。

▲ 點擊 + Add Data 即可追加其他資料

　　上傳完成後，我們資料區會有兩份檔案、圖層區會有三個圖層。紅框資料 A 為洛杉磯建物資產清冊，其對應圖層區中，名稱為「center」的圖層，換句話說，該圖層的串接資料來源為「la_assessor_parcels.csv」；綠框資料 B 為優質交通節點周邊區域人口資料，其對應圖層區中，名稱為「input」及「HQTA_PoP」兩個圖層，該圖層的串接資料來源為「HQTA_PoP.geojson」。本工具為利用戶辨別，在圖層與資料集左側會自動標註不同的顏色標籤，讓用戶快速對應參照，如本範例圖中顯示的為紫色與藍色。

▲ 資料與圖層的對應關係示意圖

Step 4：檢視圖層資訊

　　圖層區的右側選項，主要有「圖層檢視／隱藏」（hide layer）、「圖層複製」（duplicate）、「圖層設定」（settings）三大功能，讀者可先嘗試操作看看。

▲ 每個圖層名稱右邊共有 3 個操作項目

▼ 圖層主要操作項目

項目	說明
(1) 圖層檢視／隱藏	控制該圖層資料之檢視或是隱藏，在資料集繁雜、圖層眾多需調整時，我們可以先將暫時沒用到的圖層關閉，專心調整好每一個圖層該顯示之樣態，最後再一併開啟疊加與比較視覺效果。
(2) 圖層複製	可複製出一個一模一樣的圖層。同一個資料集，如果我們希望有不同的呈現樣態，如：以紅色到綠色呈現點資料的某數值高低，或是以紅色到藍色呈現較顯眼，在進行顏色調整時，可快速複製多個圖層，並對每個圖層進行微調與比對，最後挑選出我們滿意的之後再刪除其他不要的，可說是非常好用的工具。
(3) 圖層設定	該功能掌握了這個圖層的所有可操作的視覺化調整選項，而針對點、線、面型態的地理資料，皆有部分不同的調整內容，我們後續將帶領讀者一一嘗試這些調整變項。

Tips

圖層的視覺順序由上而下呈現，圖層在上者，其在 Kepler.gl 的優先顯示於地圖上方、圖層越下方者，其會被疊加在地圖畫布的下方，於滑鼠移至圖層名稱左側（出現十字移動的鼠標後），可按住左鍵並進行圖層拖曳。另外，每一個圖層之地理資料型態會顯示於名稱下方，如：Point 資料、Geojson 資料等（注意 Geojson 可能涵蓋點、線、面三種範圍，需視資料內容而定）。

Step 5：隱藏、移除圖層

　　如果在操作時，覺得太多圖層怎麼辦？我們可以透過隱藏或是移除一些用不到的圖層，來讓工作區更乾淨。我們首先練習把「HQTA_PoP」這個圖層關閉（圖示變成眼睛閉上），對該圖層眼睛圖示點擊左鍵；再來對「intpt」這個圖層點擊垃圾桶的圖示，「移除圖層」（remove layer）功能必須要滑鼠移到該位置時，其垃圾桶的圖示才會出現，點擊後該圖層即可被移除。注意該工具沒有所謂的「上一步」或是「復原」，做任何動作請看清楚後再決定喔！

▲ 移除或暫時隱藏沒用到的圖層

Tips

提醒一個觀念，圖層縱使移除光了，但資料集也還會在，圖層僅是將該資料集作視覺呈現的一個框套而已，同一個資料集可以套上數十件衣服展示，以洛杉磯資產資料為例，我們可以用顏色深淺代表不動產價值的數值高低，或用點資料的圓圈大小代表房間數目多寡，也就是同一個人（資料集），可以隨時更換3、4 件衣服展示（圖層）；而每一個框套僅能用單一資料集作為依據，一件衣服（圖層）在同一時間下只能穿在一個人的身上（資料集）。

Step 6：增加圖層

　　資料集讀取後，如果我們要載次手動加入新圖層，可點選「增加圖層（+ Add Layer）」來追加圖層，最主要有四個步驟，通常建議依照下列次序操作：

1. 先點擊下圖的「+ Add Layer」，之後就會產生新的圖層。

2. 點擊圖層名稱（預設名稱為 new layer），可重新命名該圖層（如：test），便於後續辨識用。

3. 從資料來源（Data Source）可選擇這個圖層的資料集，要依據哪一個來源（本範例目前有 la_assessor_parcels 及 HQTA_PoP 兩個資料集可選擇），我們在此選擇「la_assessor_parcels」。

4. 「圖層設定」的 Basic，可對你的圖層設定一個適合呈現的型態。以本範例資料集為例，我們對 Basic 的選擇資料呈現型態（Select A Type）點擊左鍵，並選擇「點型態（Point）」。

▲ 增加圖層的基本四步驟

Step 7：選擇資料呈現的型態及地理欄位

　　接續前面步驟，我們要選擇這個圖層所用的資料，要用什麼型態呈現繪製，在此選擇「點型態（Point）」；其他還有很多不同的型態，本單元於後續實作會再教導讀者們常用的類型。

　　緊接著畫面會問我們要使用哪個「地理欄位（geometry type）」，在 columns 選擇這份資料的經緯度值及高度值：

- Lat（類似 Y 軸資訊）：緯度值（epsg：4326）。
- Lon（類似 X 軸資訊）：經度值（epsg：4326）。
- Altitude（類似 Z 軸資訊）：該份點資料的高度值。

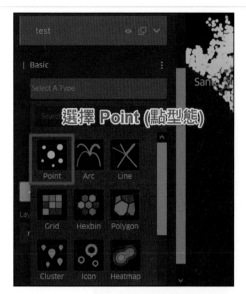

▲ 選擇資料呈現型態為「點型態（Point）」

▲ 在 Lat 與 Lon 部分，請選擇具備經緯度資料的欄位

　　如果資料的地理欄位名稱為「xxx_lat」及「xxx_lon」（xxx 可替換為任何長度的英文字母），則該工具會自動辨認資料集當中的兩個欄位為一組「標準經緯度的點資料」，故在輸入時它會自動問你是否要使用「center」的地理欄位（資料集其實沒有 center 這個欄位，但是選擇這個虛擬欄位的話，該工具會自動帶入「center_lat」及「center_lon」兩個實際的真實欄位），且該欄位會標示為建議欄位（Suggested Field），選擇後即會半自動帶入經緯度坐標（當然也可自行搜尋對應的欄位並選擇點擊加入）。

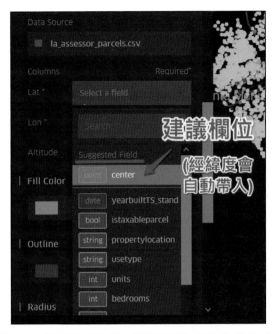

▲ 點擊「center」建議欄位（虛擬欄位）後，該工具就會自動帶入「center_lat」及「center_
lon」兩個實際的真實欄位

 Tips

Altitude（Z 軸）欄位並非必要，但在部分時機會有不錯的效果。Z 軸資料未必
只能表達點資料的海拔高度，它也可以是額外的數值維度，以建築物資料為例，
它可以是房價、坪數等資訊，唯一要注意的是它呈現的單位是「絕對高度」，
所以如果要在畫面上具備較好的高低差視覺效果，則其數值要經過適當調整放
大，建議使該數值盡量介於 100 以上或數千至 1、2 萬不等（筆者自身經驗），
對於呈現城市大規模的資料可有較佳的視覺效果。

　　完成前述步驟後，建議把剛才的 center 圖層先隱藏，此時可以清楚檢視我們剛
才新追加的圖層 test，在 Fill Color 那邊會隨機預設單一顏色填滿。再次確認一下目
前操作進度是否符合示意圖的檢視。

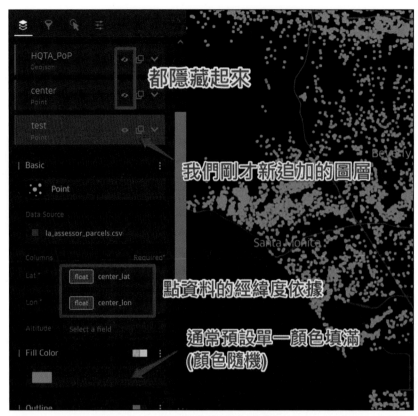

▲ 成功加入新的點資料圖層

Step 8：點型態圖層的基本操作架構

　　不同型態的資料呈現，其能調整的操作架構項目皆有部分不同。本段落以「點型態（Point）」的基本操作架構作介紹。

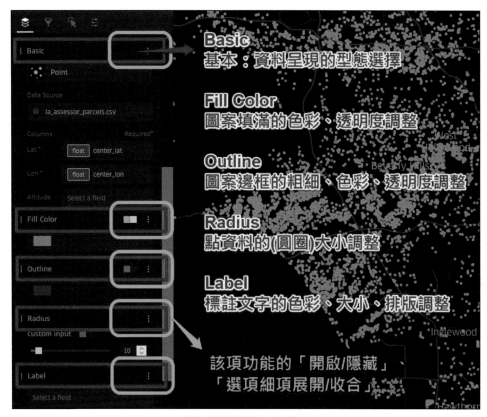

▲ 點型態的基本操作項目

　　點型態圖層，相關的操作項目有：（圖中紅框的部分）

- 「基本（Basic）」：資料呈現的型態選擇。所有的資料類別圖層一定都有這個項目，它藉由資料的地理欄位去作不同的視覺化方式，由該欄位將這個圖資作定位與呈現。

- 「填滿色彩（Fill Color）」：圖案填滿的色彩、透明度調整。通常出現於點（圓圈）、面類型的資料（可被填滿的性質），該項目可控制資料物件本身的顏色。

- 「邊框（Outliner）」：圖案邊框的粗細、色彩、透明度調整。通常出現於點（圓圈）、面類型的資料（具備框的性質），該項目可控制資料物件邊框的顏色。

- 「半徑（Radius）」：點資料的（圓圈）大小調整。

- 「標註（Label）」：標註文字的色彩、大小、排版調整。

　　前述五個項目，為方便調整與畫面的檢視，每個項目都可以點選右方的三個點點符號，來展開細部選項，且部分項目也能夠「開啟／隱藏」（圖示綠框部分），

舉例來說，我們可以隱藏點資料圓圈的邊框，或是僅呈現圓圈的邊框、隱藏中間填滿的色彩。

透過地理視覺圖表上的物件類型、顏色、大小，可以豐富地呈現我們要描述的現象，如用顏色高低表示建物資產價值的高低，用圓圈大小表示該建物的坪數面積等等。上色方式可以單純用單一顏色填滿，可以點擊調色盤的顏色來選填一個自己喜歡的。

▲ 單一顏色填滿點資料

但筆者建議來嘗試多樣一點的方式，請讀者將 Fill Color 的選項細項展開後，使用「依據某個顏色的值填滿顏色（Color Based On）」，這邊欄位的值不限定是「類別變數（categorical）」或「連續變數（continuous）」，該工具會自行判斷合適建議的上色方式。我們選擇「建物面積 - 平方英尺」（sqftmain）欄位作為顏色上色的依據，顏色部分則選擇暗紫色到亮黃色。

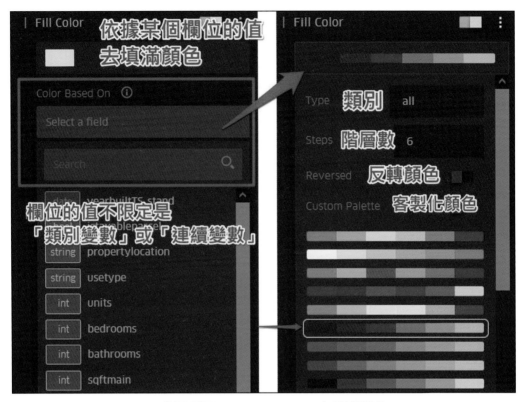

▲ 我們利用 Color Based On 來填滿顏色

「階層數（Steps）」則可以調整我們要分幾階顏色來呈現（有 3 至 20 階層供選擇），我們把階層數設為 6 階。而「反轉顏色（Reversed）」可將顏色反轉，如原本高數值的是紅色、低數值是綠色，但我們經調整後，決定改為高數值是綠色、低數值是紅色，則這時候這個功能就相當好用。

📋 Tips

關於地理資料的顏色配置，前述提到有分成「類別變數」或是「連續變數」，這邊舉例幾種情形：如為類別變數者，像是本資料集的「使用類型」（usetype），其共有五種文字類別（SFR、CND 等等），則顏色建議選擇明顯交錯、隨機不同色系型；如為連續變數者，像是本資料集的「資產總價值」（roll_total-value），其為連續量值，這種筆者建議顏色選擇以色溫漸層來設定，像是由同一色系明亮至灰暗，或是由亮紅到淺綠進行值的分級。

通常在決定欄位後，可選擇其呈現顏色的調整，「類別（Type）」有數個選項：相異發散的（diverging）、同一系列色系的（sequential）、不同類別性質的（qualitative）、單一色調由白至深色的（singlehue）、全部（all）、自己客製化（custom），通常直接檢視全部較方便我們找尋。

　　完成前述步驟後，我們最後來嘗試看看調整「不透明度（Opacity）」，每種類型圖層都具備這個選項，該值介於 0 到 1 之間，我們可以藉由調整該項目讓圖層與圖層、與底圖之間的透明效果，使其在顏色上的疊加呈現更多豐富的視覺效果。我們將數值輸入 0.4 ，最後呈現的階段結果詳示意圖。

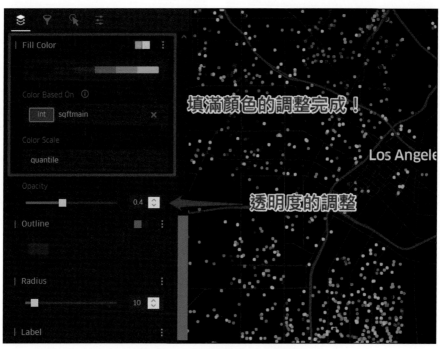

▲ 成功完成填滿顏色的調整

Step 10：進行顏色的客製化

　　如果讀者對於顏色有獨特的要求與想法，在「客製化顏色（Custom Palette）」功能開啟後，可以自己配置客製的調色盤，可自訂階層數、顏色調整可依據 Hex

Color 色碼表自己進行配置，亦可對顏色點擊左鍵並呼叫調色盤點擊。（配置詳細過程可見 https://docs.kepler.gl/docs/user-guides/l-color-attributes）

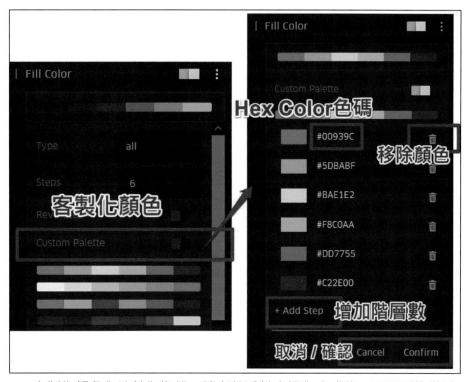

▲ 客製化顏色作法較為複雜，讀者熟悉基本操作方式後，可再延伸嘗試

Step 11：顏色階層數分級說明

　　顏色處理完成後，我們來介紹一下階層數的分級級別依據，其定義了資料集群與群之間的數值該如何切割，該工具 Color Scale 分成兩項：(1)「分位數級別」（quantile scale）：其依照分位數的概念對資料分成數等分，該項優點是不受資料群的極值影響，依數值排序後使每個分群有相同的個數；(2)「量化級別」（quantize scale）：該分群如對於數值差異較不大之資料群，能更細緻的區分群與群之間的差異，但缺點是如果當中有數值過高、過低者，皆會使其等分切割時易有所偏誤，受極端值的影響較大。詳細說明與計算原理，可參閱本工具背後支撐的程式語言 d3.js 的分級說明（https://github.com/d3/d3-scale）。

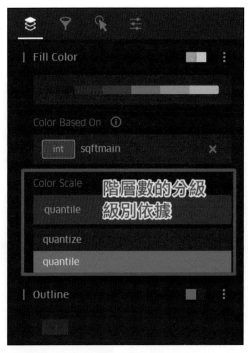

▲ 階層數的分級級別依據主要有「分位數級別（quantize）」及「量化級別（quantile）」
兩種

 Tips

如果我們想要改變顏色分級的依據（Color Based On）或是更換欄位，可點擊
打叉的圖示進行刪除並重新選擇，讀者們在自行操作時，也可適當將畫面拉近
拉遠以檢視調整後的視覺效果。另外注意，階層數分類依據 Color Scale 只適用
於連續變數，即數值類型的欄位，如圖舉例的類別變數，欄位 uestype 是文字
類型的，此時就不會出現 Color Scale 的選項。

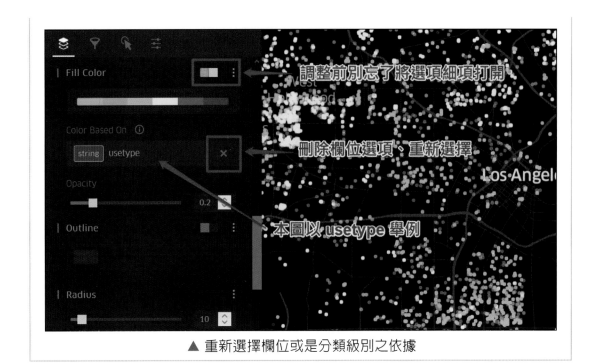

▲ 重新選擇欄位或是分類級別之依據

Step 12：邊框及半徑大小調整

　　除了自身填滿顏色外，物件的邊框顏色與粗細有時也會有不錯的效果，我們先把「邊框（Outline）」功能開啟，選擇單一顏色為藍色，將「邊框寬度（Stroke Width）」（粗細）調整為 2 像素大小（pixels）；「半徑（Radius）」功能可調整點資料的大小，將其調為 22，數值越大則圓圈越大。

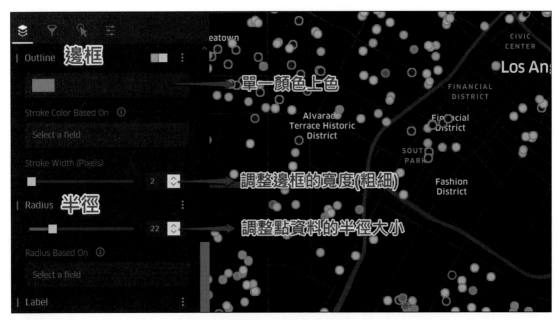

▲ 調整邊框、半徑的數值調整

Step 13：隱藏填滿顏色加強視覺效果

　　這時會發現圖資所呈現的尚不夠精彩，我們先將 Fill Color 的功能關掉（隱藏填滿顏色），再將邊框寬度與半徑的選項細項展開，邊框上色依據（Stroke Color Based On）欄位選擇「建物使用類型（usetype）」，因其為類別變數，故建議選擇較為離散相異的色系。

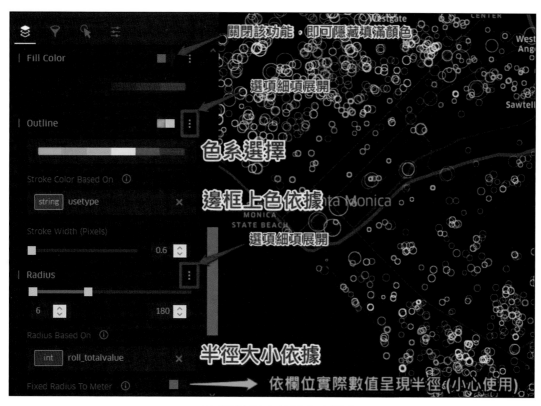

▲ 邊框顏色及半徑大小變化

　　半徑大小依據（Radius Based On）欄位「建物資產總價值（roll_totalvalue）」，資產總價值本身為連續變數，數值大小建議由圓圈的大小表示，更能直覺的去表達該圖的重點地區。

 Tips

半徑的最小值與最大值則可控制視覺化的差異程度，如果地圖為大範圍大尺度的，則建議可以讓最大值盡量大一些，整體須視你的資料群體是小數值較多或大數值較多而定，如果大數值僅有數筆且差異較大，我們想聚焦在中小型數值的物件討論的話，則筆者建議把最小值拉大、且最大值不要高出最小值太多倍數。

另外一個較為特殊的為圖中綠色文字的「依欄位實際數值呈現半徑（公尺）」，要開啟該功能之前，先確認自己的資料集，某個欄位數值建議介於 1 至數千不等，因為該功能開啟後，物件的半徑會隨你的數值，而固定其呈現的半徑。假設這邊的 Radius Based One 改為「寢室房間數（bedrooms）」，則房間數為 20 的物件，其半徑即為 20 公尺；如果設定為依據「建物資產總價值（roll_totalvalue）」，其值皆為百萬至千萬，會導致地圖運算出現錯誤而導致網頁崩潰（website crash），此時只能重新整理網頁，且之前調整的結果就會前功盡棄，測試任何功能之前，請先備份目前操作結果。

Step 14：標註文字

如果我們想對每個圓圈標註上某文字或數值時，可以用標註（Label）功能來顯示，點擊功能展開細項後，我們可選擇依據哪個欄位進行標籤，但如果物件的數量太多，可能會導致網頁瀏覽器畫面運作延遲（lag），建議地圖畫布可以拉近（zoom in）一些，讓畫面上不要一次顯示太多物件時，可稍微加速運作。本範例選擇欄位「寢室房間數（bedrooms）」，此時圓圈內會出現許多數字，數字即代表這個點資料的房間數。

字體大小（Font Size）、字體顏色（Font Color）如圖我們選擇 25 字大小，顏色選擇橘色。「起末點位置（Text Anchor）」及「排列排版（Alignment）」，我們都選擇中間來示意（middle 及 center）。

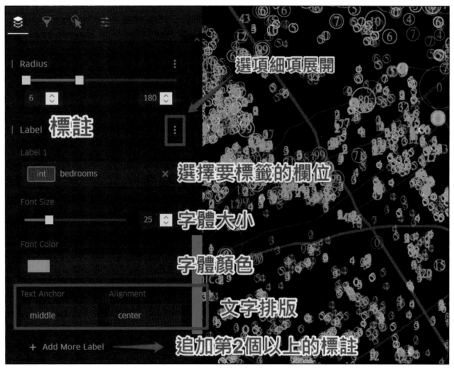

▲ 標註文字功能說明

 Tips

有關字體排版的部分，「起末點位置（Text Anchor）」可以把文字標註在這個物件的右上、中間及左下（start、middle、end），實際位置視資料地理類型與大小而定；「排列排版（Alignment）」則是控制上中下的位置（top、center、bottom）。

Label 最下方的功能為追加更多標註（+ Add More Label），如有多個文字或數字想要標註的話，可用此功能再追加，如果要刪除的話可從 Label 欄位右側的打叉圖示進行刪除。

▲ 刪除 Label 標籤文字

Step 15：檔案輸出

　　在經過一連串調整後，我們怎麼將處理好的檔案進行備份呢？且因為該工具是在瀏覽器上作業，數值調整出錯或是網路環境有問題，各種錯誤皆可能導致操作的結果尚未被儲存而遺失；它也不是一般的雲端軟體服務，故不會自動幫你存檔，這個步驟為練習當中最重要的一環，請讀者用心留意。

　　在輸出檔案前，我們先將剛剛試驗的 Label 刪除，避免讀取過多資訊。然後依照步驟，左鍵點擊在上方工具列的「分享（Share）」，然後選擇「輸出地圖（Export Map）」。

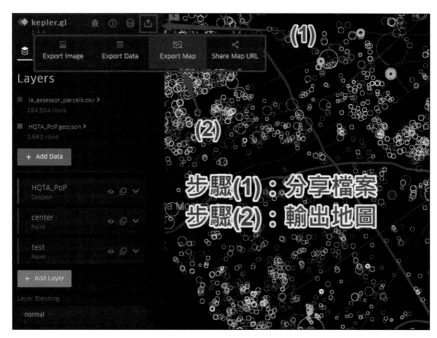

▲ 分享檔案與輸出地圖

Step 16：檔案輸出的兩大格式說明

接續上步驟，在輸出地圖的格式（map format）基本有兩項選擇：(1) 輸出為 html 檔，將整份地圖打包成一個 html 檔，可直接給用戶觀看與瀏覽地圖；(2) 輸出為 json 檔，將整份地圖打包成一個 json 檔，供後續編輯與存檔。這邊筆者較推薦過程中皆輸出為 json，如已調整為最終版本要給客戶或是主管檢視的時候，再輸出為 html 即可。兩者皆需連結至有網路的環境下方可順利瀏覽。

其中要注意，對於輸出為 html 檔的方式，因 Kepler.gl 為地圖開源工具，其底圖為串接 Mapbox 公司的地圖服務，故有部分功能建議讀者註冊 Mapbox 帳號並取得 Mapbox 存取權杖（access tokens），其為一串由 85 個英文數字組成的密碼（如果讀者目前沒有帳號，可參考本書 Mapbox 單元的相關註冊步驟）。

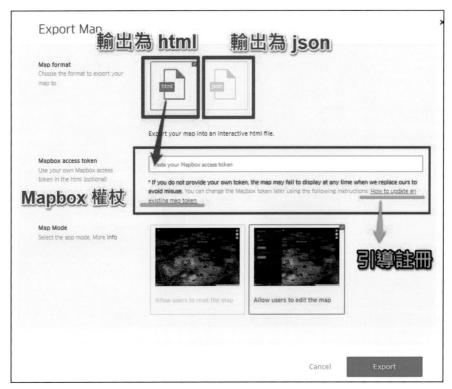

▲ 輸出檔案的兩大格式，其中輸出為 HTML 會需要 Mapbox 帳號與權杖

 Tips

Mapbox 為全球線上地圖的大型供應商（https://www.mapbox.com/），其長期協助建構並維護開放街圖（Open Street Map, OSM），幫助非營利組織進行開源地圖利用的相關計畫，也打造許多開放原始碼地圖函式庫及應用程式；有關 Mapbox 的服務與更詳細的介紹可詳本書 Mapbox 單元。

Step 17：檔案輸出為 html

　　此步驟帶領讀者輸出 html，圖示最下方有兩項選擇，左側為僅讓用戶瀏覽、不可編輯（Allow users to read the map），右側為可讓用戶瀏覽與編輯（Allow users to edit the map）。一般如果怕用戶不太會操作、誤刪除圖層等，建議可選擇左側選項輸出，但如果用戶會自行開關圖層、調整顏色等操作，則可選擇右側選項輸出，產出 html 檔後即完成本次操作的基本輸出，讀者對該 html 快點左鍵兩下即可開啟檢視。

▲ 輸出為 html 檔案（建議可使用自己的 mapbox token）

Tips

當然也可以不註冊 Mapbox、且不使用自己的權仗，但這樣的話，輸出為 html 檔時，若在無網路環境下，打開地圖檔案時必定會發生錯誤；但在有網路的環境下，則較不會發生錯誤，但為避免該工具版本更新或它的預設公開權仗不定期改變，導致我們該 html 檔案未來開啟時可能會發生問題，建議讀者註冊並使用自己的 Mapbox 權仗。

小提醒，Mapbox 註冊免費帳戶僅需信箱、不用綁定信用卡或是地址等個人資訊，一般用戶之地圖 API 使用，每月有 5 萬次呼叫次數，應可滿足小型企業內部使用需求。但如為應用程式開發者，如：將 Kepler.gl 輸出成果嵌入手機 APP 供廣大的用戶瀏覽並使用，則可能較易超過呼叫次數上限，則此時再申請為進階用戶即可。

Tips

延伸補充技巧：申請 Mapbox 延伸權杖 Token 的方法

讀者完成 Mapbox 註冊後，如果讀者不想要使用預設給予的公開權杖 Token，也可透過以下步驟新增自己的 Mapbox Token，讀者有興趣也可查閱「如何更新地圖存取權仗（How to update an existing map token）」的說明頁面（https://docs.kepler.gl/docs/user-guides/k-save-and-export），此為 Kepler.gl 官方文件對於 Save and Export 的說明；在頁面中有提到關於 Export Map as HTML 的「創造新的 mapbox 存取權仗（Create a new mapbox token）」之說明，將引導讀者至 Mapbox 官網進行註冊（https://docs.mapbox.com/help/getting-started/access-tokens/），點擊註冊帳號（sign in）。

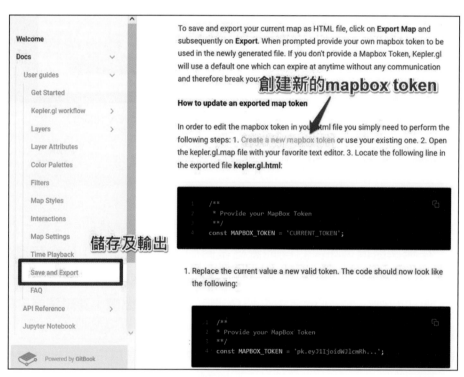

▲ Kepler.gl 官方說明文件（Save and Export）

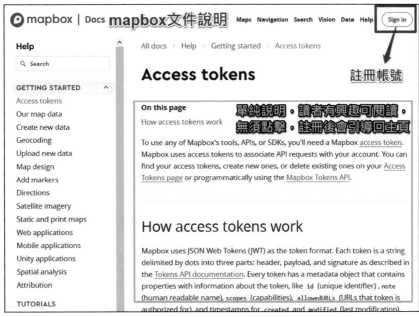

▲ 從 Kepler.gl 官方文件連結過來的畫面，可點擊右上方的 Mapbox 網站註冊帳號

註冊並登入帳號後，會發現下方有一組已預設好的 token（公開的權杖），也可以複製它來使用，但筆者亦教導如何創建新的 token，以便後續應用變多或更複雜時可方便管理。

先點擊新創建 token，基本上 scope 按照預設選項直接建立即可，並為你的私人權仗命名（舉例：我命名為 Tim_for_gl），建立完成後複製好這串權杖（token 內容），並存在你自己的個人電腦記事本當中。

▲ Mapbox 帳號首頁及預設的一組 token 內容

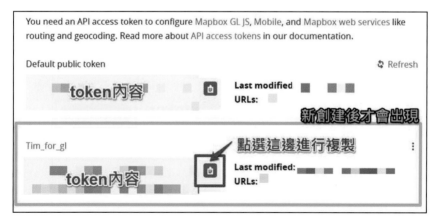

▲ 點擊新創建 token 後，進入的創建過程頁面

▲ 創建後下方就會出現新的 token 內容（上方的為自己 Mapbox 預設的公開 token）

Step 18：檔案輸出為 json

前一步驟我們輸出 html，而此步驟我們來試試看輸出 json 檔案，將直接輸出整份檔案（json 中會包括：資料集、圖層、地圖樣式）。由於此流程相當簡單，強烈建議讀者在進行資料調整時，可把此步驟當作是 Kepler 編輯成果「存檔」的概念，將該份 json 檔存到個人電腦中，其中要注意，本工具輸出時僅以固定名稱存檔（預設為 kepler.gl.json），故記得要再重新命名檔案名稱，避免越存越多而導致檔名混亂。（筆者命名為：la_assessor_parcel.json）

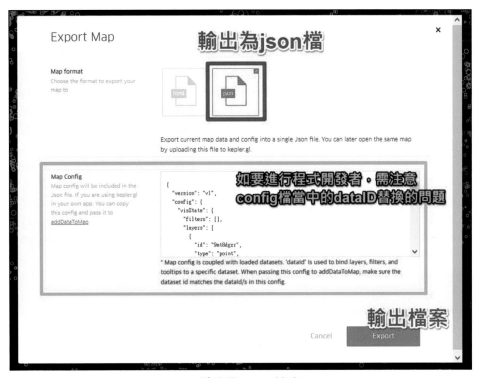

▲ 輸出為 json 檔案

 Tips

示意圖中的綠色方框為程式開發者須注意的細項，有關 config 檔與 dataID 替換的問題，一般用戶僅進行資料視覺化使用基本上不會用到，故本書不多做贅述，細節內容詳官方文件說明（https://docs.kepler.gl/docs/api-reference/actions/actions#adddatatomap）。

Step 19：重新讀取 json 檔案

在輸出 json 檔後，讀者也可嘗試看看再次將剛才產生的 json 檔案（檔名 la_assessor_parcel.json）讀取進來；請讀者開啟新的分頁並輸入網址（https://kepler.gl/demo），回到加入資料畫面，直接將該檔拖曳進「讀取檔案（Load Files）」，在網路連線的情形下，即可完整重現你上次的 Kepler.gl 編輯成果（包括：資料集、圖層及地圖樣式），很方便吧！

▲ 讀取存取的 json 檔案，畫面就會重現你上次操作的紀錄結果

▋8.4　實作：洛杉磯建物屬性資料視覺化（點聚合面資料）

實戰資訊

實作任務說明

本段落延續前一個實作的資料與成果（la_assessor_parcel.json），繼續帶領讀者以「點資料型態聚合為面資料」的方式，以正六角網格呈現「洛杉磯建物資料各屬性的 3D 地理視覺化」，此圖主要以柱狀高度呈現該區域建物之總樓地板面積總和，可看出該區域的都市發展強度，並以顏色區分該區域平均資產價值之高低，再配合篩選工具過濾後，僅於地圖上呈現洛杉磯較高價值之物件。

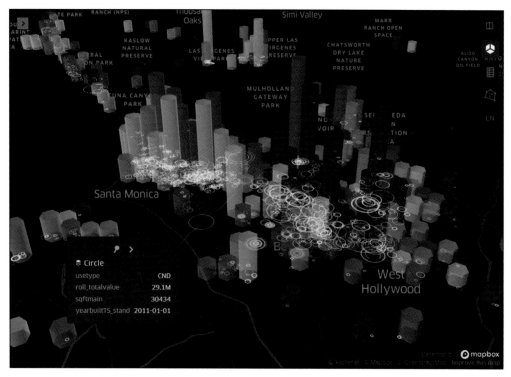

▲ 洛杉磯建物資料各屬性 3D 地理視覺化

使用資料集

無（延續前一個實作資料）

Step 1：讀取 json 資料及新增圖層

　　注意！本實作延續前一個實作的資料集與成果，我們先重新在瀏覽器再輸入一次 kepler.gl/demo 網址，然後會自動回到初始編輯畫面，並將方才上一個實作的成果檔案「keplergl_la_assessor_parcel.json」拖曳上傳，將「test」圖層更改命名為「circle」，點擊新增圖層＋Add Layer，注意資料來源為 la_assessor_parcel.csv（通常會預設新增圖層的資料來源，自動帶入資料集的第一個檔案），我們將其命名為「hex」以便後續辨識。

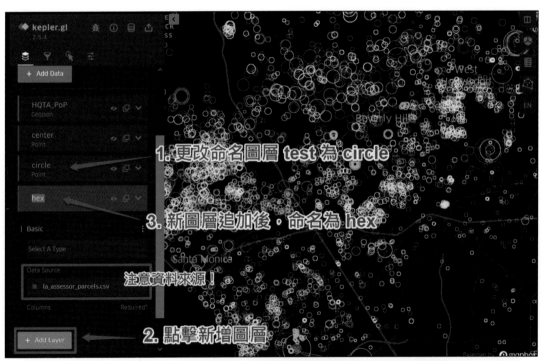

▲ 新增圖層並更改命名，我們後續要來操作 hex 這個圖層

Step 2：以點資料進行聚合 —— Hexbin

　　首先對 Basic 選項的「Select A Type」點擊左鍵，並選擇 Hexbin，該型態能快速將「點資料進行聚合（aggregates points）」，並以「正六角網格（Hexbin）」的方式呈現，該方式對於地理區域性的總體呈現，能快速檢視整個範圍的數值或量的趨勢，可避免過於零散的點資料呈現。

▲ 聚合點資料為正六角網格

　　緊接著在 Lat、Lon 填入該資料的點資料經緯度（center_lat 及 center_lon），此時畫面會瞬間變成以六角網格填滿的樣態！其顏色預設值為每個網格內的「點資料的個數總和」，點數量越多的偏向亮黃色、越少的則為暗紫色。該工具亦可快速幫我們計算及聚合每個格子內的點資料的屬性，比如說：像是把這個格子範圍內的點資料，把他們的「資產價值做加總」，或是把「資產價值做平均」。

▲ 六角網格聚合點資料後的樣態，顏色依據的數值為每個格子內的點資料的個數總和

Tips

地理資料的聚合計算與平均，在傳統的 GIS 軟體工具上，像是 ArcGIS 或是 QGIS，往往要先產製網格的檔案、再經過空間交集等疊圖分析（overlay analysis）的步驟，才能得到每個網格內的數值，步驟較為繁瑣且緩慢。本工具的優勢在於秒速處理大量資料的視覺化運算與呈現，在快速檢視資料整體趨勢而言，這個功能非常便捷好用！

Step 3：點型態聚合後的基本操作架構檢視

　　「正六角網格（Hexbin）」的基本操作架構如下（圖中紅框的部分）：

- 「基本（Basic）」：點資料聚合面資料後，其呈現的常用選項有「正方形網格（Grid）」與「正六角網格（Hexbin）」，兩者功能上極度類似，本案例以 Hexbin 介紹。

- 「色彩（Color）」：每個網格的色彩、透明度調整，該項目可控制網格本身的顏色。而網格的屬性欄位，則是來自於這些網格上面的點資料，故這邊亦可調整這些屬性欄位數值的計算方式，如這些點資料數值的「加總、中位數、平均、最大值」等等基本統計量值。

- 「半徑（Radius）」：除調整每個網格的半徑大小，也可調整網格的填滿覆蓋程度（coverage），如每個網格周圍要間隔多少距離。

- 「高度（Height）」：在 3D 地圖檢視模式下，可呈現該些網格的柱狀高度，使瀏覽與視覺化呈現上更為豐富。高度的數值依據可根據網格內的點數量，或是根據這些點資料的屬性欄位。

▲ 點資料聚合後的基本操作項目

Step 4：填滿色彩及調整

　　我們展開 Color 的選項細項，點擊顏色更換為紅色到灰黑色系，並開啟顏色反轉，讓數值高的為紅色、數值低的為灰黑色，階層數調整為 8 階。

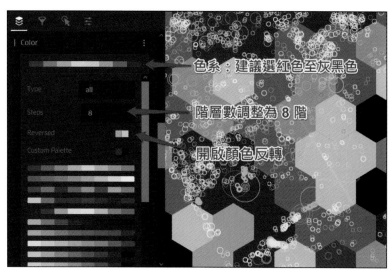

▲ 調整顏色為紅色至灰黑色系

　　Color Based On 則可依據某個欄位的值去調整顏色，我們選擇資產總價值（roll_totalvalue），此時下面的聚合計算方式會顯示出「Aggregate 某欄位 By」，其功用為讓使用者決定「如何計算該網格中所有點資料的數值」，舉例來說：某個六角網格內有 30 筆點資料，我們選擇「平均值（Average）」，則該網格會計算這 30 筆資料的資產總價值之平均值，並顯示在該網格上 。

　　「Filter By Average 某欄位 Percentile」該功能為協助我們過濾極高或極低的數值，即是把上述的「網格內平均資產總價值」以百分位數分級，從 0 至 100 讓我們調整過濾顯示的內容。其他設定如同圖示，顏色的分級（Color Scale）選擇 quantile，透明度（Opacity）調整為 0.4。

▲ 決定網格的顏色要依據什麼數值來顯示，我們在此以「網格內的平均資產總價值」作為主題來練習

Tips

網格內的點資料數值除了可計算「平均數、總合」以外，也有最大值、最小值、中位數、標準差、變異數等選項，可根據不同用途做改變。

Step 5：半徑大小調整

　　我們展開 Radius 的選項細項，「正六角形半徑（Hexagon Radius）」的半徑調整以公里為單位，我們設定 0.5 Km。「網格覆蓋程度（Coverage）」則為網格之間的間距，我們把數值輸入 0.85，有時候留一些間距，可以讓圖面視覺上不會太滿太擁擠！

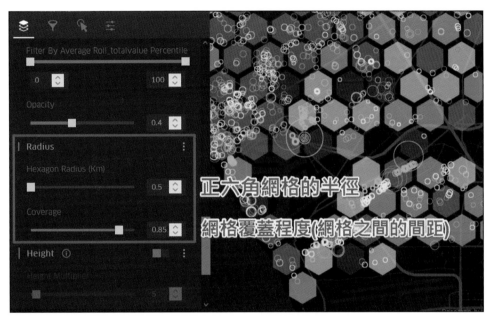

▲ 調整網格半徑及網格間距

 Tips

每個網格可以快速計算「網格內的點資料的某欄位屬性值」，呈現他們的平均或是總和等統計數值；那讀者可能會疑惑：「我們的網格半徑如果改變了，那麼網格涵蓋的點資料數量就會不一樣、那裡面的欄位數值呢？」我告訴大家答案：「會立刻隨之計算並改變與呈現！」這就是這套工具的重要特色之一，方便讓大家快速嘗試與呈現結果，對於地理資料的探索與實驗可說是非常體貼用戶的一項設計！

Step 6：開啟 3D 地圖檢視及高度調整選項

我們開啟並展開 Height 的選項細項，「高度乘數（Height Multiplier）」可調整柱狀高度的乘數效果，數值倍數越高，呈現的網格柱狀高度越高。接著我們開啟圖面右上方的「地圖輔助工具」的「切換為 3D 地圖檢視模式」，即可來檢視高度的調整效果！（按住鍵盤的 Shift＋滑鼠左鍵可進行畫面的 3D 旋轉，可便利的切換檢視角度。）

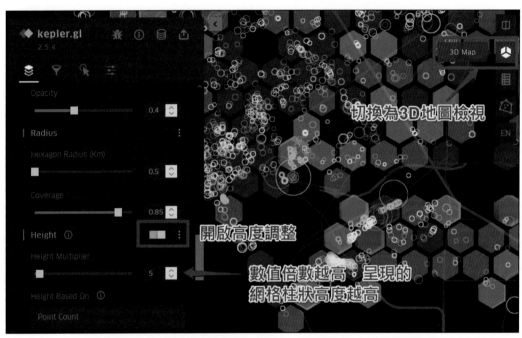

▲ 打開 3D 地圖檢視模式！再按一次即可回 2D 平面模式

Height Based On 則可依據某個欄位的值去調整高度，功能概念與色彩調整類似，預設欄位為「網格內的點資料筆數（Point Count）」。高度分級（Size Scale）的差異調整一般選擇「線性調整（linear）」，如要拉進彼此高度差異的顯示可選擇「平方根調整（ sqrt）」，還要更加平緩的話則可選「對數調整（log）」，讓數值都取對數後才呈現其高度。

「Height Range」為柱狀高度的最小高度、最大高度的數值調整。「Filter By 某欄位的統計值之 Percentile」該功能為協助我們過濾極高或極低的數值，以百分位數分級，從 0 至 100 讓我們調整過濾顯示的內容。

▲ 高度調整的操作選項

 Tips

有關分級的差異調整，「線性調整（linear）」為一般常用的選項，各筆資料之間的數值差異如實呈現，數值 50 的高度就會是數值 10 的 5 倍；而「平方根調整（sqrt, square-root）」則是先將數值做平方根的調整後，再依調整後的數值呈現高度，該方式會讓整體數值拉近一些，呈現的高度差異也會稍微縮小；「對數調整（log）」則是把數值取對數，故整體的差異壓縮幅度較大，會讓柱狀高度更趨平緩。更詳細的計算解說，可參考程式語言 d3.js 的分級說明 https://github.com/d3/d3-scale 。

Step 7：高度調整進階

　　我們先把暫時沒用到的圖層隱藏，避免干擾我們這個圖層視覺上的調整，並用滑鼠滾輪 zoom out，將畫面拉遠以方便檢視整體情形。

▲ 隱藏其他圖層顯示，避免干擾

　　Height Based On 我們選擇建物總面積（sqftmain），此時下面的聚合計算方式會顯示出「Aggregate 某欄位 By」，其功用為讓使用者決定「如何計算該網格中所有點資料的數值」，舉例來說：假設某個六角網格內有 20 筆點資料，我們選擇「加總（sum）」，則該網格會計算這 20 筆資料的總面積之總和，並顯示在該網格上。

　　另外「高度乘數（Height Multiplier）」調整為 30，「Height Range」我們先調整為 20 至 400。經過一番操作後，即可看出這個城市內的每一個網格的總樓地板面積之總量，在地理學與都市規劃分析上，這些柱狀就是反映這個城市建築物的發展強度，區域內的所有建物的樓地板面積總和越高者，表示該區域有較高的發展強度。

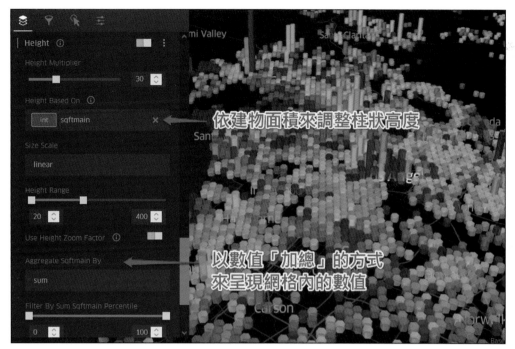

▲ 以建物總面積的加總來呈現網格柱狀的高度

Step 8： 過濾篩選資料並調整視覺化呈現

　　經過前述調整後會發現，好像區域內的柱狀高度差異不大。這時候依經驗來看，應該就是有極少數區塊的建物總面積總量過大，所以我們再次調整「Filter By Sum Sqftmain Percentile」為 2 至 98，我們去除極端值頭尾各 2% 的網格，僅保留 2 ～ 98% 者，調整後會發現極高、極低的區塊消失，且洛杉磯區域中間的網格高度的差異化會變明顯。

　　但因為彼此之間的數值分布變近了，所以「Height Range」仍維持之前的 20 至 400 的話，會讓柱狀之間的最小值、最大值倍數差距太大（20 倍），圖面檢視上會被太高的柱狀干擾；故建議倍率調整可相對減少，如輸入 20 至 200 （10 倍即可），避免視覺畫面差異過大。

　　以上將資料數值過濾並去頭去尾的操作，配合柱狀高度的最小值與最大值的調整，目的是讓「合理的資料範圍」內有「合適的資料視覺化」呈現，故數值的定義上因應不同資料集而異，筆者僅提供一簡易的思考與操作流程供讀者練習，並無絕對的答案喔！

▲ 過濾極端值的物件後，網格柱狀的高度差異可更為明顯

Step 9：檢視地圖物件的資料卡

　　我們嘗試把滑鼠游標移至網格，此時畫面上會顯示一張屬於 Hex 圖層的資料卡（tooltip），該訊息欄可點擊左鍵釘選於畫面上（再次點擊圖釘圖示即可取消釘選）。訊息內容有：該網格內共有幾個點資料（total points）、該些點資料的「資產價值的平均值」（average of roll_totalvalue）和「建物面積的總和」（sum of sqftmain）。此網格柱狀圖即可快速看出洛杉磯整體而言，哪些區域的平均建物資產價值較高（網格偏紅色的部分），哪些區域的建物面積總和較大（網格高度偏高的部分）。

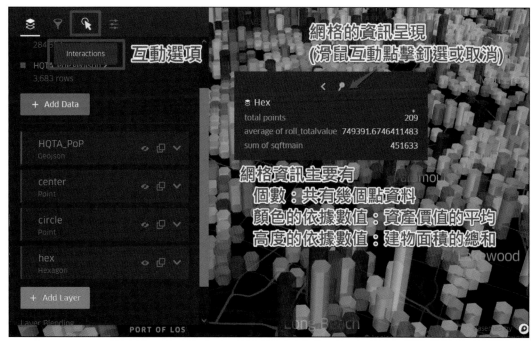

▲ 圖面物件的檢視，可檢視網格的相關資訊

 Tips

該資訊欄位的呈現內容或格式，一般可由主功能頁籤的「互動選項（Interactions）」進行互動工具的調整；但特別提醒，由 Hex 網格聚合點資料的資料卡無法進行調整，僅能呈現由顏色、高度等維度計算出來的屬性欄位值。

Step 10：互動工具進階

　　緊接上步驟，我們來看看其他圖層的資料卡，我們先回到地圖平面模式（在圖面右上的「地圖輔助工具」的點擊 Disable 3D Map），並將其他圖層隱藏，只打開 circle 圖層，點選圖面上隨意一個圓圈的物件，此時顯示的該物件資訊預設為前幾項欄位，如：年分、是否為課稅地區、建物地址等等資訊，但這些資訊不是我們想呈現的，該怎麼調整呢？這時候可藉由「互動選項（Interactions）」工具來調整！

▲ 來練習操作 circle 圖層的資料卡

Interactions 主要有四項功能：(1) 資訊提示工具（Tooltip）為主要用來控制資料卡顯示的工具；(2) 開啟經緯度搜尋列（Geocoder），可在圖面畫布的右上角出現經緯度搜尋列，可輸入經緯度協助定位；(3) 筆刷（Brush）可用來控制顯示滑鼠指標所在位置，其周邊某範圍內的資料；(4) 經緯度（Coordinates）可協助該物件顯示其經緯度位置。

▲ 互動選項的四大功能

我們開啟資訊提示工具，此時下方會有兩個資料集顯示，並預設顯示前五個欄位名稱，我們先針對 HQTA_PoP 資料集點擊 Clear All 即可一次清除該資料集全部的欄位，檢視 la_assessor_parcels 資料集可發現每個欄位右側有「# 和 x」，「#」可調整顯示的格式、「x」可刪除該欄位的顯示。

▲ 欄位資訊的調整及刪除

再來針對空白處點擊左鍵，然後選擇你要加入的欄位，這樣就可以逐一加入你想要呈現的欄位。

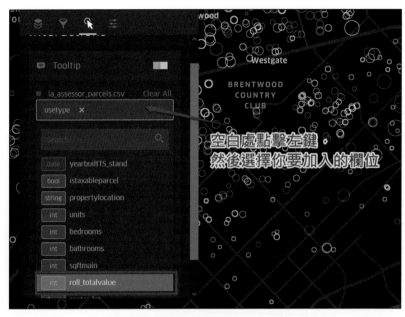

▲ 加入你想要呈現的欄位資訊

　　我們選擇「usetype、roll_totalvalue、sqftmain、yearbuiltTS_stand」四個欄位，點擊「#」調整欄位的數值格式，如資產價值調整為「千或百萬顯示」。

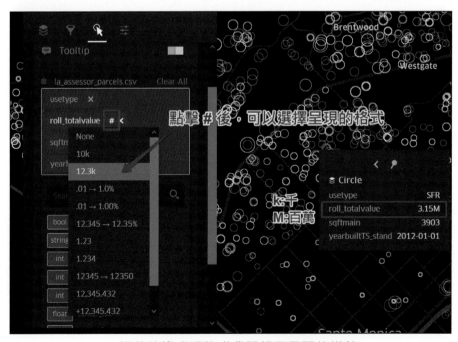

▲ 把數值格式調整成我們想要呈現的樣貌

Tips

另外資料卡有一附帶功能為「比較模式（Comparison Mode）」，該模式開啟後可依下列步驟，先釘選一個主要的資料卡，釘選後會出現 Primary 提醒我們，接著滑鼠指標移動到的物件即會顯示與釘選目標的數值差異，數值差異的格式表現方式可由下方的「比較型態（Comparison Type）」調整，可顯示絕對數值的差異，或是以百分比顯示相對值的差異。

▲ 使用資料卡的比較模式，可快速協助我們識別點資料差異

Step 11：使用篩選工具來過濾資料

有時候地圖資料過多，導致畫面很雜亂，我們如果想要篩選一些資料重點怎麼辦呢？這裡也提供一篩選工具（Filters），可對整批資料集進行過濾，僅呈現某些條件篩選後的結果。首先我們在主功能頁籤切換到篩選工具，點擊新增篩選條件（+Add Filter）。

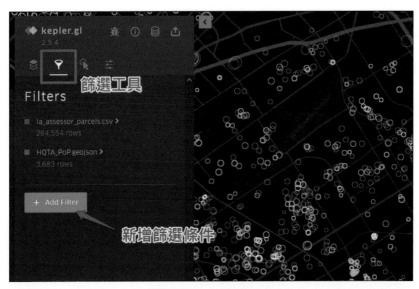

▲ 來新增一項篩選條件

新增後，在 Data Source 那邊會顯示現在我們是針對哪個資料集進行篩選，通常預設為第一個資料集，如圖為 la_assessor_parcels 該資料集；如果要切換的話，對該處點擊左鍵即可重新選擇資料集。接著要設定「我們要對哪個欄位進行篩選」，比如說：「僅顯示建物類型為公寓的」或是「僅顯示價值大於 1000 萬美金的」諸如此類，點擊 Select a field，選擇「建物使用類型（usetype）」。

▲ 設定欄位篩選條件

建物使用類型為「非數值資料」，其為文字資料，我們在 values in 該處點擊左鍵，即可置入我們要篩選的選項，如圖顯示我們選擇 CND（集合公寓）和 SFR （獨棟住宅），挑選後地圖圖面僅剩下符合我們篩選的類型。

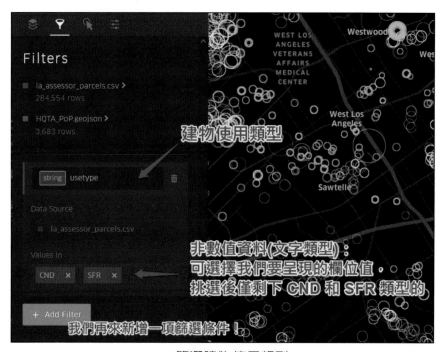

▲ 篩選建物使用類型

然後我們再來嘗試 Add Filter 新增一項篩選條件！在篩選欄位選擇「建物資產總價（roll_totalvalue）」，其為數值資料，屬於連續性的數字，故該工具會呈現一橫軸，可拖曳調整或直接輸入最小值與最大值，讓圖面僅呈現我們保留的數值範圍。我們這次在最小值那邊輸入 400 萬（4 後面有 6 個零），此時明顯畫面圓圈的物件數量就會大幅減少了。

▲ 篩選建物資產總價值

▲ 讓地圖畫布僅呈現房屋資產價值大於 400 萬，且類型為 CND 或 SFR 之物件

Step 12：輸出為 json 檔

最後一步，當然別忘了再把檔案輸出為 json 檔保存及備份。我們先再次將 3D 地圖檢視模式打開，並同時開啟 circle 和 hex 圖層，並把檔案輸出為 json 檔保存及備份，從上方工具列的「分享（Share）」選擇「輸出地圖（Export Map）」，選擇儲存為 json 檔，下載後請記得重新命名該檔案名稱喔！（筆者命名為：la_hex. json）

▲ 呈現你想保留的圖層

▲ 選擇 Export map 輸出地圖

▲ 把整份檔案輸出為 json 檔保存及備份

8.5　實作：洛杉磯人口種族居住分布視覺化（面資料）

實戰資訊

實作任務說明

本段落繼續延續前一個實作的資料與成果，帶領讀者從「面資料型態」來繪製洛杉磯「優質交通節點周邊區域（High Quality Transit Areas, HQTAs）」的人口種族居住情形，並同時將人口分布情形、建物資產價值的高低，以左右對照的形式（dual map），繪製於地圖上供分析與檢視。

▲ 洛杉磯人口種族分布（左）與建物資產價值資料（右）比較圖

使用資料集

無（延續前一個實作資料）

Step 1：讀取 json 資料及新增圖層

　　一樣的起手式，首先回到 kepler.gl/demo 初始的編輯使用主要畫面，並將方才實作的成果檔案「la_hex.json」拖曳上傳，接著把 center、circle、hex 圖層都先隱藏，並新增一個圖層，點擊新增圖層 + Add Layer，注意資料來源為 HQTA_PoP（一般預設新增圖層其資料來源，通常為資料集的第一個檔案），並將新圖層命名為「pop」以便後續辨識（population 人口的英文單詞簡稱）。

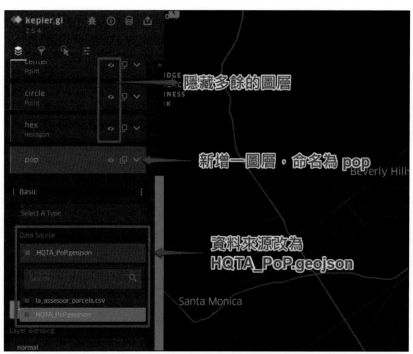

▲ 新增圖層並更改命名，我們後續要來操作 pop 這個圖層

Step 2：以面資料地理型態呈現

　　首先對 Basic 選項的「Select A Type」點擊左鍵， 並選擇 Polygon，該型態能呈現地理欄位具備「面屬性」之資料，緊接著畫面會問我們要使用哪個「地理欄位（geometry type）」，在 columns 選擇「_geojson」欄位，即可完成面資料的呈現。呼叫出面資料後，顏色填滿（Fill Color）通常預設為關閉、邊框（Stroke Color）預設為開啟，故呈現的結果如圖所示。

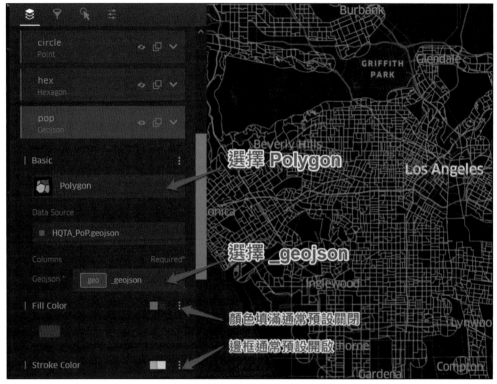

▲ 以面資料的型態呈現該圖層

　　因為通常預設的顏色填滿為空白的，不方便看出哪裡是面資料的覆蓋範圍，為了快速檢視範圍，通常建議先幫圖案上色，以看出資料的地理分布位置。我們可展開 Fill Color 及 Stroke Color 的選項細項，對顏色區塊點擊左鍵，選擇你喜歡的顏色，並調整邊框顏色（Color）與粗細（Width）。

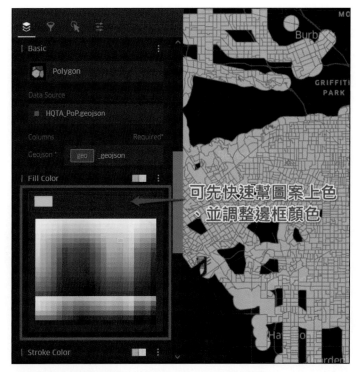

▲ 為了快速看出面資料的覆蓋範圍，通常建議先快速幫圖案上色，以看出資料的地理分布位置

Step 3：面型態的基本操作架構檢視

　　一般我們俗稱的面資料，其較正式的名詞為「多邊形（Polygon）」，整體基本操作架構如下（圖中紅框的部分）：

- 「基本（Basic）」：資料呈現的型態選擇，如果資料集的地理欄位為面資料型態的，這邊也只能選擇 Polygon，隨意選擇其他的樣式則無法顯示或是出錯。
- 「填滿色彩（Fill Color）」：每個多邊形的色彩、透明度調整，該項目可控制多邊形的面的顏色。
- 「邊框顏色（Stroke Color）」：多邊形邊框的色彩調整。
- 「邊框粗細（Stroke Width）」：多邊形邊框的粗細調整。
- 「高度（Height）」：在 3D 地圖檢視模式下，可呈現該些多邊形的整體面的高度，使瀏覽與視覺化呈現上更為豐富。高度的數值依據可根據面資料的屬性欄位決定。

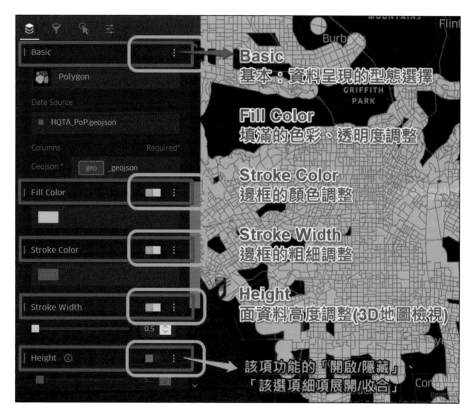

▲ 面資料的基本操作項目

Step 4：填滿色彩及調整

我們再次展開 Fill Color 的選項細項，點擊顏色更換爲綠色到淺色系，階層數調整爲 8 階，數值高的爲深綠色、數值低的爲淺綠色至白色。Color Based On 可依據「總人口數（total）」調整顏色，顏色的分級（Color Scale）選擇 quantile，透明度（Opacity）調整爲 0.4。深綠色區塊表示該多邊形之人口數較多、淺白色區塊爲人口數較少。完成後即得到基本的面量圖（choropleth），或稱「分層設色圖」、「級距色圖」（graduated color map），可依據資料某個數值的高低，用顏色呈現其在地理空間上的差異。

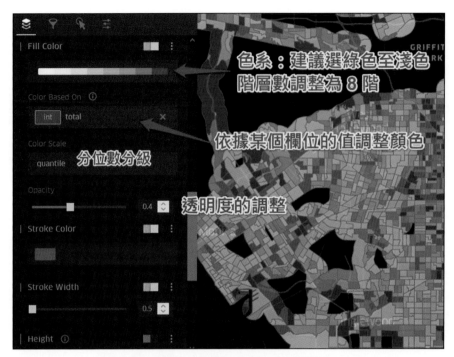

▲ 依據欄位數值幫多邊形填滿顏色

Step 5：邊框顏色及粗細調整

我們展開 Stroke Color 的選項細項，點擊顏色更換爲紫紅色到淺色系，階層數調整爲 6 階，數值高的爲深紫紅色、數值低的爲淺紫色至白色。Stroke Color Based On 可依據某個欄位的值去調整顏色，我們選擇亞洲人口數（asian），顏色的分級（Color Scale）選擇 quantile，透明度（Opacity）調整爲 0.9。深紫紅色線條之多邊形，表示該多邊形之亞洲人口數較多、淺白色線條爲亞洲人口數較少。此圖用了兩個維度來幫地圖上色（多邊形自身顏色及邊框線條的顏色），可同時檢視區域人口多與亞洲人的分布。

另外，在調整邊框顏色的時候，邊框粗細會自動設置爲開啟狀態，因爲要先顯示一定程度的粗細，才能對邊框線條上色。我們這邊先把 Stroke Width 數值設置爲 0.5，數字越大邊框越粗。

▲ 多邊形的邊框顏色調整，也可依據欄位數值進行上色

　　邊框的粗細也可以依據某個欄位去調整，Stroke Based On 可依據某個欄位的值去調整顏色，我們一樣選擇亞洲人口數（asian），邊框粗細的分級（Stroke Scale）選擇 linear，以一般線性呈現分級即可；Stroke Width 數值設置為 1~7，此即調整粗細的最小值及最大值。當邊框顏色深淺與粗細都依據同一個欄位的時候，可看出顏色越深紫且粗度越寬的表示該區塊亞洲人口數越高，反之其顏色較淺且粗度較細者，表示該區塊亞洲人口述較少。

▲ 調整邊框的粗細，使其更加顯眼

Step 6：高度調整進階

　　我們先把暫時沒用到的細項選項收合起來，避免左側功能欄選項太多太雜，然後切換為 3D 地圖檢視模式。開啟並展開 Height 的選項細項，高度數值輸入 15，數值越高其整體的高度越高。

▲ 開啟高度功能，幫面量圖增添 3D 維度！

　　Height Based On 可依據資料的某個欄位，依其數值設定立體高度的呈現，我們這邊選擇總人口數（total），分級依據設定 linear。將面量圖拉高後，會發現原本設定的邊框顏色消失了，但如果我們還是要在 3D 地圖下，呈現亞洲人口數多寡的話，可以將「立方體邊框線條呈現（Show Wireframe）」功能開啟，這樣就可以把原本上色的設定附加在立方體面量圖的側邊邊框。圖中可檢視出，高度越高的表示總人口數越多、深綠色亦同樣表示總人口數較多的區塊，而深紫紅色邊框線條為亞洲人口數較多的區塊。

▲ 將面量圖立體化，並開啟它的立方體邊框線條呈現

Step 7：切換不同欄位來重新檢視資料

　　從面量圖的高度、顏色來看，如果視覺化要表達的都是同一件事情（總人口數的多寡），像是：高度越高表示總人口數越多、顏色越綠表示總人口數越多，在一般的地理視覺化上，通常沒有這個必要性，會顯得很畫蛇添足，建議一件現象用一個視覺化方式表達即可。

　　我們這邊來練習切換欄位的數值，回到 Fill Color 將顏色依據更改為 white，更換後，顏色越綠的區塊即表示白人人口數較多，越淺白色的表示白人較少。

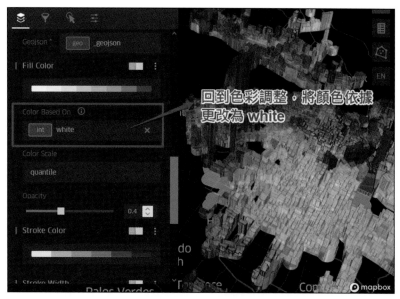

▲ 可隨時更換色彩調整與顏色依據

接著把 circle 圖層與 pop 圖層開啟並比較，這時候就能檢視地圖分析的初步成果，建物總價值較高的區域，其與白人人口數較高的區域有視覺上的重疊，而立體圖則能看出總人口居住較多的區域。

▲ 檢視不同圖層的主題圖，相互比較後可解釋該資料帶給我們的地理現象

Tips

在切換資料的嘗試過程，可善用複製圖層（Duplicate layer）的功能，複製出來的圖層一樣建議記得重新命名，避免與原本的混淆，然後這個複製出來的圖層就可以慢慢測試，顏色、樣式等等，多方比較後調整出自己的風格與定案。

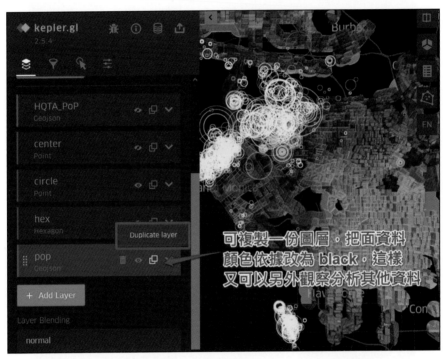

▲ 可善用複製圖層的功能，複製出另一個來慢慢測試

Step 8：更換地圖底圖

　　「地圖底圖（Base map）」在本工具有多種樣式可供選擇，除了黑色為基底以外，也有淺色樣式、衛星底圖。我們從主功能頁籤切換到「地圖底圖」，Map Style 顯示為現在的底圖樣式，Map Layers 為現在的底圖上可調整的圖層項目。圖中由上而下依序為底圖的「城市地名標籤、道路、邊界、建築物、水域、陸地、3D 建築物」，最後一項「3D 建築物」只有在部分城市有該項目；每個項目的顯示開啟或關閉可由左邊的眼睛圖示控制，右邊的箭頭圖示可移動順序。

　　另外對 Map Style 點擊 Select Base Map Style，會出現切換底圖樣式的下拉式選單，Dark 和 Muted Night 屬於暗色系底圖、Light 和 Muted Night 屬於淺亮系底圖；

Satellite 為衛星底圖，該底圖無圖層項目可以調整。最後一項 3D Building Color 僅有部分城市與地區才可供操作。我們在此先切換為衛星底圖。

▲ 地圖底圖的操作介面

▲ 將底圖切換為衛星底圖

Tips

下方有一功能為「增加地圖樣式（＋Add Map Style）」，如讀者有自行從 Mapbox 產製出屬於自己特別調製的風格的底圖，亦可藉由網址進行 Mapbox GL Style 的串接，該功能屬於較為進階的部分，讀者可自行摸索。

Step 9：打開雙地圖檢視模式

　　「切換雙地圖檢視模式（Switch to dual map view）」可以讓我們在同一個視角，同時檢視不同的圖層，進而比較左、右兩張地圖在同一個位置時，其各自代表的地理現象。我們將 circle、hex、pop（分別代表建物資產價值、六角網格區域的總面積與建物價值呈現、重要交通節點周邊的人口數）三個圖層打開，在地圖畫布的右上方進行雙地圖檢視。

▲ 打開三個圖層並切換為雙地圖檢視模式

　　先將側邊功能欄隱藏，然後點擊左邊及右邊的視窗圖層顯示控制。我們對左邊的地圖點擊 circle 與 hex 圖層，讓白色小點消失，即表示取消顯示。右邊的地圖則

點擊 pop 圖層取消顯示。這樣一來左右兩張的地圖主題代表的事情就會不同，也方便我們比較與敘事。如果想要關閉雙地圖檢視，只要點擊右上方打叉的圖示即可。

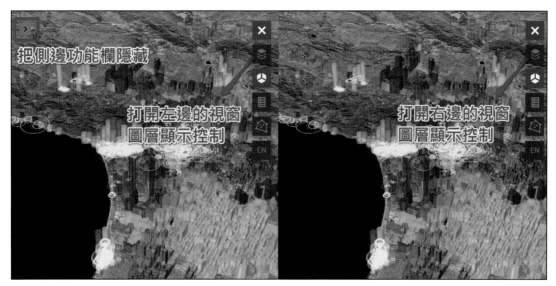

▲ 打開左右兩邊的圖層顯示控制

▲ 分別調整左右兩邊的圖層顯示內容

　　然後回到主功能頁籤的 Filters 篩選工具，把建物使用類型（usetype）篩選條件刪除，讓所有建物類型都顯示出來，以利我們這次實作的成果顯示。

▲ 依據想呈現的內容，調整篩選條件

Step 10：圖層混色模式調整

　　最後我們回到主功能頁籤的 Layers，在圖層管理區最下面有一處顯示 Layer Blending，其為地圖畫布上所有物件之混色調整，可藉由圖層相疊的混合模式，讓圖面的色彩與亮度更增添不同的風格並強化視覺化呈現。三種模式主要有：「additive（正色）」、「normal（正常）」、「subtractive（減色）」，一般預設為正常；正色為光線相疊後的顏色呈現，通常會越加越亮；減色為光線反射後的顏色相疊呈現，通常會越疊越暗，有興趣的讀者們可再搜尋相關的色彩理論，在地理視覺化上沒有絕對的哪種方式好，可自行多嘗試與比對看看！

▲ 把混色模式調整為 subtractive

Step 11：展開圖例

　　我們再次隱藏側邊功能欄，點開圖例 Layer Legend，左邊的地圖為整個城市的人口分布情形，面量圖越高的，表示其總人口數較多；白人由多到少之區域，顯示為深綠色至淺白色；亞洲人由多到少之區域，邊框顏色顯示為紫紅色至淺白色。

　　右邊的地圖為建物價值較高的區域，circle 圖層為地圖上的圓圈物件，不同顏色表示不同的建物類型。hex 圖層為網格柱狀地圖，高度越高者表示區域內的總面積總和較大，即擁有較強的都市發展強度與量體；六角網格的顏色，建物價值由高到低之區域，顯示為深紅色至灰色。

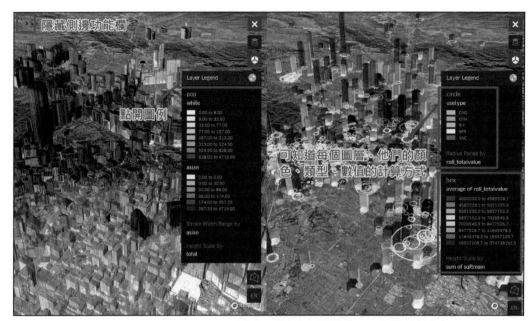

▲ 打開圖例 Layer Legend

Step 12：輸出為 json 檔

　　最後把檔案輸出為 json 檔保存及備份，從上方工具列的「分享（Share）」選擇「輸出地圖（Export Map）」，選擇儲存為 json 檔，下載後請記得重新命名該檔案名稱喔！（筆者命名為：la_dual.json）

▲ 把整份檔案輸出為 json 檔保存及備份

Tips

這張圖同樣利用本實作的 circle、hex、pop 三個圖層進行調整顯示，但分別從不同的顏色與項目進行視覺化（讀者若想要載入筆者編輯好的檔案，可直接使用本書附錄資料集的「la_dual_v2.json」，並將該檔案直接拖曳進 Kepler.gl 讀取畫面），有興趣的讀者可自行嘗試看看怎麼自己動手調整成類似筆者的地圖喔！

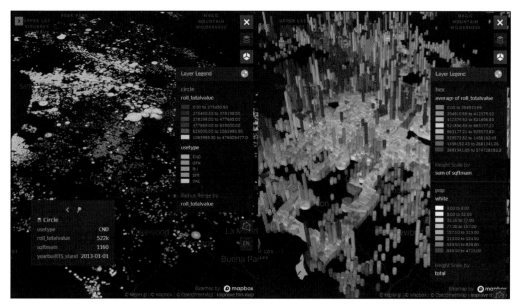

▲ 這份地圖為不同的項目與類型組合而成的，讀者可自行探索嘗試！

Step 13：輸出圖片保存

　　Kepler 也可透過 Export Image 按鈕輸出為較高解析度之圖片檔，下載圖片時預設檔名為「kepler.gl.png」。

▲ 把整體畫面輸出為圖片檔

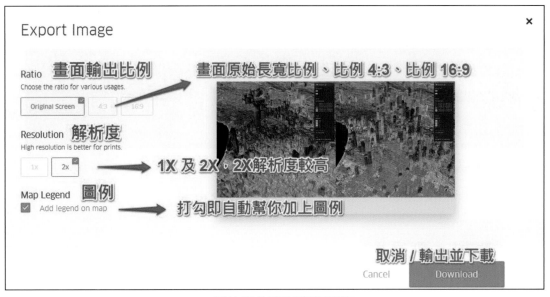

▲ 圖片檔的輸出選項調整

▲ 恭喜完成本次實作，我們可由左圖人口居住情形與右圖的建物價值來檢視洛杉磯的都市發展情形

8.6　實作：紐約 City Bike 租借騎乘資料視覺化（線資料）

實戰資訊

實作任務說明

本段落將帶領讀者以「線資料型態」繪製紐約共享單車 city bike 之騎乘旅次資料（trip data），並加總各路線的騎乘次數、站點的還車總次數，了解哪些站點的借還次數較高，或是哪幾個站點之間的借還關係較為頻繁，再用時間軸工具來檢視不同時段的資料變化；該些交通旅次分析可有利於共享單車的營運調度，以及政府對自行車道的規劃方案。

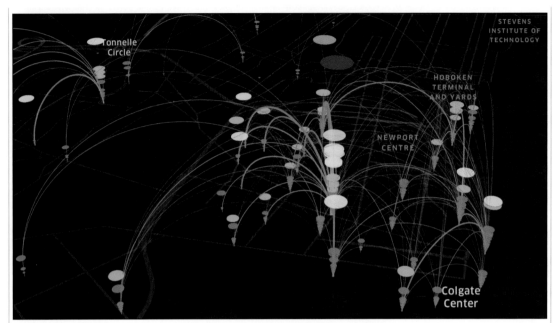

▲ 紐約共享單車之騎乘資料視覺化

使用資料集

・bike_trip.csv （紐約共享單車之逐筆騎乘資料）

・bike_route_agg.csv （各路線騎乘次數之加總資料）

Step 1：加入資料

回到 kepler.gl/demo 初始的編輯使用主要畫面，點擊「加入資料（Add Data）」，用 Load Files 將練習檔案「bike_trip.csv」及「bike_route_agg.csv」拖曳上傳。

▲ 將兩份資料集加入

　　「bike_trip.csv（資料集 A）」為紐約共享單車 city bike 騎乘旅次資料的原始資料集；「bike_route_agg.csv（資料集 B）」為筆者將前述資料集，進行計算後綜整的資料，以旅次站點—旅次迄點（單車的借站—還站）組合成的騎乘路線（route）為主體，計算每一條路線的旅次計數，也就是將騎乘資料進行聚合加總（aggregation）。有興趣的朋友可用表單相關軟體，以樞紐分析方式（pivot table）自行製作。

　　資料集 A 及 B 因其具備兩組點資料（欄位中共有 2 組經緯度），故可自動被本工具辨認出可展示為「線屬性圖層」的特性，該類型資料讀取後會各自帶入 4 種圖層，分別如下：

▼ 圖層名稱所對應之地理類型

圖層名稱	地理類型	內容
start station	Point	點資料起點
end station	Point	點資料迄點
start station -> end station arc	Arc	起點至迄點之弧線
start station -> end station line	Line	起點至迄點之直線

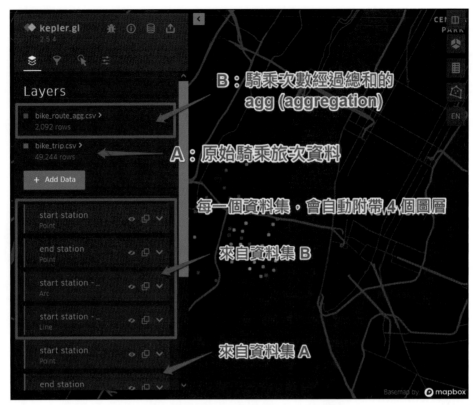

▲ 每組資料集會自動帶入 4 種圖層

Step 2：檢視資料表

　　緊接著我們來檢視資料集，將滑鼠移至資料區的檔案右側，點擊「呈現資料表格（show data table）」。「bike_route_agg.csv」該資料集欄位「route」是以起點站名及迄點站名直接合併，創造出路線名稱後，以其為主軸計算路線的騎乘次數，產生騎乘次數的總和欄位「route_agg」。換個角度來看，整體騎乘旅次總數共 4,9244 筆，而產生的路線共有 2,092 種起訖組合的路線，之所以要聚合計算路線次數，目的在於我們想呈現出每一條路線騎乘的頻率（騎乘次數），後續以便用線條顏色或是粗細表達其重要性。

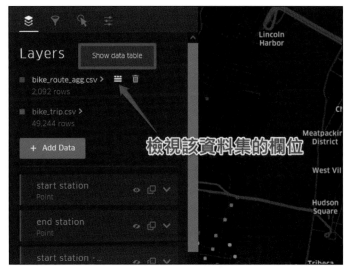

▲ 檢視資料集欄位

▲ 筆者自行整理與加總計算的資料集

Step 3：刪除圖層及更改圖層名稱

　　為利後續練習，先將之後不會用到的圖層刪除，滑鼠移至圖層名稱右邊，會出現垃圾桶的圖示，點擊 Remove layer 即可把圖層移除，我們在此刪除「bike_route_agg.csv」的 Line 圖層及「bike_trip.csv」的 Point 圖層。

▲ 刪除這次實作用不到的圖層

　　接著將「bike_route_agg.csv」的 Arc 圖層命名為「agg_arc」，並將「bike_trip.csv」的 Arc 及 Line 圖層分別命名為「trip_arc」及「trip_line」，然後依圖示開啟部分圖層。

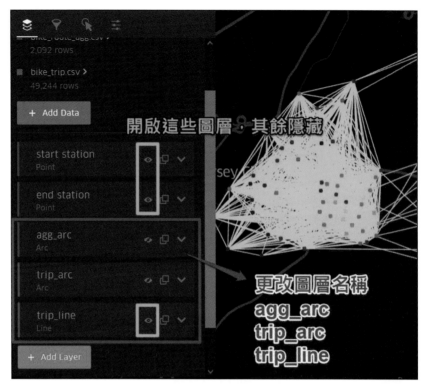

▲ 更改圖層名稱及開啟部分圖層

Step 4：線型態的基本操作架構檢視

　　我們展開「trip_line」這個圖層，來檢視一下「線型態」的圖層其基本操作架構，說明如下（圖中紅框的部分）：

- 「基本（Basic）」：Line（線）或 Arc（弧）資料之型態，其基本架構類似，皆可表達線資料圖形並具備起迄點之概念。
- 「色彩（Color）」：每條線資料的色彩、透明度調整。
- 「邊框（Stroke）」：可對每條線資料之線框粗細進行調整。
- 「高度尺度（Elevation Scale）」：線條立體高度的尺度調整。

　　每個線條由起點 Source 與迄點 Target 兩者定義而成，起迄點各自包含緯度（Lat）、經度（Lng）、高度（Altitude），點擊欄位即可替換選取內容。製作線圖層前請再次確認你的資料集內，是否每一列（row）都具備兩組經緯度欄位，這樣工具才能展繪出線圖形。

▲ 線資料的基本操作項目

▲ 線資料的起迄點設定

Tips

另外提醒，如果欄位名稱命名的好一點，該工具可以自行辨識點資料的地理欄位是誰，像是圖中顯示該工具知道本資料集，有兩組 point，各自代表是「start station」及「end station」的點資料。

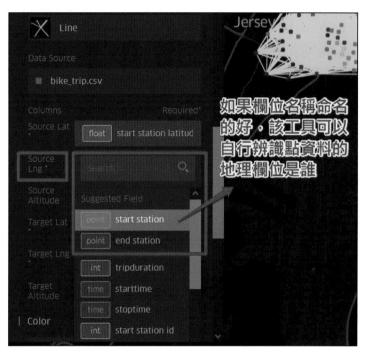

▲ 點資料的自動辨識與讀取

Step 5：色彩調整

　　我們接下來進行「trip_line」圖層的配置（可先將「agg_arc」圖層隱藏），點擊 Color 色彩功能的起、迄點，可進行顏色的選擇，Source 調整為紅色、Target 調整為藍色，這樣線條的起迄方向即為由紅到藍來呈現。透明度及線框粗細我們分別調整為 0.2 及 0.8。

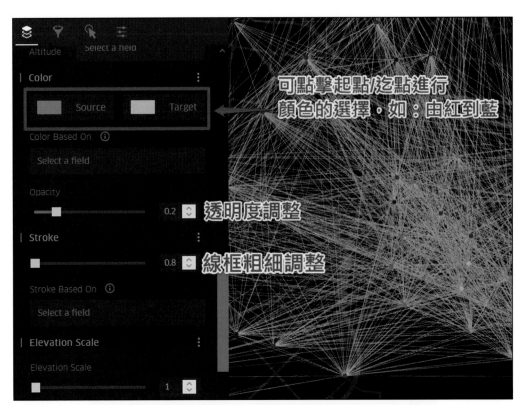

▲ 調整色彩、透明度及線框粗細

Step 6：線框粗細調整

　　此階段，我們再次關閉「trip_line」圖層，開啟「agg_arc」圖層，並切換為 3D 地圖檢視；Arc 與 Line 類型最大的不同在於，Arc 適合立體檢視，而 Line 適合平面檢視。首先一樣調整 Arc 的起迄顏色由紅至藍，再來我們來調整 Stroke 線框粗細。Stroke Based On 可依據某個欄位的值去調整粗細，我們選擇路線騎乘次數總和（route_agg），粗細的分級（Stroke Scale）選擇 linear，以一般線性呈現分級即可；Stroke 數值設置為 0.5 ～ 50，此即調整粗細的最小值及最大值，該條路線越多人騎乘者，其線條越粗，反之其線條越細。

▲ 開啟 agg_arc 圖層，並切換為 3D 地圖檢視

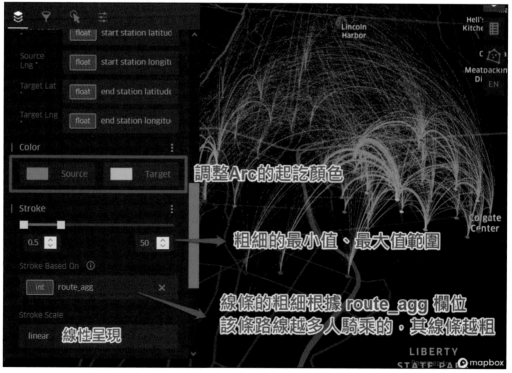

▲ 依據欄位數值調整線條粗細

Tips

這邊特別提醒，因為 Kepler.gl 為不斷進化與改版的開源軟體，所以在部分參數的設定上可能會與本書的呈現有些微落差，如上圖的線粗 Stroke 為 0.5 至 50，如果讀者用較新的版本用同樣參數，可能畫面上的線粗會看起來稍微不一樣，讀者可再自行調整到自己喜歡的樣式！

Step 7：使用篩選工具來過濾資料

　　因為線條太多太雜亂了，我們切換到 Filters 篩選工具，點擊新增篩選條件（＋ Add Filter），並在 Data Source 那邊確認我們是對「bike_route_agg.csv」資料集進行篩選。

　　對上方欄位點擊左鍵即可設定「我們要對哪個欄位進行篩選」，點擊 Select a field，選擇「路線騎乘次數總和（route_agg）」。在數值最小值部分輸入 20，表示騎乘次數小於 20 次／月的，該路線會被過濾隱蔽。

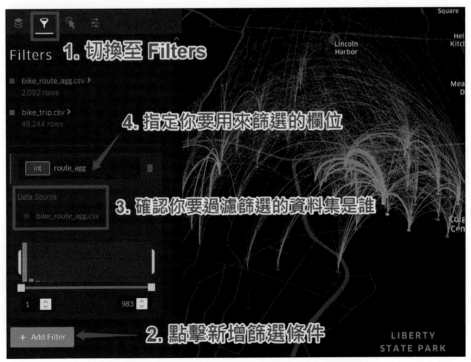

▲ 以路線騎乘次數總和對線資料進行篩選

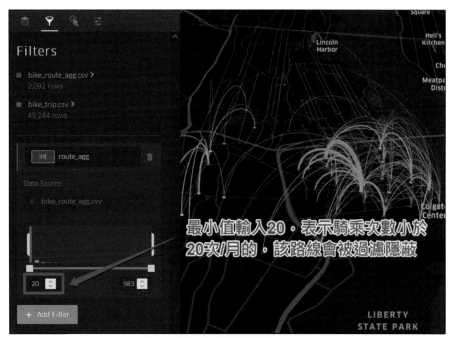

▲ 過濾篩選騎乘次數較小的路線

Step 8：時間軸工具

　　我們來練習篩選工具當中的「時間軸工具」，如果你的資料集具備時間格式的欄位，則本工具能用時間軸的方式進行畫面的呈現與篩選，且可動態播放時間推移與視覺化的互動。

　　首先開啟旅次資料的 Arc 圖層（trip_arc）並配置顏色與線條粗細，接下來切換到 Filters，我們針對旅次資料「bike_trip.csv」追加篩選條件，在 Data Source 那邊確認我們是對「bike_trip.csv」資料集進行篩選，欄位選擇 starttime，它的格式為時間（time），選擇後畫面下方便會出現「時間軸工具」。

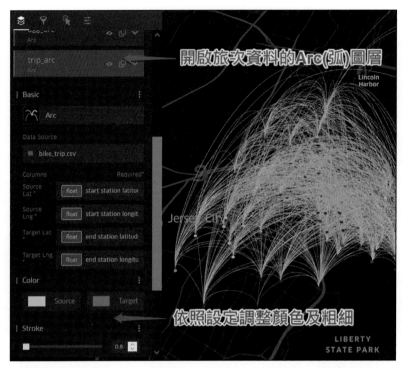

▲ 開啟旅次資料的 Arc 圖層並設定顏色（黃到綠）與粗細（0.8）

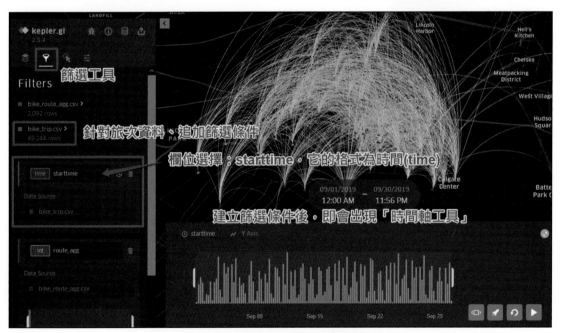

▲ 以時間軸工具進行篩選

　　時間軸上顯示的為下方滑桿的起始時間，如圖為篩選出 2019 年 9 月 17 日之上午 7:34 至 10:19 這個時間區間內的騎乘旅次分布情形；我們可以拖曳橫槓滑桿決定要呈現的時間範圍。右下方依次為「播放方式調整、播放速度、重新設定、播放」。讀者可自行拖曳滑桿並按播放鍵測試該功能。

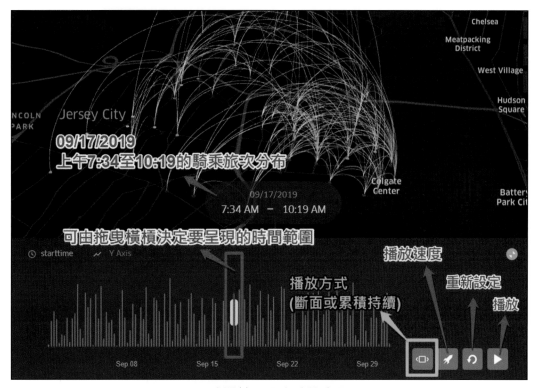

▲ 時間軸工具之功能介面

　　其中播放方式有兩種，我們點圖示後會出現圖中的「固定間格斷面播放（A 模式）」或是「持續累積播放（B 模式）」可供選擇：

- A 模式為「moving time window」，固定某一時間斷面的區間，維持同一間格，並往右進播放，舉例：滑桿間格為 1 周整，則播放時滑桿會維持相同間格並往右移動。

- B 模式為「incremental time window」，是自某時間點開始後，持續累積資料，並往右進播放。舉例：滑桿起始點為 9 月 17 日，則播放時滑桿左側會維持不動，右側則持續往右累進移動。

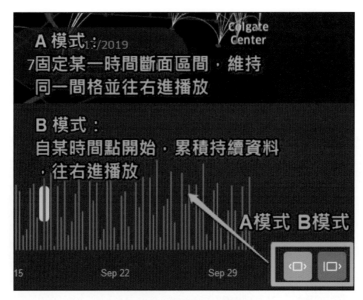

▲ 兩種播放模式之簡介

　　時間軸工具的右上方，有一個縮小的圖示，可將整個時間軸工具，縮小至 Filters 側邊欄內。時間軸工具最便利的功能在於，如果你的資料有時間季節性者，可觀察不同月份、不同地區之騎乘習性，廣泛應用來說：以旅遊消費數據舉例，可能一、二月份在某些地區的消費數值較高，而六、七月份為另一區的數值較高，這時候該工具就可以快速地呈現兩者在時空上的不同。

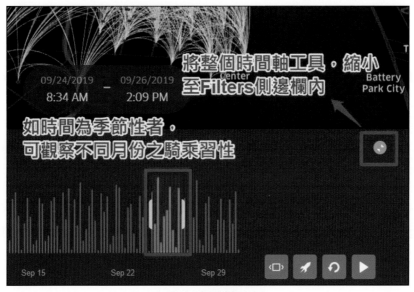

▲ 縮小時間軸工具

▲ 縮小後的時間軸工具

Step 9：調整迄點的樣式與開啟混色模式

　　線資料有時候未必能呈現出我們想要的資料，在此也一併進行點資料的調整。我們開啟 end station 圖層，在經緯度欄位的下方「高度資訊（Altitude）」填入 route_agg，意即該站點的路線騎乘次數，越高者表示其被共享單車歸還的次數越多，而該資訊數值會被轉換成該站點的 Z 軸高度呈現。其餘參數像是：點資料大小、點的顏色、階層數與依據欄位，可隨讀者偏好自行調整。

▲ 調整迄點的樣式，Z 軸高度值的呈現可能畫面更加豐富

接著我們開啟部分圖層（end station、agg_arc），將圖層混色模式用 additive 去調整，對於本資料之視覺化呈現會有不錯的效果。

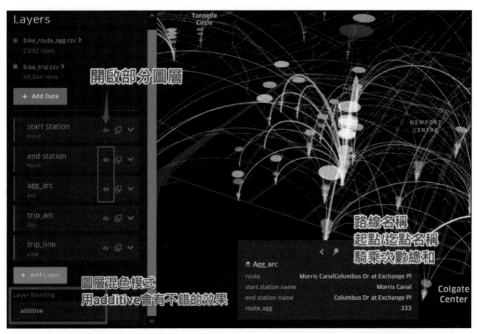

▲ 調整圖層混色模式，也可以對點資料設定資料卡呈現的內容

Tips

另外讀者也可自行嘗試更多不同的混色與樣式調整，如下圖為筆者自行另外一種風格的調整，讓你的視覺化地圖更吸睛、更具一些震撼性與衝擊力！

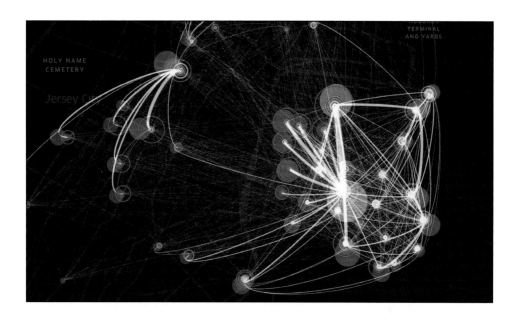

▲ 讓你的資料視覺化地圖更具一些震撼性與衝擊力，掌握數據更多的 power！

Step 10：輸出為 json 檔

　　讀者可自由調整到你滿意的視覺化狀態，如筆者以紅橘色至綠藍色，並同時依高度表示單車歸還站點的次數，以弧的線條粗細表達該路線的騎乘次數總和，即可將繁雜的騎乘資料表格，快速找出熱門的借還站點。

　　最後把檔案輸出為 json 檔保存及備份，從上方工具列的「分享（Share）」選擇「輸出地圖（Export Map）」，選擇儲存為 json 檔，下載後請記得重新命名該檔案名稱喔！（筆者命名為：nyc_bike.json）

▲ 把整份檔案輸出為 json 檔保存及備份

Step 11：下載表格檔案

　　對於資料區的表格檔案如果想要下載來檢視，該怎麼做呢？從上方工具列的「分享（Share）」選擇「輸出表格檔案（Export Data）」。資料集可選擇你要輸出哪一份檔案，本案例共有 2 個資料集，我們也可以選擇 All 輸出全部的表格檔案，一般資料型態預設為 csv，且可選擇輸出「全部資料（未篩選資料）」或「篩選後資料」，最後點擊 Export 輸出即可下載檔案。

▲ 把資料區的檔案輸出為 csv 檔保存

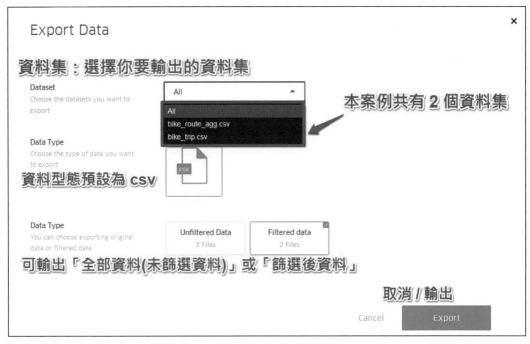

▲ 可選擇輸出哪一份檔案以及是否要進行篩選

　　至於畫面當中的篩選資料（Filtered data）指的是什麼呢？我們在輸出資料時，指定 Filters 進行篩選，如本案例的 bike_route_agg 資料，在路線騎乘次數總和的資料操作中，有篩選過「騎乘次數低於 20 次」者，原始資料有 2,092 筆，經篩選後符合條件的資料僅剩 543 筆，也就是如果選擇 Filtered data 下載，僅會下載 543 筆的資料而已，在某些時機使用時相當方便，可讓我們節省在表格軟體篩選的時間。

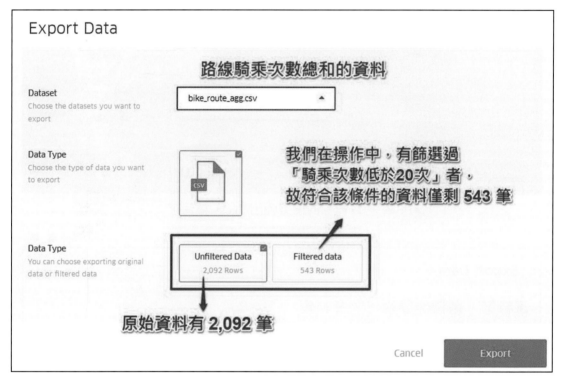

▲ 篩選資料舉例，原始資料有 2,092 筆，篩選後只剩 543 筆

　　另外像是筆數比較多的 bike_trip 資料共有 49,244 筆，我們切回 Filters 篩選工具檢視，如圖我們篩選其騎乘日期落於 2019 年 9 月 20 日上午 3:41 至 9 月 24 日下午 3:50 區間，資料將僅剩 7,828 筆，我們可藉由篩選工具控制資料的呈現與要下載的表格檔案。

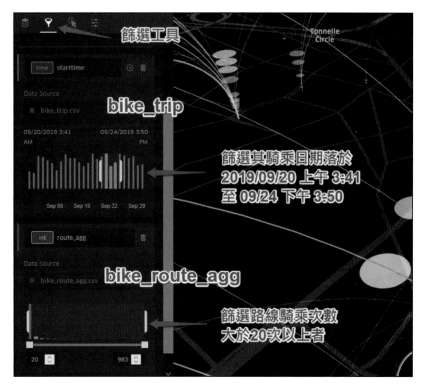

▲ 以篩選工具控制要下載的表格檔案內容

Step 12：用網址方式共享地圖檔案

　　記得本單元一開始說過，因為 kepler.gl 沒有雲端空間存放讀者們的檔案，故本工具不用註冊的輕便特性嗎？但本工具仍可用網址來共享地圖檔案，其與 Dropbox 和 CARTO 公司合作，故可用該雲端服務之帳號，存放地圖檔案及展示空間。

　　因 CARTO 免費帳戶於 2021 年新規範限制了有效日期的因素，筆者建議使用 Dropbox 免費帳號進行地圖檔案的串接與存放。如果尚未註冊 Dropbox 的讀者可參考以下的流程。

- 流程 (1)：另外開啟一個新網頁，至 Dropbox 首頁（https://www.dropbox.com/），建立新帳號。點擊「建立帳戶」，下一個畫面選擇「使用 google 註冊」，也就是直接使用 gmail 註冊。

▲ 至 Dropbox 首頁建立新帳號

- 流程 (2)：選擇你要使用哪一個 gmail，登入時瀏覽器會先要求讀者輸入帳密，如果讀者有設定手機的簡訊二階段驗證的話，這邊會跳出相關的驗證頁面。然後允許 Dropbox 存取您的 Google 帳戶，點擊允許。

▲ 建議直接使用 gmail 註冊

▲ 允許 Dropbox 存取您的 Google 帳戶

• 流程 (3)：設定您的 Dropbox 帳號名字暱稱，此時上方會提醒您是哪一個 gmail 註冊的 Dropbox 雲端空間，打勾同意條款，點擊「建立並繼續」，然後要特別注意！不要按太快，免費方案藏在頁面最下方，請選擇最下面的方案。註冊完成後，它會建議「立即下載 Dropbox，開始使用」，電腦版或手機板 App 可以不用安裝，毋須理會它，我們以網頁版操作即可。

▲ 設定您的 Dropbox 帳號名字暱稱

▲ 注意！完全免費方案請點擊最下面的項目

　　Dropbox 帳號完成後，我們回到 kepler.gl 主畫面，從上方工具列的「分享（Share）」選擇「以網址共享地圖（Share Map URL）」。在網址共享前，它會問你要用哪個雲端平台放置您的地圖檔案，筆者建議使用 Dropbox 來存放檔案，點擊後會出現「應用程式設計介面要求授權」畫面，注意你的小視窗右上方可切換你的 Dropbox 帳號（如果讀者有很多個的話，可選擇要綁定哪一個），點擊允許等待綁定成功。

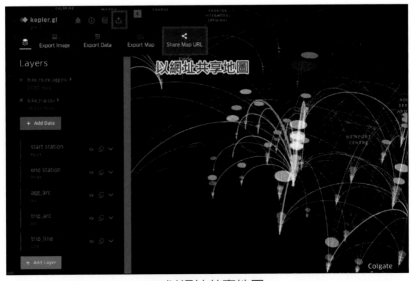

▲ 以網址共享地圖

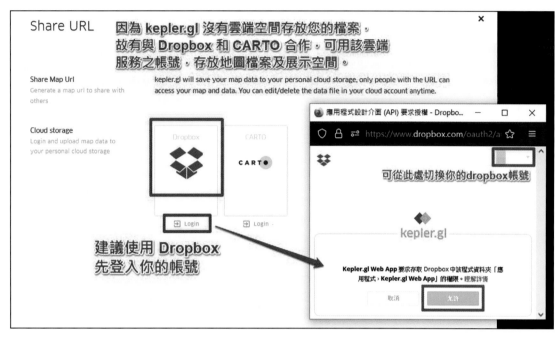

▲ 登入 Dropbox 帳號並授權綁定

　　綁定成功後，圖示下方的灰色文字會由 Login 登入轉變 Logout 登出，表示登入連結成功，然後點擊 Upload 上傳檔案，等待畫面上傳成功後，下方就會出現可供分享的網址，點擊複製網址後即大功告成！

　　最後我們來測試一下，開啟一個新網頁（也可開啟無痕視窗來測試），把剛才複製的網址貼上，讀者可以觀察「https://kepler.gl/demo/map?mapUrl=https://dl.dropboxusercontent.com/s/l157es7hdpbnrq2/keplergl_8quxcx.json」這串網址是從 dropbox 雲端讀取資料並顯示，與過往我們練習畫面的「https://kepler.gl/demo」網址不同。特別提醒一下，該串網址只要擁有連結者，無視權限設定即可檢視與下載操作這份檔案，故太過機密的資料使用前請再三思！

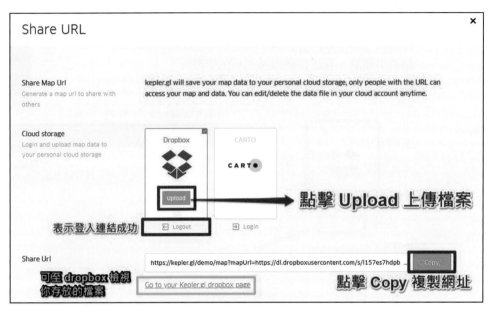

▲ 上傳檔案並複製完成的網址，大功告成！

 Tips

點擊「Go to your Kepler.gl dropbox data」可至 dopbox 檢視你存放的檔案位置，它會在相對應的路徑，生成資料夾並存放地圖檔案，讀者如果要斷掉連結、消滅資料的話，記得從這邊來把檔案全部刪除喔！

▲ 檢視你存放在 Dropbox 的地圖檔案，如果想要刪除雲端檔案的話，切記要來這邊刪除才能完全砍乾淨喔！

結語

　　謝謝讀者，讓我們因這本作品而產生了連結；隨著數據時代的發展，我們時常能在報章雜誌看到各類的資料視覺化呈現，而數據地圖正是其中絕佳的說故事工具，被教育者、工程師所廣泛採用。數據地圖能夠同時啟發我們的邏輯左腦與創意右腦，並引領觀看者衍生各種思維與想法，當我們將數據與資料點位放置上去後，就能帶領閱讀地圖視覺化的人，一秒進入到另一個時空間當中，去建構對該地區的一些想像，可能是歷史、環境、人文故事，也可能是許多人的移動足跡，又可能是各國的軍備競賽，甚至是疫情的擴散狀況等等，每一張地圖，既是寶貴的情報，更是獨一無二的故事。

　　本書的兩位作者，花費了許多的心力彙整關於地理數據的視覺化技術，綜整了許多技術的合適情境以及實作步驟，希望透過此書，提供系統性的地理視覺化中文資訊，邀請讀者一起加入這個新興領域，親手做出精彩的地圖資料視覺化作品！

彭其捷、卓易霆
2022/7

關於地址轉經緯度的技術，英文專有名詞是 Geocoding，或可稱為 Address Geocoding，中文可稱「地理座標化」、「地理編碼」等等；Geocoding 技術從 1960 年代就持續發展演進，由於地址的寫法存在模糊性，同樣的地點可以用許多類似的文字描述，所以 Geocoding 常常需解決一些文字上模糊比對的問題。

按照維基百科的定義（https://en.wikipedia.org/wiki/Address_geocoding）的話，Geocoding 的意思是：地址地理編碼，或簡稱地理編碼，是對位置進行基於文本的描述（例如地址或地點名稱）並回傳地理座標（通常是緯度 / 經度），並建立地球上的位置識別的過程。

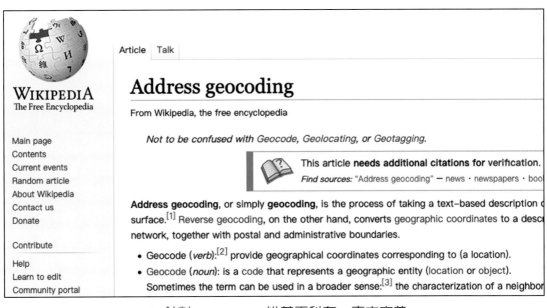

▲ 針對 GeoCoding 維基百科有一專文定義

（來源：https://en.wikipedia.org/wiki/Address_geocoding）

除了 Google Map 或是百度地圖等等內建有 Geocoding 服務的相關系統，許多地理視覺化服務並不能夠直接將地址轉換成座標點位，所以也無法順利執行視覺化

呈現的任務。本附錄主要想跟讀者介紹幾種常見的地址轉經緯度技巧，同時提供了英文與中文地址轉換方法，並說明各自服務上的限制；要特別留意的部分，我們雖然可以透過 Google Map 服務來進行品質不錯的 Geocoding，但 Google Map 轉換地址的服務有數量上的限制（或是可能會衍生高昂費用），如果需要轉換的地址數量較多，則可搭配其他配套工具來使用。

　　以下介紹幾種不需寫程式的 Geocoding 工具與其使用情境，讀者可挑選適合自己需求的來使用，分別為：Google Map 人工轉換、Google Map Geocoding API、Google Sheet 外掛、TGOS。

Google Map 人工轉換

網址：**https://www.google.com.tw/maps/**

　　如果只是想單純的做少數地址的轉換，最簡單的方式，就可直接利用 Google Map 網站達成；有兩種作法：第一種是直接在指定的位置點一下滑鼠右鍵，就可以直接取得其經緯度。另外則可透過搜尋引擎，搜尋指定的地址之後，同樣可以在出現的位置上面點選右鍵取得經緯度。

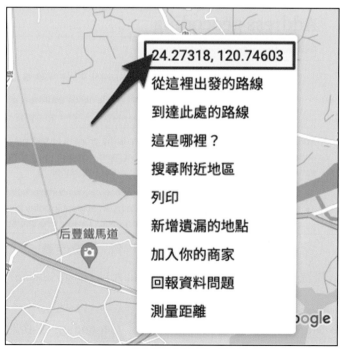

▲ 在指定位置點選右鍵，就會跳出此位置的經緯度資訊了

▲ 搜尋地址後，在跳出的紅色標記上點選後，同樣可以取得經緯度資訊

Google Map Geocoding API

網址：**https://developers.google.com/maps/documentation/geocoding/overview**

如果讀者擁有寫程式的能力，也可參考 Google Map 所提供的批次轉換 API 服務，直接透過程式的方式達成大量轉換；然而 Google 僅有提供少數免費的轉換次數，超過會衍生費用，要特別留意。

▲ Google 地圖平台提供了許多開發者所需的文件資訊
（來源：https://developers.google.com/maps/documentation）

　　補充說明，現階段的地址轉換中，Google Map 確實屬於做的最好的服務之一，然而其畢竟是商業公司，Google Map 的大量地址轉換經緯度屬於付費服務，且價格並不便宜，所以才會在此附錄中提供一些替代的轉換方案。根據現在的 Google 官方資訊，如果以每月連線次數 10 萬次來計算的話，每一次連線是 0.005 美金，等於如果單月如果有網頁使用地址轉換服務 10 萬次，費用會是：500 美金，也給讀者參考一下，要小心使用。

Pricing for the Geocoding API

Under the pay-as-you-go pricing model, requests for the Geocoding API are billed using the SKU for Geocoding.

SKU: Geocoding

A **Geocoding** SKU is charged for requests to the Geocoding API or the Maps JavaScript API's Geocoding service.

	MONTHLY VOLUME RANGE (Price per REQUEST)	
0–100,000	100,001–500,000	500,000+
0.005 USD per each (5.00 USD per 1000)	0.004 USD per each (4.00 USD per 1000)	Contact Sales for volume pricing

▲ Google Maps Geocoding API 的費用頁面（ps. 價格可能會有異動）

（來源：https://developers.google.com/maps/documentation/geocoding/usage-and-billing）

Google Sheet 外掛：SmartMonkey

網址：**https://workspace.google.com/marketplace/app/geocoding_by_smart-monkey/1033231575312**

Step 1：安裝外掛

　　此外掛使用方式很簡單，可先開立一個空白的 Google Sheet 作為地址輸入的工具，並點選「外掛程式」>「Geocoding by SmartMonkey」>「Create Template」，即可建立一個初始的格式欄位，接下來只要取代預設的地址（Address）之後，再點選「Geocode」即可進行轉換，不過建議筆數不要太多（例如小於 100 筆），不然可能會處理很久。

▲ 這個瀏覽器外掛可直接透過 Google Sheet 進行地址小量轉換，蠻好操作的（請先進入
chrome 外掛區進行安裝）

▲ 開啟空白的 Google Sheet，按照此圖開啟外掛，先建立一個 Template

Step 2：輸入地址

　　透過 template 的 Address 欄位，輸入想要轉換的地址，可測試一些比較模糊的
地址，故意測試看看，通常也能夠順利解析出接近的經緯度地點，其解析的能力相
當強大。

A	B	C	D
Address	Country	Coordinates	Address found
臺東縣 長濱鄉樟原村樟原94號旁(附近)台11線74公里000公尺處東向外側車道			
新北市 板橋區環河西路4段前0公尺數華江六路路口			
桃園市 大溪區復興路文化路(口)口(附近)			
高雄市 前金區村七賢二路前0公尺數瑞源路口路口			
新竹縣竹北市竹義街76巷			
新竹縣新埔鎮文德路三段58號(新竹區監理站)前(附近)			

▲ 輸入想要轉換的地址

Step 3：進行轉換

▲ 地址輸入完畢後，點選外掛的 Geocode 按鈕選單，會進行 Geocode 程序

Address	Country	Coordinates	Address found
臺東縣 長濱鄉樟原村樟原94號旁(附近)台11線74公里000公尺處東向外側車道	es	23.4016131,121.4805961	Taiwan, Taitung County, Changbin Township, 台11線
新北市 板橋區環河西路4段前0公尺數華江六路路口	mx	25.0351634,121.4682913	Section 4, Huanhe W Rd, Banqiao District, New Taipei City, Taiwan 220
桃園市 大溪區復興路文化路(口)口(附近)	ar	24.8789258,121.2914172	No. 120號, Fuxing Rd, Daxi District, Taoyuan City, Taiwan 335
高雄市 前金區村七賢二路前0公尺數瑞源路口路口		22.629974,120.297317	Ruiyuan Rd. Intersection, Qianjin District, Kaohsiung City, Taiwan 801
新竹縣竹北市竹義街76巷		24.8360388,121.0060202	No. 76, Zhuyi St, Zhubei City, Hsinchu County, Taiwan 302
新竹縣新埔鎮文德路三段58號(新竹區監理站)前(附近)		24.8221698,121.0777369	No. 58號, Section 3, Wende Rd, Xinpu Township, Hsinchu County, Taiwan 305299

▲ 順利取得經緯度！並於 Address found 欄位告知使用者演算法所識別出的地址內容
（ps. Country 欄位內容似乎無法順利產出，但不影響經緯度轉換）

TGOS（大量中文地址轉換工具）

網址：**https://www.tgos.tw/tgos/Web/Address/TGOS_Address.aspx**

　　TGOS (Taiwan Geospatial One Stop) 是內政部所開發的系統，整合了很多國內 GIS 資料，並提供了許多 GIS 所需 API 服務，其中也包括地址轉換等等工具。

▲ TGOS 是內政部所提供的相關地理資訊服務平台

TGOS 最為人津津樂道的是中文地址大量轉換服務：「TGOS 全國門牌定位服務」，先註冊後申請使用此服務，每天可以免費轉換 1 萬筆地址，非常方便，其整合了台灣戶政機關的相關門牌座標資料，更新頻率、完整性、準確度都還蠻高的，重點是它是少數提供中文地址模糊比對的服務，頗為實用。

TGOS 批次地址比對服務，須透過註冊取得 API KEY 來進行使用，第一次使用且需線上提出功能申請，等待約 1 ～ 3 天不等的審核時間，通過後即可使用。

▲ 相關 TGOS 地址轉換服務資訊

（來源：https://www.gov.tw/news3_content.aspx?n=2&sms=9037&s=371654）

此外，TGOS 系統也提供了直接查詢介面，可供最基礎簡易線上服務，可供手動轉換地址使用。（網址：https://www.tgos.tw/tgos/Web/Address/TGOS_Address.aspx）。

▲ TGOS 地址轉換最簡易版本，可直接輸入單筆中文地址，並轉換為指定經緯度座標（有點類似 Google Map 的概念）

（來源：https://www.tgos.tw/tgos/Web/Address/TGOS_Address.aspx）

　　TGOS 門牌批次轉換除了提供線上單筆中文地址之外，主要的服務包括：(1) 直接透過網路 API 的方式轉換；(2) 線上上傳 csv 進行批次轉換，此附錄以下內容主要示範的是透過 csv 批次轉換的流程。

服務清單

	名稱	說明	類型:回傳格式	方法名稱
全國門牌地址定位服務	全國門牌位置比對服務	輸入地址，回傳X、Y之XML或JSON格式	SOAP:XML或JSON	• QueryAddr
	坐標回傳門牌服務	輸入點或線或面坐標與搜尋範圍回傳門牌地址	SOAP:XML或JSON	• PointQueryAddr • LineQueryAddr • PolygonQueryAddr
	全國門牌清單查詢服務	• 輸入縣市，回傳該縣市之鄉鎮市區。 • 輸入縣市及鄉鎮市區，回傳路名。 • 輸入縣市、鄉鎮市區、路名，回傳巷名。 • 輸入縣市、鄉鎮市區、路名、巷，回傳弄名。 • 輸入縣市、鄉鎮市區、路名、巷名、弄名，回傳號資料。	SOAP:XML或JSON	• GetCountyList • GetTownList • GetRoadList • GetLaneList • GetAlleyList • GetNoList
	批次門牌地址比對服務	上傳符合規定格式的csv檔案，進行批次門牌比對	CSV	線上服務

▲ 本附錄主要示範的是 TGOS 大量進行 csv 門牌地址資料轉換的方式

（來源：https://www.tgos.tw/TGOS/Web/Address/TGOS_Address.aspx）

Step 1：註冊 TGOS 平台

　　如果要使用此服務，需要申請 API 的 token，請先到服務的網址（https://www.tgos.tw/tgos/Web/Address/TGOS_Address.aspx）進行註冊。

▲ 請先完成註冊的程序（政府網站有時流程會有異動，讀者可參考網站上的最新指引為準）

▲ 單位可選擇個人

▲ 會收到新增帳號的資訊，再去信箱確認即可開通帳號

Step 2：線上提出服務申請

　　帳號通過後，可前往服務申請網址（https://www.tgos.tw/TGOS/Web/Address/ TGOS_Address.aspx）並提出申請，流程上需要先將產品加入購物車中，而後完成對應的流程。補充說明，個人申請是根據一般情境進行使用（每日有 1 萬筆數的上線），但如果是進階使用（政府機關、法人機構、學術單位、業界），則可跟平台申請開通調整為每月 30 萬筆。

▲ 點選申請 TGOS 門牌轉換服務

▲ 點選後，將此產品加入購物車中，並點選右方出現的購物車，並進行申請

▲ 正式送出申請

▲ 申請用途可根據情境選擇（公務用、學術用、個人用等）

▲ 送出後需等待一段審查時間（1～3 天不等）

Step 3：完成審核後，取得 APIID 與 APIKey

收到審核確認通知後，登入系統後，選擇「服務申請紀錄」即可查到該此的申請單，點選「檢視申請單」後，即可取得對應轉換所需得 APIID 與 APIKey，可將其複製，供後續步驟使用。

▲「服務申請紀錄」可調閱到申請之服務資訊

▲ 取得對應的 APPID 與 APIKey，其中 APIKey 先複製下來，等等會用到

Step 4：進入地址轉換介面

　　前述資訊取得後，可進入地址轉換介面，即「門牌定位服務」服務中的「批次地址比對服務」（https://www.tgos.tw/TGOS/Web/Address/TGOS_Address.aspx），對應填入 APIKey 後，可視需求調整地址轉換編碼，以及調整模糊比對參數（通常使用預設值即可）後，下載其門牌的範例檔案。

▲ 填寫 API Key 後，上傳門牌檔案（讀者可於此切換常用的坐標系統）

▲ 若有特殊地址編碼需求，可切換編碼參數（或是直接用預設值即可），如果希望取得常見的國際通用經緯度，需切換為 WGS84

Step 5：修改檔案內容後上傳

我們可以直接編修門牌範例檔案（csv 檔案），其中主要有四個欄位，基本上後三個欄位都留空即可，主要是確保其中的「Addrss」欄位有地址資訊，即可完成此地址檔案的編輯。因本附錄主要是讓讀者自我練習使用，可直接使用此範本，或是更換為您的對應地址項目，來進行轉換的測試（ps. 每日轉換上限為 10000 筆）。

Address

id	Address	Response_Address	Response_X	Response_Y
1	新北市中和區平河里1鄰連城路260號1樓			
2	新北市三峽區龍埔里5鄰三樹路336號1樓			
3	新北市新莊區中信里13鄰中和街204巷1號			

▲ 門牌地址的相關欄位，須填入 Address 欄位內容來進行地址轉換

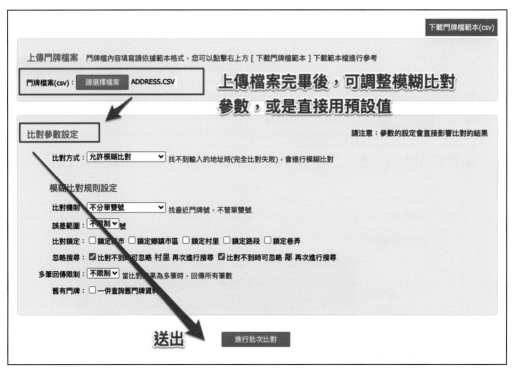

▲ 配置好相關參數後，即可點選「進行批次比對」的按鈕

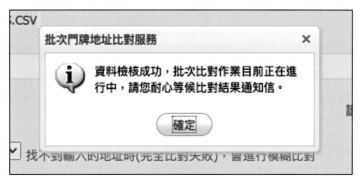

▲ 送出後會跳出視窗，稍後需收信來下載轉換後的門牌檔案

Step 6：完成轉換

　　轉換需要一點時間，可能跟 TGOS 系統排程的設定而有影響，可能會需要等到幾十分鐘，但如果一直沒收到信的話，可能需要平台聯絡確認。收到信之後，內容就會包括轉檔後的 csv 內容，可直接下載即可（ps. 此下載比對成果檔，下載有效期限為一週）。開啟比對完畢的 csv 檔案，則可看到轉檔後的地址與經緯度資訊，並根據 Step4 階段指定的坐標系統進行轉換（例如：TWD97, WGS84 等等）。

全國門牌地址定位服務-批次地址定位服務結果通知信 Inbox ×

ngisdata@moi.gov.tw <tgos99@gmail.com>
to me ▾

==
請注意：此郵件是系統自動傳送，請勿直接回覆此郵件。
==

會員 彭其捷 您好：

　　您所執行的批次地址定位服務已經執行完成，請至下列連結取得比對成果檔：

*** 注 意 ***
1.您下載比對成果檔的有效期限為一週，一週後(2021/10/18)系統將會自動刪除本次批次比對的成果檔
2.會員每次上傳可比對筆數為每日10000筆

▲ 轉檔完成信通知，點選後即可完成包括經緯度資訊的轉檔後檔案

		Address_Finish		
id	Address	Response_Address	Response_X	Response_Y
1	新北市中和區平河里1鄰連城路260號1樓	新北市中和區平河里1鄰連城路260號	299135.945	2765483.697
2	新北市三峽區龍埔里5鄰三樹路336號1樓	新北市三峽區龍埔里5鄰三樹路336號	288596.743	2759618.730
3	新北市新莊區中信里13鄰中和街204巷1號	新北市新莊區中信里13鄰中和街204巷1號	295196.117	2771436.481

▲ 用範例檔案轉檔完成之畫面與欄位，其中 Response 指系統所解析出的地址、經緯度
資訊（ps. 此為 TWD97 之坐標系統，讀者若希望轉換為常用的國際經緯度格式，在前
面階段需選取：WGS84）

國家圖書館出版品預行編目資料

大數據地圖與地理空間資料視覺化設計指南
／彭其捷，卓易霆著. －－初版.－－臺北
市：五南圖書出版股份有限公司, 2022.08
面；　公分
ISBN 978-626-343-042-6(平裝)

1.CST: 地理資訊系統　2.CST: 地圖繪製
3.CST: 視覺設計

609.029　　　　　　　　　　111010599

5T56

大數據地圖與地理空間資料
視覺化設計指南

作　　　者 ― 彭其捷（277.6）、卓易霆

發 行 人 ― 楊榮川

總 經 理 ― 楊士清

總 編 輯 ― 楊秀麗

副總編輯 ― 王正華

責任編輯 ― 金明芬

封面設計 ― 徐小碧工作室

出 版 者 ― 五南圖書出版股份有限公司

地　　　址：106台北市大安區和平東路二段339號4樓

電　　　話：(02)2705-5066　傳　　　真：(02)2706-6100

網　　　址：https://www.wunan.com.tw

電子郵件：wunan@wunan.com.tw

劃撥帳號：01068953

戶　　　名：五南圖書出版股份有限公司

法律顧問　林勝安律師事務所　林勝安律師

出版日期　2022年8月初版一刷

定　　　價　新臺幣900元

經典永恆・名著常在

五十週年的獻禮——經典名著文庫

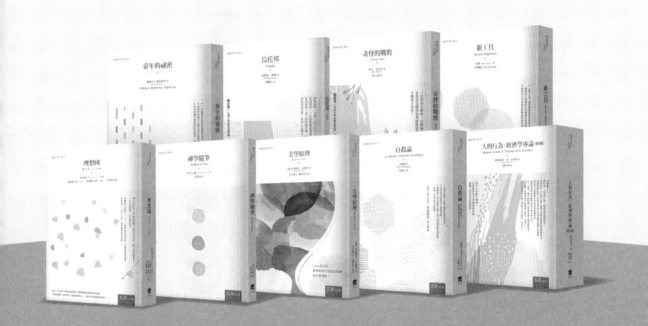

五南,五十年了,半個世紀,人生旅程的一大半,走過來了。

思索著,邁向百年的未來歷程,能為知識界、文化學術界作些什麼?

在速食文化的生態下,有什麼值得讓人雋永品味的?

歷代經典・當今名著,經過時間的洗禮,千錘百鍊,流傳至今,光芒耀人;

不僅使我們能領悟前人的智慧,同時也增深加廣我們思考的深度與視野。

我們決心投入巨資,有計畫的系統梳選,成立「經典名著文庫」,

希望收入古今中外思想性的、充滿睿智與獨見的經典、名著。

這是一項理想性的、永續性的巨大出版工程。

不在意讀者的眾寡,只考慮它的學術價值,力求完整展現先哲思想的軌跡;

為知識界開啟一片智慧之窗,營造一座百花綻放的世界文明公園,

任君遨遊、取菁吸蜜、嘉惠學子!